Elisabeth Setzer | Marianne Schuber

Sie können es

Von der Blindenanstalt in Augsburg zum Sehbehinderten- und Blindenzentrum in Unterschleißheim (1885–2015)

context verlag Augsburg
www.context-mv.de

Erlebt, gehört, gelesen, aufgezeichnet

von Elisabeth Setzer und Marianne Schuber

Dieses Buch ist gewidmet

Anton Setzer

Maria Setzer

P. Friedrich Michael Setzer SJ

Vorworte

Ein geschichtliches Buch über die Entwicklung der Blindenbildung von Augsburg bis Unterschleißheim zu schreiben – das bedarf eines fundierten Fachwissens, jeder Menge Erfahrung und eines besonderen Engagements. Deshalb könnte ich mir keine besseren Autorinnen als Elisabeth Setzer und Dr. Marianne Schuber für dieses ambitionierte Projekt vorstellen.

„Sie können es" – der selbstbewusste und ermutigende Titel des vorliegenden Buches, das den historischen Bogen von damals bis heute schlägt, steht letztlich für eine Erfolgsgeschichte in der Förderung der sehbehinderten und blinden Menschen. In den Anfängen ahnte noch niemand, wie wechselvoll der Weg bis heute werden sollte. „Sie können es" – dem füge ich noch zu – „wenn die Barrieren in den Köpfen endlich fallen". Wir müssen die besten Rahmenbedingungen und eine bedarfsgerechte Förderung anbieten. Denn wir alle stehen in der Verantwortung, damit Inklusion nicht länger eine Herausforderung, sondern selbstverständlich ist. Ein herzliches Dankeschön an Elisabeth Setzer und Dr. Marianne Schuber für Ihr historisches Werk!

Barbara Stamm
Präsidentin des Bayerischen Landtags

Der Verein für Blindenerziehung in Schwaben und Neuburg kann auf eine 130-jährige Tradition in der Erziehung und im Unterrichten von sehbehinderten und blinden Menschen stolz sein. Heute ist er Träger des Sehbehinderten- und Blindenzentrums Südbayern in Unterschleißheim, das sich im Geiste seiner Namenspatronin Edith Stein in herausragender Weise für die ihm anvertrauten Menschen engagiert. So wurden Generationen von Kindern und Jugendlichen mit Sehbehinderung in dieser Einrichtung dabei unterstützt, Lebensorientierung und einen erfüllenden Beruf zu finden.

Das Zentrum stellt sich den aktuellen Herausforderungen der inklusiven Schulentwicklung und ist damit ein Vorbild für eine gelingende Umsetzung der Leitgedanken der UN-Behindertenrechtskonvention. In diesem Sinne gratuliere ich dem Verein für Blindenerziehung in Schwaben und Neuburg zum 130-jährigen Bestehen und wünsche ihm für sein weiteres Wirken im Dienste von sehbehinderten und blinden Menschen alles Gute.

Ludwig Spänle
Bayerischer Staatsminister für Bildung und Kultus, Wissenschaft und Kunst

1885, vor 130 Jahren, wurde in unserer Heimat Augsburg auf Initiative von Friedrich Kniewasser ein Verein gegründet, der die Gründung einer Blindenschule zum Ziel hatte. Diese „Blindenbildungsanstalt" wurde vier Jahre später tatsächlich eröffnet.

So werden seit 130 Jahren blinde und sehbehinderte Menschen in unserer Region beschult, ausgebildet und in die Gesellschaft und den Arbeitsmarkt integriert. Damit legt die Blindenschule den Grundstein für die aktive und lebendige Teilhabe in unserer gesellschaftlichen Mitte. Die Intention der Gründer wurde eindrucksvoll erfüllt und zeigt die enorme Bedeutung inklusiver Angebote für eingeschränkte Menschen.

Ich möchte allen, die sich über die Jahrzehnte mit Herzblut und vollem Einsatz für die Blindenschule und das Sehbehinderten- und Blindenzentrum engagiert haben, herzlich danken. Dieses Engagement verdient unseren vollsten Respekt und unsere besondere Anerkennung. Für die Zukunft wünsche ich allen Beteiligten alles Gute, Kraft und Gottes Segen.

Johannes Hintersberger, MdL
Staatssekretär im Bayerischen Staatsministerium für Arbeit und Soziales, Familie und Integration

Wenn jemand vom Geist eines Unternehmens spricht, dann zeigt sich darin auch Bewunderung für den Zusammenhalt und die Motivation, die dort zu finden sind. Insofern kann man mit Recht vom besonderen Geist des Sehbehinderten- und Blindenzentrums Südbayern sprechen. Seine Ursprünge reichen bis zur Gründung des Vereins für Blindenerziehung in Schwaben und Neuburg in Augsburg vor 130 Jahren zurück, aus dem eine Einrichtung für blinde Menschen entstand.

Sie war der Vorläufer des heutigen SBZ, das seinen Standort jetzt in Unterschleißheim hat.

Zu diesem Jubiläum möchte ich als Vertreter des Bezirks Oberbayern meine herzlichen Glückwünsche überbringen. Der Ort hat gewechselt, der Geist der Gründerväter ist jedoch lebendig. So zeichnet sich das SBZ noch heute durch seinen familiären Charakter und die christliche Grundhaltung aus. Ich wünsche der Einrichtung, dass sie sich diesen Geist erhält und sich zugleich mutig der Zukunft stellt – damit sie ihre segensreiche Arbeit weiter erfolgreich fortsetzen kann.

Josef Mederer
Präsident des bayerischen Bezirketags
Bezirkstagspräsident von Oberbayern

Vorworte

Diese Chronik wirft ein erhellendes Licht auf die Gründungsgeschichte und die Pionierarbeit der Augsburger Blindenanstalt, der Vorgängerin des heutigen „Sehbehinderten- und Blindenzentrums Südbayern". Man darf von einer Erfolgsgeschichte sprechen, die in die Kooperation der pädagogischen Bereiche Schule, Heim und Fachdienste mündet, die seit 1983 im „Sehbehinderten- und Blindenzentrum" in Unterschleißheim beheimatet sind.

1885 wurde der Verein für Blindenerziehung in Schwaben und Neuburg ins Leben gerufen – die Stadt Augsburg stellte das Gebäude zur Verfügung. 1889 eröffnete dort die „Blindenanstalt mit Heim und Lehrwerkstätten", die 1968 zur Sehbehindertenschule wurde. Visionäre wie Anton Setzer, seine Tochter Elisabeth und Dr. Marianne Schuber haben sich in Augsburg couragiert der Integration und Bildung für Sehbehinderte verschrieben. Ihnen gilt mein tiefer Respekt, denn das heutige SBZ ist ihr Lebenswerk.

Ich wünsche dem Träger des SBZ, den Verantwortlichen, den Mitarbeitern und den Schülerinnen und Schülern des SBZ alles Gute für die Zukunft!

Dr. Kurt Gribl
Oberbürgermeister
der Stadt Augsburg

Von der Blindenanstalt Augsburg zum Sehbehinderten- und Blindenzentrum Unterschleißheim: ein beschwerlicher Weg über 130 Jahre, getragen vom Verein Sehbehinderten- und Blindenzentrum e.V. Der Weg verlief nicht immer geradlinig. Mit der mühevollen Bewältigung extremer Steigungen, gefahrvoller Serpentinen, beschwerlicher Hindernisse und Abzweigungen, welche oft in scheinbare Sackgassen führten, wurde dennoch das Steuer unter Gottes Führung von beherzten Menschen in verantwortungsbewusster Weise gelenkt, um die gesetzten Ziele zu erreichen.

Dr. Marianne Schuber hat mit Elisabeth Setzer diesen Weg auf 240 Seiten aufgezeichnet und dokumentiert. Akribisch widmeten sich die beiden dieser Aufgabe, sind sie doch seit vielen Jahren mit dem Verein verbunden und bis heute wertvolle und unersetzliche Wegbegleiterinnen. Mein herzlicher Dank gilt den beiden Autorinnen für ihre Initiative, ein Buch zu verfassen, das die gesellschaftliche Kultur und Verantwortung für Blinde und Sehbehinderte vom „Anstaltswesen" bis zur Inklusion widerspiegelt.

Rolf Zeitler
Altbürgermeister von Unterschleißheim
Vorsitzender Sehbehinderten- und Blindenzentrum e.V.

Pater Friedrich Setzer SJ und ich kannten uns schon seit der Schulzeit in Augsburg. Im Priesterseminar Dillingen diskutierten wir viel über die Bedeutung der Bibel für die Probleme der Nachkriegszeit und traten beide 1948 in den Jesuitenorden ein. Oft war ich zu Gast bei Familie Setzer, auch in der Augsburger Blindenanstalt. Der familiäre Charakter und die tiefe Religiosität seiner Bewohner beeindruckten mich. Den Vater, Direktor Anton Setzer, bewunderte ich sehr wegen seines vielfältigen Engagements, vor allem für „seine" Blinden. Mit Elisabeth Setzer fühlte ich mich ein Leben lang in dankbarer Freundschaft verbunden. Ihre Einfühlsamkeit macht vielen Menschen Mut. Ich freue mich, dass die Geschichte der Augsburger Blindenanstalt von ihr und Marianne Schuber für die Nachwelt aufgezeichnet wird und somit nicht der Vergessenheit anheimfällt. In christlichem Geist wurde einst in Augsburg das Fundament für die Bildung junger sehgeschädigter Menschen gelegt.

Möge das Sehbehinderten- und Blindenzentrum in Unterschleißheim auf diesem Grund weiterbauen. Dazu wünsche ich Gottes reichen Segen.

Theo Schmidkonz SJ

Theo Schmidkonz SJ,
Priesterseelsorger Diözese Augsburg

Von Herzen gerne will ich in meinem und im Namen meiner ehemaligen Schulkameraden in der Augsburger Blindenschule mit Heim ein kurzes Grußwort an alle Leserinnen und Leser dieses Buches schicken.

Wir sind alle im Alter um die 80 Jahre und haben die Blindenbildung früherer Tage gut kennengelernt.

Auch damals war es das Ziel, den Betroffenen den Weg zu einem lebenswerten Dasein zu erschließen.

Für uns alle wurde dieses Ziel voll erreicht. Wir konnten uns nach der Schul- und Berufsausbildung gut in die Gesellschaft integrieren und so ein glückliches, zufriedenes und vor allem selbstbestimmtes Leben führen.

Der bekannte Spruch: „Das Alte bewahren, an Neuem nicht sparen" möge durch die Verbreitung dieses Buches auch in der Zukunft der Blinden- und Sehbehindertenbildung seine Gültigkeit haben.

Wally Kirchhauser
Ehemalige Schülerin und Handarbeitslehrerin in der Blindenschule

Inhalt

Possunt nec posse videntur: Sie können es, obwohl es scheint, sie könnten es nicht
Von den erstaunlichen Leistungen blinder Menschen 10

Scheitern und erste Erfolge – frühe Blindenbildungsanstalten in Bayern
König Ludwig I. und die Landesblindenanstalt in München 20

Erbitterter Widerstand gegen die Gründung der Augsburger Blindenanstalt
Friedrich Kniewasser – am Anfang stand eine Enttäuschung 36

Hausvater Julius Riegg und die Anfänge der Augsburger Blindenanstalt
Die Arbeit begann mit sechs blinden Kindern 48

Musik und Arbeit – die Augsburger Blindenanstalt als soziale Einrichtung
Hilfslehrer Georg Roth und ein blinder Musiklehrer 60

Folge des Ersten Weltkriegs – die Inflation vernichtet das Anstaltsvermögen
1. September 1914: Georg Roth tritt das Amt des Direktors an 66

Leopold Brugger: strikt auf Parteilinie, und doch ein sehr beliebter Pädagoge
Er zeigte den Kindern alles – Ehen von Blinden lehnte er aber ab 78

Anton Setzer: Direktor der Augsburger Blindenanstalt zur Zeit des NS-Regimes
Ein Blindenlehrer, dessen Ideen den Unterricht verbesserten 86

Ängste in gefährlichen Zeiten: Anton Setzer als „Kurier“ politischer Häftlinge
Das „Dritte Reich“ bedrohte auch die Augsburger Blindenanstalt 102

Die Augsburger Blindenanstalt und die Zerstörungen der „Großen Bombennacht“
Der Luftangriff riss die Anstaltsfamilie zeitweilig auseinander 106

Die Blindenanstalt als geheimer Treffpunkt der „Augsburger Freiheitsbewegung“
Wie mutige Augsburger ihre Stadt vor der Zerstörung bewahrten 114

Die „Augsburger Aufbaugemeinschaft“ – eine Bewegung gegen die Wohnungsnot
In der Blindenanstalt: Gründung der „Christlichen Wohnungshilfe“ 122

In der Blindenanstalt: Gespräche zur Gründung einer „christlichen Partei“ in Augsburg
Anton Setzer gehörte zu den Gründungsmitgliedern der CSU 132

Die Arbeit der Augsburger Blindenanstalt in den ersten Nachkriegsjahren
Die „Blindenfamilie“ ist wieder vereint – und erhält viel Besuch 136

Neue Aufgaben für Direktor Anton Setzer: Arbeit, Wohnraum und Rechte für Blinde
Der Weg zur Fürsorgefreiheit und zu selbstbestimmtem Leben 142

Direktor Anton Setzer und das von ihm entwickelte „Augsburger Rechenlehrmittel“
Im Jahr 1954 wurde das Patent Nummer 1074303 verliehen 150

Ein neuer Direktor, geänderte Anforderungen: die Beschulung „sehschwacher“ Kinder
1968 übergab Anton Setzer an seinen Sohn – Pater Friedrich Setzer 156

Hürden und Hilfe vor der Errichtung des Sehbehindertenzentrums für Südbayern
Im Mai 1984 wurde in Unterschleißheim die Einweihung gefeiert 164

Die Entwicklung des Sehbehindertenzentrums in Unterschleißheim bis zum heutigen Tag
Seit dem Jahr 2000 werden hier auch blinde Schüler aufgenommen 172

Erweiterungen und Neuerungen im Sehbehinderten- und Blindenzentrum
Die Entwicklungen und Fortschritte seit dem Jahr 2009 194

Das Sehbehindertenzentrum ist mit Kirchen und Vereinen eng verbunden
Das Miteinander – vom Caritasverband bis zu den Gebirgsschützen 204

Die Chronik: von der Augsburger Blindenanstalt zum Sehbehinderten- und Blindenzentrum
Die Geschichte einer Einrichtung – von 1885 bis heute 210

Das Leitbild des Sehbehinderten- und Blindenzentrums Südbayern
Struktur, Leitlinien und der Verein als Dienstgeber 218

Dank
Das SBZ wird vom Engagement vieler Menschen getragen 224

Schlussgedanken
Das SBZ ist nach einer großen Frau benannt – Edith Stein 232

Zitate 234
Literatur 238
Bildnachweis 239
Impressum 240

Erste Blindenbildungsanstalten im deutschsprachigen Raum

Possunt nec posse videntur: Sie können es, obwohl es scheint, sie könnten es nicht

Von den erstaunlichen Leistungen blinder Menschen

Sebastian Windprecht – ein blinder Augsburger als Bücherantiquar

„Lassen Sie mich nur allein gehen, Herr Domkapitular", [1] sagte lächelnd der Blinde, *„Sie würden das Werk doch nie in meinem Gewölbe finden, denn dort ist es stockfinster, nur ich allein weiß hier Bescheid".* [2] Diese Episode können wir nachlesen bei Christoph von Schmid in seinen „Erinnerungen aus meinem Leben". Der Priester, Dichter, Jugendbuchautor und Schöpfer des Liedtextes von „Ihr Kinderlein, kommet" war – so berichtet er selbst – auf der Suche nach *„dem englischen Lexikon von Arnold".* [3]

Wo aber hoffte Christoph von Schmid das gewünschte Buch zu finden? Bei Sebastian Windprecht.

Doch wer war dieser Sebastian Windprecht?

Der aus Augsburg stammende Webersohn (*1767) war kurz nach der Geburt erblindet. Bei seinem Vater erlernte er das Weberhandwerk und bestand die Gesellenprüfung mit Auszeichnung. [4] Windprecht beherrschte auch verschiedene Musikinstrumente und wirkte gelegentlich bei Hofkonzerten des Augsburger Fürstbischofs Clemens Wenzeslaus mit. Seine große Leidenschaft aber galt erstaunlicherweise dem Sammeln von Büchern. Windprecht kannte sie alle,

Der Schriftsteller Christoph von Schmid (rechts) hat eine Büchersuche im finsteren Gewölbe des blinden Augsburger Archivars Sebastian Windprecht (links) beschrieben.

Die blinde Sängerin, Musikerin und Komponistin Maria Theresia von Paradis unternahm europaweite Konzertreisen. W. A. Mozart soll ihr ein Klavierkonzert gewidmet haben.

seine geliebten Bücher, es waren um die 30 000, er wusste sie nach Einband und Umfang voneinander zu unterscheiden. Seine Frau, allgemein bekannt als „die Bücherresl", las ihm in langen Nächten aus seinen gesammelten Schätzen vor.

Die Weberzunft stellte ihrem Zunftmitglied das dunkle Kellergewölbe des Weberhauses zum Aufbewahren seiner großen Büchersammlung zur Verfügung. Wer ein bestimmtes Buch suchte, der kam zu Windprecht, so wie der eingangs erwähnte Dichter Christoph von Schmid, ebenso Johann Wolfgang von Goethe – ja selbst der bayerische König Max I. und auch Kronprinz Ludwig, wenn sie in Augsburg zu Besuch waren.

Sebastian Windprecht verblüffte seine Zeitgenossen. Der blinde Bücherantiquar entsprach so gar nicht dem Bild, das man sich zu dieser Zeit von einem Blinden machte. Johann Wilhelm Klein, der Begründer des deutschen Blindenbildungswesens, schreibt in seinem berühmten „Lehrbuch zum Unterricht der Blinden": *„Unter einem Blinden denkt man sich gewöhnlich ein trübsinniges, in sich gekehrtes, verschlossenes, gleichsam halbtodtes Wesen, dem die äußere Welt unzugänglich ist, und welches eben dadurch zur körperlichen wie geistigen Unthätigkeit von der Natur selbst zur Unthätigkeit verurtheilt zu seyn scheint."* [5] Dieses Bild des Blinden hielt sich hartnäckig, obwohl es zu allen Zeiten blinde Menschen gab, die ihre Zeitgenossen durch erstaunliche Leistungen verblüfften.

Maria Theresia von Paradis: eine blinde Wiener Sängerin und Komponistin

Eine berühmte Zeitgenossin Sebastian Windprechts war beispielsweise die blinde Sängerin und Komponistin Maria Theresia von Paradis. [6] Im Jahr 1759 war sie in Wien als Tochter eines kaiserlichen Beamten zur Welt gekommen. Mit vier Jahren erblindete sie. Die Eltern ließen ihr musikalisch sehr begabtes Mädchen durch die besten Wiener Musikvirtuosen in Gesang, Klavier- und Orgelspiel sowie in Komposition ausbilden. Schon im Alter von elf Jahren sang das Kind vor der Kaiserin Maria Theresia das „Stabat mater" von Giovanni Battista Pergolesi, wobei es sich selber auf der Orgel begleitete. Als junge Frau begab sich Maria Theresia von Paradis auf Konzertreisen durch ganz Europa.

In Salzburg traf sie mit Vater und Sohn Mozart zusammen. Wolfgang Amadé soll von ihrem Können so beeindruckt gewe-

Das Zeitalter der Aufklärung veränderte auch die Einstellung gegenüber Blinden: Man erkannte, dass auch sie durch ihre Arbeit zum Gemeinwohl und Nutzen des Staates beitragen konnten.

Sonst. Jetzt.

sen sein, dass er Maria Theresia von Paradis sein Klavierkonzert KV 456 gewidmet habe. [7]

Trotz eines Sebastian Windprecht oder einer Maria Theresia von Paradis – die Reihe lässt sich unschwer fortsetzen – hielt sich in der öffentlichen Meinung das Bild vom *„trübsinnige[n], in sich gekehrte[n], zur Unthätigkeit verurteilt[en]",* [8] ja sogar bildungsunfähigen Blinden.

Lesen wir nochmals nach bei Johann Wilhelm Klein: *„Die bürgerliche Gesellschaft nimmt zwar die Kräfte des Blinden nicht in Anspruch, weil er zu den Geschäften des gewöhnlichen Lebens für untauglich gehalten wird; und da in dieser Beziehung der Werth des Menschen nur danach geschätzt zu werden pflegt, zu was er gebraucht werden kann, so hat man den Blinden aus der Berechnung der wirkenden Kräfte des Staates gelassen."* [9]

Eine bedeutsame Änderung im Zeitalter der Aufklärung

Blinde wie Windprecht oder die Paradis erschienen vielen ihrer Zeitgenossen als „merkwürdig" (Denis Diderot in den „Lettre sur les aveugles à l'usage de ceux qui voient" [10]). Sie stellten eine Ausnahme dar. Diderot schrieb in seinem „Brief über die Blinden zum Gebrauch für die Sehenden" auch *„Possunt – nec posse videntur"*, also: „Sie können und es scheint nur, dass sie nicht können". [11]

Langsam, sehr behutsam, änderte das Gedankengut der Aufklärung, die im 18. Jahrhundert ihren Höhepunkt erreichte, die Einstellung der Sehenden zu den Blinden und die der Blinden zu sich selbst. Hatte der mittelalterliche Mensch die kurze Spanne seines Erdendaseins nur als eine Art Brücke, als Durchgang zu den Freuden des Paradieses betrachtet, so gaben sich die Menschen der Aufklärung nicht mehr mit der Vertröstung auf ein besseres Jenseits zufrieden.

Für den Pädagogen und Theologen Heinrich Gottlob Zerrenner (1750–1811) war Aufklärung die *„Vermehrung der Summe intensiver Glückseligkeit eines jeden einzelnen Individuums und der ganzen Gesellschaft".* [12] *„Das größtmögliche Glück für die größtmögliche Zahl"*, lautete die Forderung des englischen Auf-

Johann Wilhelm Klein initiierte in Wien die Gründung der ersten Blindenbildungsanstalt im deutschen Sprachraum.

klärers Jeremy Bentham (1748–1832). [13] Der Aufklärer Gottlob Nathanael Fischer (1748–1800) sprach den Wunsch aus, *„dass die Menschen nicht mehr als Lastthiere ihren Sack tragen [...], sondern als Menschen für Menschen leben, denken, handeln und als vernünftige Wesen ihren Beytrag zum allgemeinen Besten entrichten."* [14]

Glücklich sei der Mensch, der durch seine Arbeit zum Wohle der Gesellschaft beiträgt. In diesem Sinne äußerte sich Gotthelf Samuel Steinbart (1738–1809): *„Arbeitende Menschen sind der vornehmste Reichthum und die wahre Stärke eines Staates."* [15]

Johann Wilhelm Klein und die blinden Bettler

Befassen wir uns nun wieder mit der Randgruppe der Blinden. Nur wenige Blinde, wie Sebastian Windprecht oder Maria Theresia von Paradis, konnten dank günstiger äußerer Umstände ihre Begabungen und Anlagen entfalten. Die große Masse der Blinden stand auf der

Johann Wilhelm Klein war zunächst Amtspfleger auf der Harburg (links), ehe er Armenbezirksdirektor in Wien wurde. Rechts: Zahlreiche Abbildungen zeigen blinde Bettelmusikanten.

Schattenseite des Lebens. Das Betteln schien geradezu ihr „Privileg" zu sein. [16] Johann Wilhelm Klein bezeichnet die Blinden als die *„geborenen Bettler"*, denen man es *„als Ausnahme gestattet, mit oder ohne musikalischem Instrument Almosen zu sammeln."* [17]

Um die Wende vom 18. zum 19. Jahrhundert treffen wir Johann Wilhelm Klein als Armenbezirksdirektor in Wien an. Der gebürtige Rieser (*1765 in Alerheim bei Nördlingen) hatte an der streng aufklärerisch geführten „Hohen Carls-Schule" zu Stuttgart Rechtswissenschaften studiert. Nach abgeschlossener juristischer Ausbildung stand er als Amtspfleger auf der Harburg in seiner Heimat in Diensten des Fürsten von Oettingen-Wallerstein. Seine Hauptaufgabe bestand darin, von der in den napoleonischen Kriegen ausgebluteten Bevölkerung Steuern einzutreiben.

Das bewog Klein – den seine Zeitgenossen in großer Übereinstimmung als *„überaus gütig und mild"* [18] bezeichneten, auf dieses Amt zu verzichten. Er lenkte seine Schritte nach Wien. Warum gerade nach Wien? Nach der Rückkehr aus Stuttgart hatte Klein eine Schrift verfasst, die sich mit der Armut der Menschen befasste und die 1792 in Nördlingen erschien: „Über Armuth, Abstellung des Bettelns und Versorgung der Armen, in besonderer Berücksichtigung auf mein Vaterland".

In Wien – so hatte Klein erfahren – war die Armut vieler Menschen äußerst bedrückend. Wien zählte im Jahr 1800 circa 210 000 Einwohner. Die Donaustadt wuchs durch Zuzug aus allen Ländern der Monarchie ständig: Für 1810 konnte bereits eine Zahl von rund 225 000 Einwohnern festgestellt werden. [19] Unter

Klein: Was geht hier vor? Seit wann gibt's Schlägereien vor dem Armenamt?

Kutscher: Der Blinde, der ist schuld.

Vagabund: Kann ich dafür, wenn er so blöde über meine Beine stolpert. Ich hab's ja schließlich auch gespürt!

Nachtwächter: Der beißt und kratzt als wie ein wildes Viech!

2. **Soldat:** Ihr Lügenpack, ihr habt ihn ja gehänselt!

(Wärter erscheint mit einem großen Schlüsselbund unter der Türe.)

Wärter: Den Schein vorweisen, marsch! (Alles strömt durch die Türe, nur Klein und der blinde Bettler bleiben zurück.)

Klein: Was war das, Alter? Ihr habt bitterbös ausgesehen!

(Blinder schweigt, Klein geht nachdenklich auf und ab und bleibt dann wieder stehen.)

Klein: Ihr seid ganz bleich, so hat der Vorfall euch erregt? Was war denn? Sprecht, ich glaub euch ja.

Blinder (preßt stoßweise hervor): Herr — Herr! — ich hätt nur eine Bitt.

Klein: Und welche?

Blinder: Ihr seid in Amt und Würde; euer Wort gilt bei der Obrigkeit; sorgt, daß man alle blinden Kinder aus dem Leben schafft, wenn ihnen nicht zu helfen ist!

Die Augsburger Blindenlehrerin und Dichterin Anna Hermann schrieb ein Stück über das Wirken Johann Wilhelm Kleins in Wien. In ihrem Festspiel „Johann Wilhelm Klein" schildert sie, wie der Gründer der ersten Blindenbildungsanstalt in Wien einem blinden Bettler begegnet.

den Zugezogenen waren viele Arme, welche die tiefste Not aus ihrer Heimat – es war die Zeit der napoleonischen Kriege – vertrieben hatte: *„Im eroberten Wien des Jahres 1809 nahmen die Bettler naturgemäß besonders überhand, sodaß die Straßen von Männern, Weibern und Kindern wimmelten, die auf den Knien um Hilfe flehten."* [20]

Klein erhielt den Auftrag, als „Armenbezirksdirektor" die Armen Wiens zu erfassen. Bei dieser Tätigkeit lernte er auch die äußerst bedrückende Lage blinder Menschen kennen. Und es gab deren viele. Nach Schätzungen traf in Wien zu dieser Zeit ungefähr ein Blinder auf 800 bis 900 Sehende. [21]

„Johann Wilhelm Klein" – das Festspiel einer blinden Dichterin

Die blinde Dichterin Anna Hermann schrieb ein Stück über Kleins Tätigkeit in Wien. In ihrem Festspiel „Johann Wilhelm Klein" schildert sie eine Begegnung Kleins mit einem blinden Bettler. Dieser wird von den anderen Bettlern abgelehnt. Es kommt zu einer Schlägerei, bei der der Blinde zu Boden stürzt. Der Armenbezirksdirektor Johann Wilhelm Klein wird zum Zeugen dieser Auseinandersetzung. Der blinde Bettler richtet an Klein eine Bitte, die diesen sehr bestürzt. Der Bettler fleht ihn nämlich an, dafür Sorge zu tragen, *„daß* *man alle blinden Kinder aus dem Leben schafft",*[22] um ihnen dieses elende Bettlerdasein zu ersparen.

Klein stellte bei seiner Erfassung der Armen 43 blinde Kinder in Wien fest. Ihre Situation war durchwegs erbärmlich. Wenn sie elternlos waren, fanden sie vielleicht im Wiener Waisenhaus oder im Wiener Findelhaus Unterschlupf. Beide Häuser waren jedoch zu der Zeit, als Klein in Wien ankam, hoffnungslos überfüllt: Im Waisenhaus befanden sich 1500 Kinder und im Findelhaus 2700. [23]

Die hohe Sterblichkeit war erschreckend: 1784 bis 1801, in 17 Jahren also, waren im Wiener Findelhaus 43 488 Findelkinder untergebracht, von denen nur 3248 am Leben blieben. Man sprach damals in Wien davon, dass das Findelhaus 90 Prozent Leichen und zehn Prozent Taugenichtse liefere. Nicht nur in Wien – das sei hier angemerkt –, sondern auch in anderen Teilen des Reichs war die Situation vieler blinder Kinder erbärmlich.

So schildert Franz Müller – der Pionier des badischen Blindenbildungswesens – die traurige Lage, in der sich seine ersten „blinden Zöglinge" befanden: Fünf seiner elf blinden Schüler waren Bettelkinder, die in völlig verwahrlostem Zustand in Mariahof, der ersten badischen Blindenbildungsanstalt, ankamen. Acht von ihnen hatten noch nie eine Schule besucht, obwohl sie sich alle im schulpflichtigen Alter befanden. [24]

Auch dem blinden Adolf Sachse ging die Not der blinden Bettelkinder zu Herzen. Er wünschte sich einen edlen Fürsten, der sich ihrer erbarmen würde: *„Gieb nicht zu, dass sich niederträchtige Menschen von dem Elend blinder Kinder ernähren. Laß sie nicht bettelnd im Lande herumziehen, und Taugenichtse werden; sondern laß sie zweckmäßig unterrichten, damit sie nicht moralisch verderben, und der bürgerlichen Gesellschaft bis an ihren Tod lästig statt nützlich werden."* [25]

„LES DEUX AVEUGLES" – „die zwei Blinden" – steht im Inschriftenband über der Abbildung zweier Musikanten zu lesen. Blinde, die sich als Straßenmusikanten den Lebensunterhalt erbettelten, gehörten überall in Europa zum Straßenbild.

Unterricht und Erziehung blinder Kinder: Valentin Hauy und die erste Blindenbildungsanstalt in Paris

„Laß sie zweckmäßig unterrichten"... Genau dies erstrebten die Pioniere des Blindenbildungswesens.

Ein gewisser Valentin Hauy wurde an einem Septembermorgen im Jahr 1771

Jacob Braun war der erste blinde Junge, den Johann Wilhelm Klein bei sich aufnahm.

Zeuge einer Szene, die ihn zutiefst erschütterte. Vor einem Pariser Caféhaus auf dem St. Ovide-Markt führte eine Gruppe von Blinden ein „Konzert“ auf, ein „concert extraordinaire“. Ein Blinder stellte den Kapellmeister dar: Als Midas mit langen Eselsohren schwebte er auf einem künstlichen Pfau in der Luft, schlug den Takt und sang mit Absicht entsetzlich falsch. Die übrigen Blinden – sie waren mit langen roten Gewändern, Holzpantinen an den Füßen, spitzen Papiertüten auf dem Kopf und riesigen Pappbrillen ohne Gläser auf der Nase ebenfalls absurd gekleidet – spielten mit Geigen von umgedrehten Notenblättern ab, wobei sie ebenfalls absichtlich falsche Töne von sich gaben. Und wie verhielt sich das Publikum? Es grölte...

Auf Valentin Hauy, einen gebildeten Franzosen, einen Mann, der von der Aufklärung des 18. Jahrhunderts geprägt war, wirkte das Menschenunwürdige dieser Szene zutiefst abschreckend. Hier machten sich Blinde in aller Öffentlichkeit zum Gespött, und dies nur, weil der Besitzer des Caféhauses sich davon Gewinn versprach. Valentin Hauy fasste den Entschluss, sich der Blinden anzunehmen. Durch Bildung wollte er sie ihrem Elend entreißen: 1784 gründete Valentin Hauy in Paris die erste Blindenbildungsanstalt der Welt. [26]

Johann Wilhelm Klein und die Gründung der ersten deutschen Blindenbildungsanstalt in Wien

20 Jahre später folgte Johann Wilhelm Klein dem Vorbild des Valentin Hauy. Drei Tage nach seiner Hochzeit nahm er einen neunjährigen blinden Buben bei sich zuhause auf – um ihn zu unterrichten und „bürgerlich brauchbar“ zu machen. Leicht war es für den Juristen Klein nicht. Er war ja kein Lehrer. Klein schrieb: *„Ohne alle fremde Hilfe, nur von meiner Gattin unterstützt [...] betrat ich vor 14 Jahren diesen neuen damahls noch ganz ungebahnten Weg. Manches, was ich lehren wollte, und alles, wie ich es lehren sollte, mußte ich selbst erst lernen [...]“* [27]

Klein hatte den Anfang gemacht.

Für die Pioniere des Blindenbildungswesens wurde Kleins Wiener Blindenbildungsinstitut gleichsam zum „Mekka“. Wer eine Blindenbildungsanstalt eröffnen wollte, pilgerte zu Klein nach Wien, um zu erfahren, wie man blinde Kinder

Im Sehbehinderten- und Blindenzentrum Unterschleißheim steht heute diese Büste von Johann Wilhelm Klein, dem Gründer des Wiener Blindenbildungsinstituts.

unterrichtet, welche Hilfsmittel man benötigt und – besonders wichtig – mit welchen Handarbeitstechniken man sie „bürgerlich brauchbar“ machen konnte. Wie Pilze schossen sie aus dem Boden, diese Bildungsinstitute für blinde Kinder:

Die Entstehung weiterer Blindenbildungsanstalten

Im Jahr 1837 bestanden – nach einem Bericht von Klein – 32 Blindenanstalten in „deutschen Landen“ (zu denen er damals auch Prag zählte), wovon 14 ausgesprochene Blindenbildungsinstitute waren. Gegründet wurden:

- Wien 1804
- Berlin 1806
- Prag 1807
- Dresden 1809
- Breslau 1818
- Königsberg 1818
- Linz 1824
- Freising 1826
- Bruchsal............................1826
- Braunschweig...................1829
- Stuttgart 1830
- Hamburg 1830
- Gmünd..............................1831
- Halle..................................1833

Bis zur Jahrhundertmitte wurden weitere acht Blindenanstalten errichtet:

- Paderborn.........................1842
- Hannover 1843
- Düren 1843
- Soest.................................1847
- Stettin 1850
- Friedberg 1850
- Wollstein...........................1853
- Würzburg 1853

In der zweiten Hälfte des 19. Jahrhunderts kamen noch einige Nachzügler hinzu:

- Heiligenbronn 1868
- Ilvesheim 1868
- Pfaffenhausen 1886
- Augsburg.........................1889

Die Blindenbildungsanstalt in Augsburg wurde also relativ spät gegründet.[28]

Die ersten Blindenbildungsanstalten in Bayern

Scheitern und erste Erfolge – frühe Blindenbildungsanstalten in Bayern

König Ludwig I. und die Landesblindenanstalt in München

Johann Wilhelm Klein und sein vergebliches Bemühen um eine Blindenbildungsanstalt in Bayern

Im Jahr 1805 hatte Johann Wilhelm Klein seinen blinden Schützling Jakob Braun in Wien durch die Hofkommission prüfen lassen. Diese Prüfung war sehr erfolgreich verlaufen, und Klein konnte sich berechtigte Hoffnungen machen, die kaiserliche Genehmigung (und die dazu erforderlichen Mittel!) zur Errichtung einer Privatanstalt für blinde Kinder zu erhalten. Doch der Briefverkehr zwischen der Hofkommission und Klein zog sich in die Länge.

So behielt sich etwa die Hofkommission die Auswahl der armen blinden Kinder für eine eventuelle Privatanstalt vor. Klein wurde zunächst auch der Vorschlag gemacht, *„blinde Kinder vermöglicher Eltern"* gegen Bezahlung aufzunehmen. An die *„Privatwohlthätigkeit"* zu appellieren wurde ihm untersagt, zudem versagte man ihm die Erlaubnis, *„von den blinden Kindern verfertigte Arbeiten öffentlich verkaufen zu dürfen".* [29]

In dieser ihm vermutlich ausweglos erscheinenden Situation schickte Klein seine im Jahr 1805 in Wien verfasste Schrift „Beschreibung eines gelungenen Versuches blinde Kinder zur bürgerlichen Brauchbarkeit zu bilden" an den bayerischen Gesandten in Wien – Freiherrn von Rechberg – mit der Bitte, in Bayern eine Blindenbildungsanstalt eröffnen zu dürfen. [30]

Freiherr von Rechberg befürwortete in einem Schreiben an den bayerischen König Max I. Kleins Vorhaben. [31] König Max I. fasste schnell den Entschluss, Klein nach München zu berufen, und schrieb an den bayerischen Gesandten: *„Wir haben auf den Bericht unserer Gesandtschaft in Wien dem 13. Mai vor. Jhrs. wegen einer durch den Kaiserlich österreichischen Armen=Bezirks= Direktor Wilhelm Klein in Unseren Staaten zu errichtenden Unterrichts=Anstalt für blinde Kinder beschlossen einstweilen ein kleines Privat=Institut dieser Art durch denselben nach den in dem Berichte der Kaiserlich österreichischen Hofkommission vom 8.April 1806 vorgeschlagenen Bedingnissen herstellen zu lassen."* [32]

Klein war überglücklich, nach Bayern und damit in die Nähe seiner Heimat im Ries zurückkehren zu dürfen. Doch auch in Bayern kam es nicht zur Gründung eines Blindenbildungsinstituts. Die Berufung Johann Wilhelm Kleins nach Bayern scheiterte am Geld. Klein bezog als Armenbezirksdirektor in Wien ein

Der frühere Kurfürst, Reichs-Erzkanzler und Primas von Deutschland – Karl Theodor Anton Maria von Dalberg – spendete Geld für ein Blindeninstitut in Regensburg.

Gehalt von jährlich 500 Gulden. König Max I. wollte ihm lediglich eine jährliche Besoldung von 400 Gulden bewilligen. Klein zog daraufhin seine Bewerbung zurück. Die relativ geringe Gehaltsdifferenz von 100 Gulden verhinderte also den Wechsel Kleins von Wien nach München.

Bayern hatte damit die Chance vertan, den Ruhm der – nach Berlin – Gründung einer zweiten Blindenbildungsanstalt in Deutschland in Anspruch nehmen zu können. Im Jahr 1816 wurde Kleins Privatanstalt zur Staatsanstalt und er zu ihrem Leiter ernannt.

Johann Baptist Pfeilschifters Versuch, in Regensburg eine Blindenbildungsanstalt zu eröffnen

Johann Baptist Pfeilschifter war ein Oberpfälzer, geboren 1793 zu Höfen bei Cham. Er studierte Rechtswissenschaft an der Universität in Landshut, promovierte dort und arbeitete als Journalist. Er verfasste eine Reihe von Schriften, teils politischen, teils religiösen Inhalts. Im Jahr 1811 setzte sich Pfeilschifter mit Klein in Wien in Verbindung. Er besuchte ihn und sein Blindeninstitut und war zutiefst beeindruckt vom Wirken Kleins. Klein gab Pfeilschifter den Rat, Blindenlehrer zu werden.

Pfeilschifter stimmte freudig zu: *„Indes, das Feuer Ihrer Rede hat in mir einen Enthusiasmus entzündet, der für die Sache der Menschheit nicht vergeblich glühen soll. Sie haben mir einen Geschäftskreis gezeigt, der mich unwiderstehlich anzieht [...]“.* (33)

Doch seine Bewerbungsschreiben an die königliche bayerische Regierung blieben ohne jeglichen Erfolg. Teilweise wurden sie nicht einmal beantwortet.

Verbittert schrieb er an Klein: *„Täglich überzeuge ich mich mehr von der Wahrheit dessen, was ein sehr ausgezeichneter aber verdrängter Staatsbeamter mir sagte: ‚Bringen Ihre Pläne Geld ein, oder schaffen sie eine neue Quelle der Unterhaltung, so bürge ich Ihnen für den Erfolg, ist bloß das glanzlose Gute Ihr Zweck, dann möchte ich Ihnen wenig versprechen.“* (34) Pfeilschifter gab den Plan auf, Blindenlehrer zu werden. Er strebte nun vielmehr eine Professur in Landshut an. Am 5. April 1916 teilte er Klein in übergroßer Freude mit, dass in Regensburg jetzt doch ein Blinden-

In Regensburg gab es früh zwei erfolglose Versuche, die erste Blindenanstalt im jungen Königreich Bayern zu gründen. Auch der Versuch eines Angehörigen des Schottenklosters (Abbildung) scheiterte an schlechter Vorbereitung.

institut errichtet werden solle: *„Jetzt, da sich ein neuer Stern, wenn auch vielleicht täuschend nur, zeiget, eile ich dem Freunde meine Hoffnungen mitzuteilen: ein Schottländer, Abbe Robertson will in Regensburg ein Blindeninstitut errichten. Der Wunsch, mich selbst diesem Geschäfte zu widmen, lassen mich gleich großen Anteil an dem glücklichen Fortgang dieses Unternehmens nehmen."* (35)

Ein weiterer erfolgloser Versuch, in Regensburg ein Blindeninstitut zu gründen

Ein Angehöriger des Schottenklosters in Regensburg, ein Abbe J. Robertson, wandte sich mit einem Schreiben, datiert auf den 6. November 1815, an den bayerischen Innenminister. Er bat um die Erlaubnis, blinde Kinder Lesen und Schreiben zu lehren und sie – wie könnte es auch anders sein – „bürgerlich brauchbar" zu machen

Der Abbe fand viele Befürworter. So schrieb Ph. von Schmitter, „Direktor des K. General=Kommissariats des Regenkreises", an König Max I.: *„Dem Staate nützliche und tugendhafte Bürger zu erziehen, ist das vorgesetzte Ziel seines Unternehmens. Sitte und Religion, lesen und schreiben; rechnen und singen, sagt Robertson [...] sollen die ersten Lehrgegenstände sein, und Handarbeiten nach Geschmack und Fähigkeiten vertheilt werden."* (36)

Robertson hatte Gönner. So spendete etwa der frühere Kurfürst, Reichs-Erzkanzler, Metropolitan-Erzbischof und Primas von Deutschland – Karl Theodor Anton Maria von Dalberg – die Summe von 2000 Gulden für die Errichtung eines Blindeninstituts in Regensburg.

Der Abbe hatte es sehr eilig. Nachdem er die vorläufige behördliche Genehmigung für die Eröffnung eines Blindeninstituts in Regensburg erhalten hatte, stellte er dieses bereits am 5. August 1816 zur Prüfung der Öffentlichkeit vor:

Sechs Mädchen wurden geprüft. Zwei von diesen waren über 20 Jahre alt und keine Zöglinge, sondern nur für diese Vorführung *„gleichsam entlehnt"* (37) wor-

König Ludwig I. nahm Anteil am Schicksal seiner „blinden Landeskinder". Er hatte während des Wiener Kongresses Johann Wilhelm Kleins Blindenbildungsanstalt besucht.

den. Die eine der beiden ernährte ihre Eltern durch Harfenspiel in den Wirtshäusern, die andere war *„ihren Eltern durch Verrichtung häuslicher Arbeiten unentbehrlich"*. [38]

Eines der Mädchen war *„ganz stupid und blödsinnig"* [39] und das sechste war noch ein Kind im Alter von drei bis vier Jahren. So kamen letztlich nur zwei der Mädchen und ein blinder Knabe für den Blindenunterricht in Frage. Der letztere war aber gar nicht blind. Er sah zwar schlecht, hatte allerdings bisher die öffentliche Volksschule besucht. Nur aus Sorge, dass sich sein Sehvermögen möglicherweise verschlechtern könnte, besuchte er das neue Blindenbildungsinstitut. [40]

Der „schulische Unterricht" beschränkte sich bei dieser „Prüfung" lediglich auf die Musik und hier soll die Leistung so beschaffen gewesen sein, dass zu befürchten war, *„daß die Wein= und Wirths=Häuser [...] noch mehr mit Bettelmusikanten überschwemmt werden".* [41]

Die Vorführung im Lesen war ebenfalls ein Misserfolg: Nur ein blindes Mädchen konnte einige ausgeschnittene erhabene Buchstaben aus Pappe richtig erraten. Das war alles. Schreib- und Rechenübungen wurden gar nicht vorgeführt. Die Ergebnisse des Handarbeitsunterrichtes bestanden in *„ein paar Kinderhäubchen und ein paar Uhrkissen von sehr feiner Arbeit".* [42] Die Besucher der Vorführung argwöhnten, dass die Mädchen, *„welche besagte Strickarbeiten verfertigt haben sollen, vor dem Eintritt in die Blinden=Schule schon Unterricht in dieser Kunst erhalten haben".* [43]

Die von Robertson angestellte Lehrerin behauptete vor den Besuchern, dass sie den blinden Mädchen diese Kunst vermittelt habe, *„allein zwey von den blinden Mädchen stunden auf, und erklärten öffentlich, daß sie die Art Strickerei schon lange vorher inne hatten".* [44] Die Prüfung war letztlich ein einziges Fiasko. An eine staatliche Genehmigung zur Führung einer Blindenbildungsanstalt war nicht zu denken.

Der Abbe verfolgte den Aufbau seines Blindeninstituts in Regensburg nicht weiter. Er trug sich vielmehr mit dem Gedanken, die Anstalt nach Würzburg zu verlegen. Doch auch diese Pläne zerschlugen sich. Zusammenfassend lässt sich sagen: Die beiden Versuche von Pfeilschifter und Robertson, in Regensburg und Würzburg Blindenbildungsinstitute nach der Art Johann Wilhelm Kleins in Wien zu errichten, waren jeweils gescheitert. Der Erfolg kam erst

mit dem Entschluss König Ludwigs I., diese Angelegenheit selbst in die Hand zu nehmen.

Gefördert durch den bayerischen König Ludwig I. entstand die Landesblindenanstalt als ein prächtiger Bau an der Ludwigstraße in München.

König Ludwig I. und die Gründung der Landesblindenanstalt in München

„Ich will meine blinden Landeskinder nicht verstecken; ich will sie meinem Volke zeigen. Ich will ein Beispiel geben zur Nachahmung. [...] Als Denkmal vornehmster Gesinnung steht die Landesblindenanstalt in der Prachtstraße der Stadt München, in der weiten, klaren Geräumigkeit und klassischen Objektivität der Ludwigstraße. Welch andere Stadt in aller Welt kann sich rühmen, Heim und Bildungsstätte für ihres Landes lichtlose Jugend an so bevorzugter Stelle erbaut zu sehen! In wahrhaft königlicher Gestalt, in monumentaler herber Größe steht das Haus als ein in Stein verewigter Gedanke der Liebe bis zu dieser Stunde, als kostbares Erbe großer Vergangenheit über Revolutionen und Kriege bewahrt für die heutige Zeit." (45)

Woher rührte nun dieses Interesse des bayerischen Königs für seine *„blinden Landeskinder"*? Es wird berichtet, dass der spätere König Ludwig I. als Vertreter seines Vaters in den Jahren 1815/1816 am Wiener Kongress teilgenommen und damals Kleins inzwischen berühmte Blindenbildungsanstalt besucht habe.

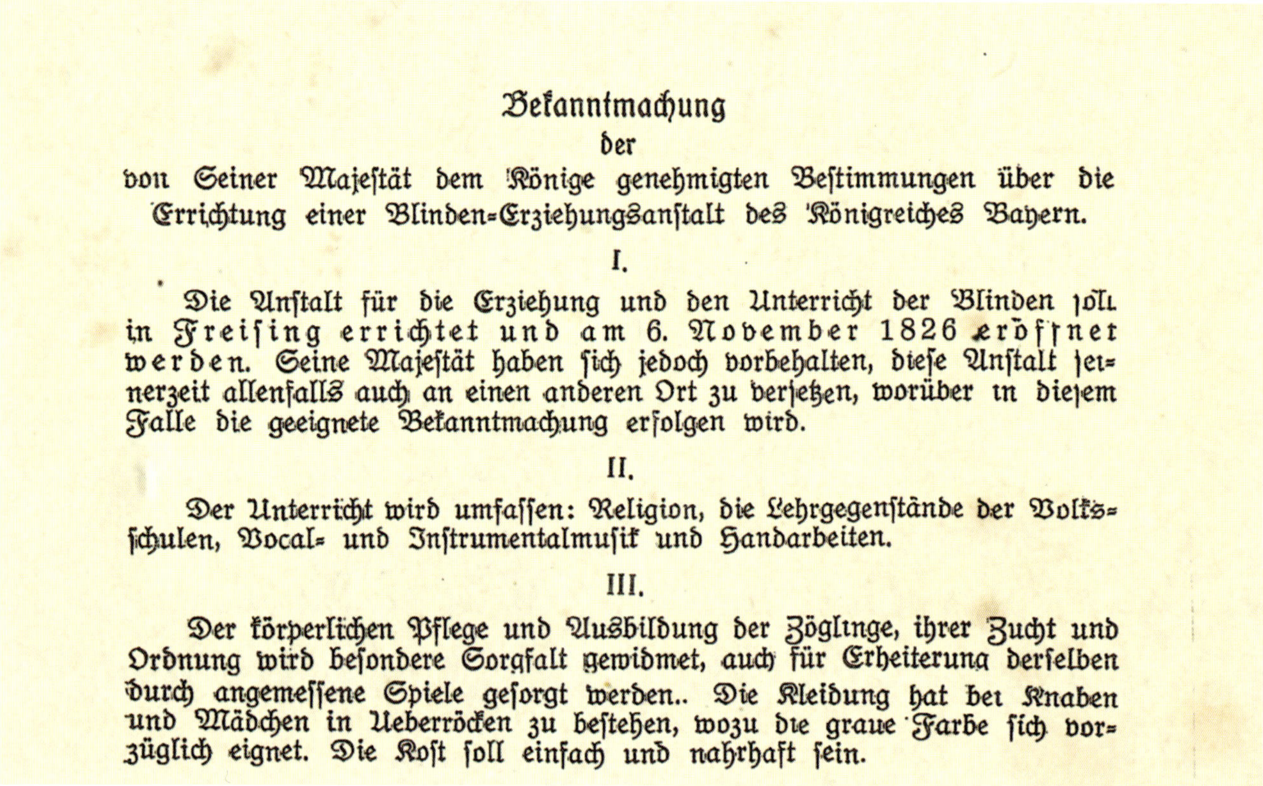

Bekanntmachung
der
von Seiner Majestät dem Könige genehmigten Bestimmungen über die Errichtung einer Blinden=Erziehungsanstalt des Königreiches Bayern.

I.

Die Anstalt für die Erziehung und den Unterricht der Blinden soll in Freising errichtet und am 6. November 1826 eröffnet werden. Seine Majestät haben sich jedoch vorbehalten, diese Anstalt seinerzeit allenfalls auch an einen anderen Ort zu versetzen, worüber in diesem Falle die geeignete Bekanntmachung erfolgen wird.

II.

Der Unterricht wird umfassen: Religion, die Lehrgegenstände der Volksschulen, Vocal= und Instrumentalmusik und Handarbeiten.

III.

Der körperlichen Pflege und Ausbildung der Zöglinge, ihrer Zucht und Ordnung wird besondere Sorgfalt gewidmet, auch für Erheiterung derselben durch angemessene Spiele gesorgt werden.. Die Kleidung hat bei Knaben und Mädchen in Ueberröcken zu bestehen, wozu die graue Farbe sich vorzüglich eignet. Die Kost soll einfach und nahrhaft sein.

Unter anderem der körperlichen Pflege, Ausbildung und Erheiterung der Blinden sollte sich die vom König genehmigte Blindenerziehungsanstalt in Freising widmen.

Vielleicht ist hier der Grund für seine Anteilnahme am Schicksal blinder Kinder zu suchen. Jedenfalls erbaute in den Jahren von 1833 bis 1837 sein berühmter Architekt Friedrich von Gärtner an der Ludwigstraße, Münchens neuer Prachtstraße, die sogenannte „Landesblindenanstalt". 129 886 Gulden hatte der König hierzu aus seinen Privatmitteln gestiftet.

Der Blindenlehrer Johann Stüber und die Blindenerziehungsanstalt in Freising

Schon einige Jahre vorher, nämlich im Jahr 1826, war nach dem Willen des Königs (seit dem Jahr 1825 hatte er den bayerischen Thron inne) in Freising eine Blindenerziehungsanstalt des Königreiches Bayern eröffnet worden. Ein junger Lehrer namens Johann Stüber war zuvor auf Staatskosten zu Johann Wilhelm Klein nach Wien geschickt worden, um sich dort zum Blindenlehrer ausbilden zu lassen.

Acht Monate hielt sich Johann Stüber in Wien auf. Klein stellte ihm folgendes Zeugnis aus: *„Herr Johann Stüber aus dem Königreiche Baiern, welcher auf Veranlassung seiner hohen Regierung durch 8 Monate sich hier aufgehalten hat, um die Methode des Blinden=Unterrichts sich eigen zu machen, hat durch seine eifrige Verwendung nicht nur die erforderlichen theoretischen Kenntnisse in diesem Fache erlangt, sondern auch durch genaue Einsicht und Bekanntschaft mit den eigenen Hülfsmitteln für den Blinden=Unterricht und durch angestellte eigene Uebungen, sich darin die nöthige praktische Fertigkeit erworben, so daß er zum Lehrer und Leiter einer Blindenanstalt alle erforderlichen Eigenschaften* *besitzt und den gehegten Erwartungen vollkommen entsprechen wird. Dem Unterzeichneten wird es zum Vergnügen gereichen, mit diesem würdigen jungen Manne, durch gegenseitige Mittheilung über Gegenstände des gemeinschaftlichen Berufes, auch künftig in Verbindung zu bleiben."* [46]

Als Gebäude für die neue Freisinger Blindenerziehungsanstalt hatte König Ludwig das ehemalige leerstehende Taubstummeninstitut (dieses war nach München verlegt worden) ausersehen. Johann Stüber begann am 6. November 1826 mit fünf blinden Kindern seine Arbeit.

Weil die Mehrzahl der aufzunehmenden blinden Kinder aus ärmlichen Verhältnissen stammte (ein geflügeltes Wort lautete zu der Zeit: „Blindheit – eine Tochter der Armut!") hatte der königliche Mäzen Freiplätze gestiftet. Ludwig I. hatte für die räumliche Unterbringung der blinden Kinder gesorgt und zudem für die Aufnahme von Kindern aus ärmlichen Verhältnissen Sorge getragen. *„Dadurch erhob der König die Erziehung und Unterweisung der Blinden zur Würde einer öffentlichen Angelegenheit."* [47]

Die Blindenanstalt in Freising war am 6. November 1826 eröffnet worden. Am 1. September 1828 fand die erste öffentliche Prüfung der blinden Kinder statt, deren Zahl inzwischen auf 13 angewachsen war. Sie verlief anders als bei Abbe Robertson in Regensburg im August 1816. Zur Eröffnung wurde von den Blinden das Lied „Der Blinde an Gott" vorgetragen:

„Gott! Allvater! auch den Blinden
Reichst als Kindern du die Vaterhand.
Tief von Dank gerührt, verkünden
Wir dein Lob, das Herz zu Dir gewandt.
Unserm Aug' hast Du verschlossen
Manche Reitze Deiner schönen Welt!
Doch, von Deinem Licht umflossen,
Fühlt auch unser Herz, was Dir
gefällt [...]" [48]

Anschließend erfolgte die Prüfung über:

„1. Religionslehre
a) für Katholiken, b) für Protestanten.

2. Sprachlehre.

3. Lesen.

4. Zusammensetzung eines Satzes mit erhabenen Buchstaben und durchstochener Schrift als Vorübung zum eigentlichen Schreiben.

5. Rechnen

a) Kenntnis der gewöhnlichsten Münzen durch das Gehör u. Gefühl,

b) eigentliches Rechnen mit und ohne Maschine.

6. Naturgeschichte, wobei die Getreidearten und verschiedene Früchte durch das Gefühl unterschieden werden.

Ein blinder Schüler liest die – allerdings erst gegen Ende des 19. Jahrhunderts eingeführte – Brailleschrift.

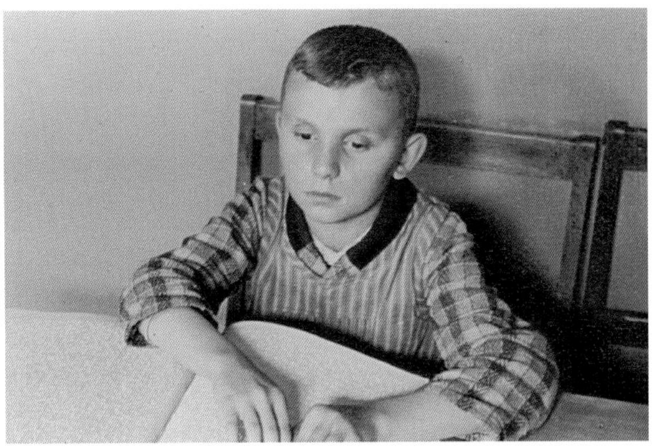

Blinde Schüler ertasten einen Globus, eine Landkarte und ein Tiermodell im Fach Erdkunde.

7. Erdbeschreibung. a) Kenntnis der Erde im allgemeinen; b) Kenntnis Europas insbesondere mit Hinweisung auf Landkarten.

8. Weltgeschichte mit Hinweisung auf Geschichtstabellen als Hilfsmittel für Blinde.

9. Handarbeiten als: Spinnen, Klöppeln, Stricken, Bandweben, Netzen und Fransenmachen.

10. Deklamatorische Vorträge.

11. Musik.
a) eine Cantate, Arien, Chor.
Inhalt: Dank gegen Gott und den königl. Stifter. – Verfasser ist nicht bekannt.
b) Eine Polonaise für Fortepiano und eine Sonate für Fortepiano und Flöte.
c) Einige kleine Musikstücke für 2 Flöten, 1 Violine und mit Forte=Piano Begleitung." (49)

Der Minister des Innern berichtete dem König: *„Eine freudige Rührung ergriff alle Anwesenden, als sie die Fortschritte der Zöglinge wahrnahmen, innigstes Dankgefühl äußerte sich über die Stiftung einer Anstalt, welche den Unglücklichen die Belehrung und die Heilmittel der Religion, ihrem Geiste Bildung und ihrem Gemüt Erheiterung gewährt. Der Blindenlehrer Stüber und seine Gehilfen vorzüglich der Lehrer der kath. Religion, der Kooperator Meiringer, möchten des allerhöchsten Beifalls eurer kgl. M. würdig sein, welchen bezeugen lassen zu dürfen der treu gehorsamst unterzeichnete Staatsminister um Ermächtigung bittet. Dem von der Kreisregierung unterstützten Wunsche, daß die Leistungen der Anstalt mehr zur Kunde gebracht werden mögen, kann die Aufnahme einer Beschreibung der Anstalt und jener Prüfungsergebnisse in gelesene öffentliche Blätter leicht Folge gegeben werden, da hier die Sache für sich spricht und nicht des Angreifens bedarf.' – – – Als Randbemerkung hat der König auf diesen Bericht eigenhändig geschrieben: ‚Mit Freude vernehme ich dieses Ergebnis und will, daß die Leistung dieser Anstalt mehr zur Sprache gebracht und den genannten Lehrern meinen Beifall ausgedrückt werde. In jeder der im Königreich reich gelesensten Zeitung soll die Leistung dieser Anstalt mitgeteilt werden, die Namen derselben in welche diese Einrückung stattfinden wird, sind mir zu sagen.'"* (50)

Der Neubau der Blindenanstalt in München – und die Gründung einer Beschäftigungsanstalt

Freising war nur als vorläufiger Standort einer Blindenanstalt gedacht. Der König hatte sich ausdrücklich eine spätere Verlegung vorbehalten. Weil die Zahl der blinden Kinder ständig zunahm, entschloss sich der königliche Mäzen für einen Neubau der Blindenanstalt – und zwar in München an seiner Prachtstraße.

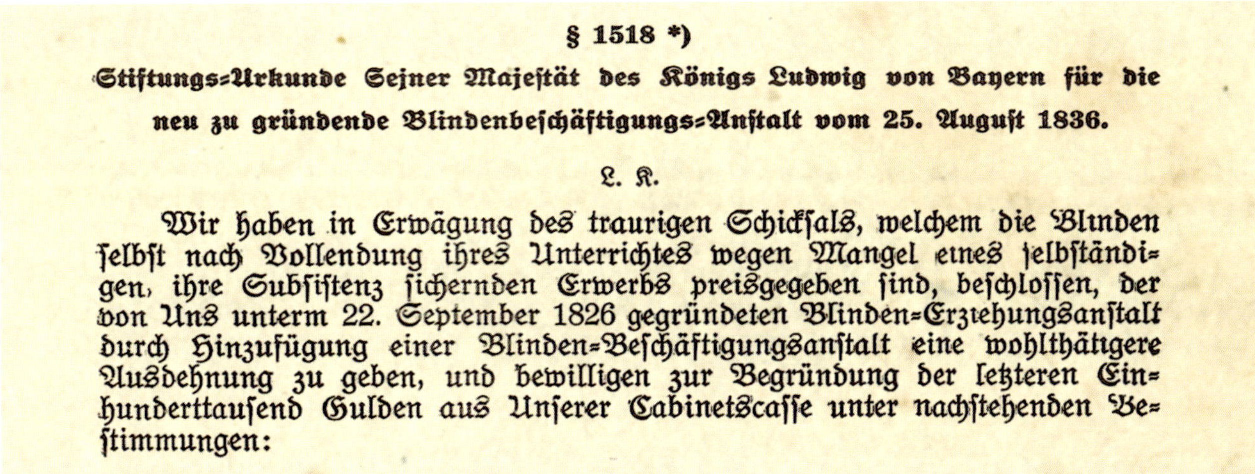

§ 1518 *)

Stiftungs=Urkunde Sejner Majestät des Königs Ludwig von Bayern für die neu zu gründende Blindenbeschäftigungs=Anstalt vom 25. August 1836.

L. K.

Wir haben in Erwägung des traurigen Schicksals, welchem die Blinden selbst nach Vollendung ihres Unterrichtes wegen Mangel eines selbständigen, ihre Subsistenz sichernden Erwerbs preisgegeben sind, beschlossen, der von Uns unterm 22. September 1826 gegründeten Blinden=Erziehungsanstalt durch Hinzufügung einer Blinden=Beschäftigungsanstalt eine wohlthätigere Ausdehnung zu geben, und bewilligen zur Begründung der letzteren Einhunderttausend Gulden aus Unserer Cabinetscasse unter nachstehenden Bestimmungen:

Die Präambel der „Stiftungs=Urkunde Sejner Majestät des Königs Ludwig von Bayern für die neu zu gründende Blindenbeschäftigungs=Anstalt" in München vom 25. August 1836.

Im Jahr 1833 legte Ludwig selbst den Grundstein. Friedrich von Gärtner errichtete das prächtige Institutsgebäude. Dem Neubau an der Ludwigstraße gliederte der König auch eine Beschäftigungsanstalt an.

Warum eine Beschäftigungsanstalt? Es hatte sich die große Schwierigkeit ergeben, dass man die Mehrzahl der blinden Schüler nach abgeschlossenem Besuch der Blindenschule nicht ohne Weiteres in ihren Heimatort zurückschicken konnte. Manche hatten keine Angehörigen; vor allem aber fehlte es oft an der Möglichkeit, die am Blindeninstitut erlernten handwerklichen Arbeiten auszuführen. Es bestand also die große Gefahr, dass die jungen ausgebildeten Blinden in ihr früheres Bettlerleben zurückfallen würden. Und so griff der königliche Stifter noch einmal in seine Kasse und ließ auf seine Kosten der Blindenschule in München eine Beschäftigungsanstalt angliedern.

Der bayerische König verfügte in der Stiftungsurkunde für die neu zu gründende Blindenbeschäftigungsanstalt vom 25. August 1836:

„Wir haben in Erwägung des traurigen Schicksals, welchem die Blinden selbst nach Vollendung ihres Unterrichtes wegen Mangel eines selbständigen, ihre Subsistenz sichernden Erwerbs preisge-

Das Ehrfurcht gebietende Hauptportal der Münchner Landesblindenbildungsanstalt. 1833 hatte König Ludwig I. selbst den Grundstein des Gebäudes gelegt.

Eine Fotografie und zwei Zeichnungen (diese Seite und rechte Seite unten) zeigen die Innenausstattung im Neubau der Landesblindenanstalt in München.

geben sind, beschlossen, der von Uns unterm 22. September 1826 gegründeten Blinden=Erziehungsanstalt durch Hinzufügung einer Blinden=Beschäftigungs-

Tabelle 57.

Jahrgang	Zahl der Zöglinge			Lehrkräfte	Ausgaben auf den Zweck der Anstalt
	in der Erziehungsanstalt	in der Beschäftigungsanstalt	Gesamtsumme		
1826/27	5	—	5	1	?
1836/37	19	14	33	5	9 275 fl.
1846/47	30	18	48	5	12 715 fl.
1856/57	59	31	90	8	18 914 fl.
1866/67	56	24	80	8	23 811 fl.
1876/77	55	28	83	7	51 901 ℳ
1886/87	55	37	92	8	62 671 ℳ
1896/97	64	38	102	11	69 983 ℳ
1900/01	63	38	101	12	73 093 ℳ
1903/04	63	37	100	13	76 917 ℳ

anstalt eine wohlthätigere Ausdehnung zu geben, und bewilligen zur Begründung der letzteren Einhunderttausend Gulden aus Unserer Cabinetscasse [...]" (51)

Oben: Diese Statistik zeigt die stetig wachsende Zahl von „Zöglingen" in der Münchner „Erziehungsanstalt" und in der angegliederten „Beschäftigungsanstalt".

Der Blinde Friedrich Scherer gründete 1854 in Nürnberg eine private Blindenbildungsanstalt. Sie kam zunächst in einer Mietwohnung in der Münzgasse unter. Der Anfang wurde mit vier blinden Knaben und zwei blinden Mädchen sowie einem sehenden Lehrer gemacht. 1863 konnte dieses Haus in der Blumenstraße bezogen werden.

Die Münchner Anstalt war nach dem Willen des Königs für sämtliche blinden Landeskinder gedacht. Waren es zu Beginn in Freising nur fünf blinde Kinder gewesen, welche die Blindenschule besuchten, so nahm ihre Anzahl Jahr für Jahr stetig zu. [52]

Friedrich Scherer und seine private Blindenbildungsanstalt in Nürnberg

Im Jahr 1851 bat der Blinde Friedrich Scherer um die Erlaubnis, in Nürnberg eine private Blindenbildungsanstalt errichten zu dürfen. Friedrich Scherer war eine charismatische Persönlichkeit. [53] Sein Werk „Die Zukunft der Blinden" erfuhr 13 Auflagen. Es weist weit über seine Zeit hinaus. Friedrich Scherer wurde 1823 in Ehgingen bei Wassertrüdingen in Mittelfranken als Kind einfacher Leute geboren. Im dritten Lebensjahr erblindete er infolge der unsachgemäßen Behandlung einer Augenerkrankung.

Später erinnerte sich Scherer an seine Kindheit:

„Der Mutter sanftes Auge hat niemals mir gelacht, des Lenzes Glanz und Prangen ist nicht für mich gemacht. Doch spüre ich das Wehen des Zephyrs voller Lust, [...] Und wenn mit mildem Tone die Mutter zu mir spricht, dann tönt's in meinem Innern: ‚Du bist so elend nicht'." [54]

Die Mutter umsorgte ihn nach besten Kräften. Das blinde Kind interessierte sich für seine Umgebung und durchstreifte allein Wald und Flur. Der Besuch der öffentlichen Volksschule genügte ihm nicht. Nach Bemühungen von verschiedenen Seiten kam Friedrich Scherer im Alter von 16 Jahren an die Landesblindenanstalt in München. Verschiedene Gönner ermöglichten anschließend dem hochbegabten jungen Blinden den Besuch der Universität. Danach besuchte er zahlreiche Blindenbildungsanstalten in Deutschland und im Ausland. Sein angestrebtes Ziel war die Errichtung eines Blindenbildungsinstituts.

Am 9. Juni 1854 erreichte er dieses Ziel: Zusammen mit einem sehenden Lehrer wurde in einer gemieteten Wohnung in

Das neue große Haus der Blindenanstalt in Nürnberg wurde im Jahr 1893 unter Direktor Karl Schleußner bezogen. Der Leiter der Blindenanstalt war selbst blind.

der Münzgasse in Nürnberg eine private Blindenanstalt für anfangs vier blinde Knaben und zwei blinde Mädchen eröffnet. Ein Jahr später war die Zahl der blinden Zöglinge auf zehn gestiegen. Im Jahr 1859 starb der sehende Lehrer. Friedrich Scherer wurde nun mit der Leitung der noch kleinen Anstalt betraut.

Dieses Amt aber gab er nach zwei Jahren deshalb auf, *„weil sich zwischen ihm und seinen sehenden Mitarbeitern unüberbrückbare Meinungsverschiedenheiten hinsichtlich der Unterrichts- und Erziehungsmethoden und über die künftige soziale Stellung blinder Menschen ergeben hatten".* [55]

Friedrich Scherer begab sich auf Reisen. Er gründete in Altona und in Speyer zwei weitere Blindenanstalten. Die letztere Gründung brachte ihn aufgrund der Auswirkungen des deutsch-französischen Kriegs in den Jahren 1870/71 um sein ganzes Vermögen.

Doch Friedrich Scherer gab nicht auf. Sein Hauptziel war der Zusammenschluss der Blinden. Es ging ihm vor allem um die Selbsthilfe der Blinden. So forderte Scherer – lange vor der gesetzlichen Einführung des Blindengeldes nach dem Zweiten Weltkrieg – eine staatliche Blindenhilfe. Wann und wo der rastlose Mann gestorben ist, wissen wir nicht. Leicht war sein Leben nicht. Das von Scherer verfasste Gedicht „Der blinde Greis" bringt das zum Ausdruck:

„Ich hab der Welt vergeben, was sie an mir gethan. Wenn sie mich kränkte, war es nicht Bosheit, sondern Wahn. Ich denk' in Ruh des Wehes, das mich einst tief gebeugt, so wie der stolze Sieger die tiefe Narbe zeigt. Und freudig schau' der Zukunft ich in das Angesicht, denn aus dem dunklen Flore dring' ich zu Gottes Licht." [56]

Kehren wir zur Blindenanstalt in Nürnberg zurück: Der Nachfolger Scherers war für zwei Jahre Freiherr Ludwig von Saint-Marie Eglise. Im Jahr 1863 ging der Freiherr nach Leipzig und gründete dort eine Blindenanstalt. [57] Im selben Jahr konnte die Blindenanstalt Nürnberg in der Blumenstraße ein eigenes Haus beziehen. Hier war Platz für ungefähr 20 blinde Kinder. Doch auch dieses Haus wurde bald zu klein.

„Den eigentlichen Aufschwung aber nahm die Blindenanstalt Nürnberg erst um die Jahrhundertwende unter der tatkräftigen und allen Fragen des Blindenwesens aufgeschlossenen Persönlichkeit von Direktor Karl Schleußner, der selbst blind war. 1895 wurde das neue große Haus an der Koberger Straße eingeweiht. Die Anstalt konnte nun bis zu 120 Blinde beherbergen und war von diesem Zeitpunkt an eine wirkliche Hilfe für die gesamte Blindenschaft des nordbayerischen Raumes." [58]

Eine Blindenanstalt für Unterfranken in Würzburg

Von dem gescheiterten Versuch des Abbe Robertson, in Würzburg eine Blindenanstalt zu gründen, war bereits an früherer Stelle die Rede. Im Jahr 1853 erließ Moritz Graf von Bentheim-Tecklenburg einen Aufruf zur Bildung eines der Fürsorge für die Blinden gewidmeten Vereins. Dieser Aufruf war sehr erfolgreich. Der Verein wurde noch im selben Jahr gegründet. [59]

Der Verein beschloss, sich blinder Kinder anzunehmen. [60] Der Zweck des *„neuen Unternehmens"* wurde so beschrieben: *„Den blinden Kindern sollen die gewöhnlichen Schulkenntnisse vermittelt werden, dazu aber soll die Aneignung der ihnen möglichen technischen Fertigkeiten kommen, um durch Ausübung ihren Unterhalt sich teilweise zu verdienen. Vor allem aber war es ihre sittliche religiöse Bildung, die man aufs eifrigste zu fördern suchte, um so den einzigen Halt, den besten Trost für solche Unglückliche immer mehr in ihnen zu befestigen."* [61]

Schnell wuchs die Schülerzahl an. Schon im zweiten Jahr des Bestehens der Würzburger Blindenbildungsanstalt stieg die Zahl der blinden Kinder auf 14. Den Beginn hatte man in einer Wohnung gemacht. Für 14 Zöglinge war diese nun zu klein geworden. Da traf es sich, dass im Jahr 1856 der Würzburger Domkapitular Dr. Philipp Werner starb und die noch junge Blindenanstalt zum Erben eingesetzt hatte. Die reiche Erbschaft ermöglichte den Erwerb eines eigenen Hauses mit einem Garten.

Im Jahr 1858 übergab der Verein die von ihm gegründete Blindenanstalt der Kgl. Kreisregierung zur unmittelbaren Leitung und Verwaltung. Der Verein selbst sah als seine neue Aufgabe die Gründung einer Versorgungsanstalt an. Die Stiftung des vermögenden Kaufmanns Johann Bolongaro-Crevenna

Im Jahre 1853 erließ Moritz Graf von Bentheim-Tecklenburg, an der Spitze gleichgesinnter, hochstehender Männer, einen allgemeinen Aufruf zur Bildung eines der Fürsorge für die Blinden gewidmeten Vereins. Es konstituierte sich eine aus 5 Mitgliedern bestehende Vorstandschaft und ein Ausschuß von 10 Mitgliedern, die auf jede mögliche Weise das Interesse für den neugegründeten Verein zu wecken verstanden, so daß bereits der erste Rechenschaftsbericht die ansehnliche Zahl von 1749 Mitgliedern aufweisen konnte. Alles wirkte zusammen: Die Kgl. Regierung, die oberhirtliche Stelle ließen nachdrückliche Empfehlungen ergehen an die ihnen untergebenen Ämter und Seelsorger; hohe Mitglieder des Königl. Hauses und andere vom Glücke begünstigte Menschenfreunde aus allen Ständen gaben reiche Beisteuer; Dichter und Künstler machten ihre Talente nutzbringend zum Besten des Vereines, die Redaktionen der Zeitungen suchten die allgemeine Teilnahme zu wecken und lebendig zu erhalten, ansehnliche Vermächtnisse wurden gleich anfangs dem Vereinszwecke zugewendet. So ward es möglich, schon im ersten Jahre die Kosten für die Einrichtung der Anstalt aufzubringen, für den Unterricht und Unterhalt von 7 Zöglingen zu sorgen und zugleich ein Kapitalvermögen von 7000 fl. verzinslich anzulegen. Nachdem hierdurch der bleibende Bestand des Unternehmens gesichert war, erfolgte unterm 3. Februar 1854 die Allerhöchste landesherrliche Genehmigung des durch den Verein begründeten Kreis-Blindeninstituts.

ermöglichte im Jahr 1866 den Bau der langersehnten Versorgungsanstalt. 1878 wurde das 25-jährige Jubiläum der Vereinsgründung mit einer Jubelfeier begangen. 31 blinde Kinder besuchten zu diesem Zeitpunkt die Würzburger Blindenbildungsanstalt. Und es wurden immer mehr: Bis zum Jahr 1895 wuchs ihro Zahl auf 12 an.

1853 initiierte Moritz Graf von Bentheim-Tecklenburg die Bildung eines der Fürsorge für die Blinden gewidmeten Vereins in der mainfränkischen Bischofsstadt Würzburg.

Widerstand gegen die Gründung der Blindenanstalt Augsburg

Erbitterter Widerstand gegen die Gründung der Augsburger Blindenanstalt

Friedrich Kniewasser – am Anfang stand eine Enttäuschung

Blinde Kinder aus Schwaben an der Landesblindenanstalt München

In der Stiftungsurkunde für Freiplätze an der Landesblindenanstalt hatte der königliche Stifter den Willen bekundet, eine Blindenanstalt für alle blinden Kinder seines Königreichs zu errichten. So besuchten blinde Kinder aus ganz Bayern die Landesblindenanstalt in München. Anlässlich der öffentlichen Prüfung am Schuljahresende berichtet die „Augsburger Abendzeitung" am 30. Juli 1885 von der Zusammensetzung der Schülerschaft an der Landesblindenschule:

Das Institut war im abgelaufenen Schuljahr von insgesamt 93 Zöglingen, davon 52 männlich und 41 weiblich, besucht worden. Die Zöglinge, davon 80 katholisch und 13 protestantisch, kamen aus

- *Oberbayern 27*
- *Niederbayern 8*
- *Pfalz.................................... 7*
- *Oberpfalz..............................9*
- *Oberfranken 8*
- *Mittelfranken.........................9*
- *Unterfranken.........................2*
- *Schwaben...........................23* [62]

Danach besuchten insgesamt 19 Kinder aus Franken (obwohl seit mehr als 30 Jahren Blindenbildungsanstalten in Würzburg und Nürnberg bestanden) und 23 schwäbische blinde Kinder die Landesblindenanstalt in München. In der Hauptstadt Schwabens bestand im Jahr 1885 noch keine Blindenanstalt. Es gab jedoch Bestrebungen zur Gründung einer solchen Einrichtung. [63]

Friedrich Kniewassers Bemühungen um die Gründung einer Blindenanstalt in Augsburg

Ein blinder Blindenlehrer aus Nürnberg, Friedrich Kniewasser, bemühte sich zu dieser Zeit intensiv um die Gründung einer Blindenbildungsanstalt in Augsburg. 1861 wurde Kniewasser als Sohn eines wohlhabenden Schmiedemeisters

Die Paraphe des aus Nürnberg stammenden blinden Blindenlehrers Friedrich Kniewasser. Er initiierte die Gründung der Augsburger Blindenanstalt, mit der Leitung des Instituts sollte er dann jedoch nicht betraut werden.

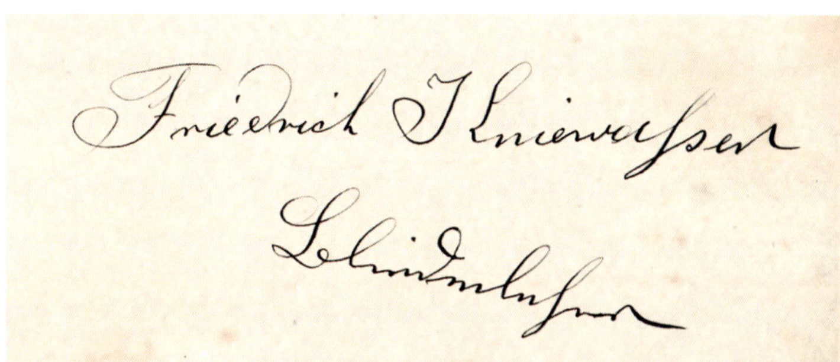

Friedrich Kniewasser erlebte in Augsburg eine große Enttäuschung. Danach versuchte er, in der oberfränkischen Stadt Bayreuth eine Blindenanstalt zu gründen. Doch dort starb Kniewasser im Alter von erst 27 Jahren an Herzversagen.

in Nürnberg geboren. Im Kindesalter war er durch einen Steinwurf erblindet.

Kniewasser besuchte zunächst die Nürnberger Blindenanstalt und bereitete sich danach an den Blindeninstituten in Berlin-Steglitz und Namur auf den Beruf eines Blindenlehrers vor. In seine Heimatstadt zurückgekehrt, wirkte er – gerade 21 Jahre alt – zwei Jahre lang als Fortbildungslehrer an der Nürnberger Blindenanstalt. Sein brennender Wunsch war es allerdings, selbst eine Blindenbildungsanstalt aufzubauen.

Es ist anzunehmen, dass sein Vorbild Friedrich Scherer (1823–1887) war, jener rastlose Blinde, der, wie bereits erwähnt, von 1854 bis 1861 die Nürnberger Blindenanstalt leitete und danach verschiedene Blindenbildungsanstalten und Blindengenossenschaften in Deutschland ins Leben gerufen hatte. Augsburg schien Friedrich Kniewasser der geeignete Ort zu sein, um sein Vorhaben zu verwirklichen.

1885: der erste wichtige Schritt – der Verein für Blindenerziehung in Schwaben und Neuburg

Schon im Jahr 1882 hatte sich Friedrich Kniewasser in einem Schreiben zwecks Gründung einer Blindenanstalt in Augsburg an den zu dieser Zeit mächtigen liberalen bayerischen Staatsminister Johannes von Lutz gewandt. Ein Jahr später, am 2. Juni 1883, reichte er beim Augsburger Stadtmagistrat ein Gesuch ein, welches die Bitte um Erlaubnis enthielt, in Augsburg eine Anstalt für schulpflichtige blinde Kinder gründen zu dürfen. Der Stadtmagistrat begrüßte die Errichtung einer solchen Anstalt – allerdings sollten hierfür private Wohltäter gewonnen werden.

Auch beim Regierungspräsidenten von Schwaben stieß Friedrich Kniewasser auf Wohlwollen. Kniewassers nächster Schritt bestand darin, mehrere Männer um sich zu sammeln, die gewillt waren, sich für die Gründung einer Augsburger Blindenanstalt zu engagieren. 15 Männer konnte er gewinnen: Sie bildeten ein sogenanntes „Comitee". Kniewasser beschwor dieses „Comitee", eine Blindenbildungsanstalt in Augsburg zu errichten: *„Ich bitte Sie aus tiefster Seele und durch meinen schwachen Mund flehen noch Hunderte meiner armen Leidens-*

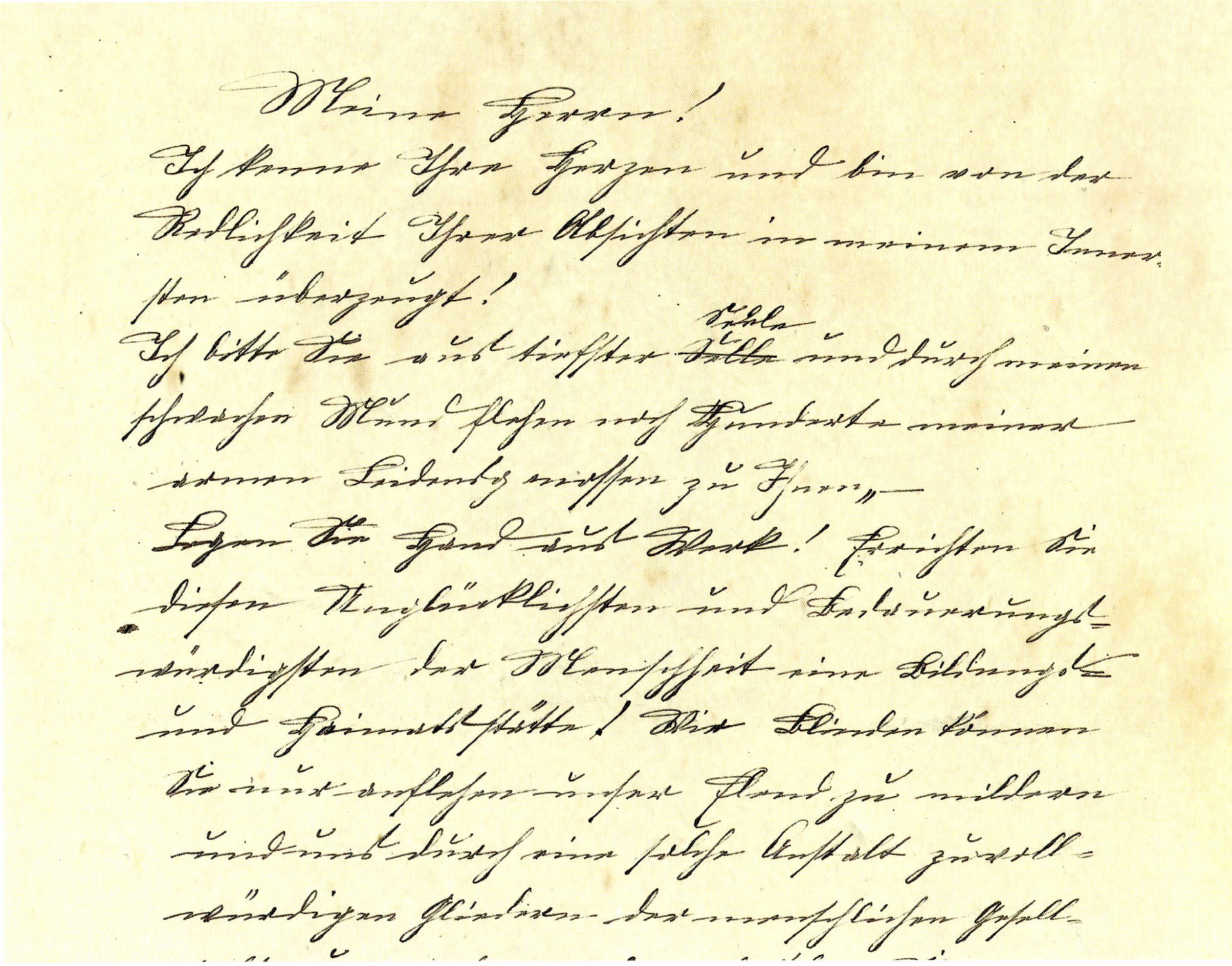
Meine Herren!
Ich kenne Ihre Herzen und bin von der
Redlichkeit Ihrer Absichten in meinem Inners-
ten überzeugt!
Ich bitte Sie aus tiefster Seele und durch meinen
schwachen Mund flehen noch Hunderte meiner
armen Leidensgenossen zu Ihnen –
Legen Sie Hand ans Werk! Errichten Sie
diesen Unglücklichsten und Bedauerungs-
würdigsten der Menschheit eine Bildungs-
und Heimatstätte! Wir Blinden können
Sie nur anflehen unser Elend zu mildern
und uns durch eine solche Anstalt zu voll-
würdigen Gliedern der menschlichen Gesell-

Mit diesem Schreiben (Auszug) wandte sich Friedrich Kniewasser 1882 wegen der Gründung einer Blindenanstalt in Augsburg an den bayerischen Staatsminister Johannes von Lutz.

genossen zu Ihnen: ‚Legen Sie Hand ans Werk! Errichten Sie diesen Unglücklichsten und Bedauerungswürdigsten der Menschheit eine Bildungs- und Heimatstätte! Wir Blinden können Sie nur anflehen unser Elend zu mildern und uns durch eine solche Anstalt zu vollwürdigen Gliedern der menschlichen Gesellschaft zu machen; aber glauben Sie, Meine Herren, auch in uns Blinden lebt ein Sehnen nach nützlicher Thätigkeit. Ergreifen Sie vorliegenden Plan und ich bin überzeugt, daß wir mit diesem Anfang auf sicherem Boden stehen'." (64)

Den *„Anfang"* stellte sich Kniewasser so vor: Für vier blinde Knaben sollte eine Wohnung angemietet werden. Ein Raum sollte als Schlafzimmer dienen, ein weiterer als Küche und ein dritter als Lehr-, Speise- und Wohnzimmer. In diesem letzteren sollte im ersten Jahr auch das Einflechten von Rohrsitzen stattfinden. Die wenigen Einrichtungsgegenstände würden keine hohen Kosten verursachen, zumal er sich selbst mit einem Zimmer begnügen würde.

Den fünf blinden Knaben sollte Volksschulwissen vermittelt werden. Den Arbeitsunterricht würde Kniewasser gerne selber erteilen. Eine eigene Lehrkraft könnte dadurch eingespart werden.

Satzungen

des

Vereins für Blindenerziehung

in

Schwaben und Neuburg.

Zweck.

§ 1.

Zweck des Vereins ist die Gründung und Erhaltung einer Lehr- und Erziehungsanstalt für bildungsfähige Blinde des Kreises Schwaben und Neuburg mit dem Sitze in Augsburg, und soweit es möglich und erforderlich ist, die Fürsorge für die entlassenen Zöglinge derselben.

§ 2.

Die Aufgabe dieser Anstalt besteht darin, ihren Zöglingen eine angemessene Erziehung zu geben, sie in den wichtigsten Fächern der Volksschule zu unterrichten und sie zugleich durch Ausbildung in irgend einem Geschäft oder einer Handfertigkeit für ihr künftiges Leben erwerbsfähig zu machen.

§ 3.

Besonderes Gewicht ist auf die sittliche und religiöse Erziehung zu legen, welch letztere in Uebereinstimmung und Verbindung mit den kirchlichen Organen zu bethätigen ist.

Satzung des Vereins für Blindenerziehung in Schwaben und Neuburg, der die Gründung und Erhaltung einer Lehr- und Erziehungsanstalt für bildungsfähige blinde Kinder betrieb.

Das „Comitee" sah als vordringlichste Aufgabe die Gründung eines Vereins an. Wie erwähnt, kam es im Jahr 1885 zu dieser Vereinsgründung.

Die Vereinssatzung in ihren wichtigsten Punkten

Der Verein erstellte schnellstmöglich eine Satzung. Einige wichtige Bestimmungen:

Der Zweck des Vereins wurde in §1 beschrieben, nämlich die Gründung und Erhaltung einer „Lehr= und Erziehungsanstalt für bildungsfähige Blinde des Kreises Schwaben und Neuburg mit dem Sitze in Augsburg".

Zu diesen beiden Aufgaben tritt – wenn möglich und erforderlich – die Fürsorge für die entlassenen Zöglinge.

Die zu gründende Blindenbildungsanstalt ist eine Privatanstalt mit Öffentlichkeitscharakter.

Nach § 22 kommt dem Staat die Oberaufsicht zu.

§ 6 befasst sich mit dem Alter der Aufzunehmenden.

§ 7 regelt die Verweildauer an der Anstalt.

§ 8 befasst sich mit der Finanzierung.

§ 10 handelt von der Fürsorge für die entlassenen Zöglinge.

§ 11 regelt die Mitgliedschaft und die Höhe des Jahresbeitrages.

In § 13 bis § 17 werden die Zusammensetzung und die Aufgaben eines zu wählenden Ausschusses beschrieben. Dem Ausschuss obliegt nach § 19 die Wahl eines Schulvorstandes, dessen Aufgabe die Geschäftsführung ist (§ 19 und § 20).

Die § 23 bis 26 regeln die Zuständigkeiten der Generalversammlung, die alle zwei Jahre zusammentritt.

Die Aufnahme des Vereins für Blindenerziehung in Schwaben und Neuburg in den St.-Johannis-Verein

Die Aufnahme des Vereins für Blindenerziehung in Schwaben und Neuburg in den St.-Johannis-Verein erfolgte am 10. April 1886. Dieser Verein war 1853 von König Maximilian für „freiwillige Armenpflege in Bayern" ins Leben gerufen worden.

In § 1 der Satzung des St.-Johannis-Vereins wird sein Zweck beschrieben: *„Der Zweck des St.-Johannis-Vereins besteht in der Begründung und Verbreitung einer gewissen freiwilligen Pflege und Vorsorge für die Armuth nach deren verschiedenen Abstufungen."* (65)

§ 8 beschreibt die rechtliche Stellung des Vereins: *„Der St. Johannisverein genießt unter der obersten Aufsicht des Staates die Rechte öffentlicher Corporationen."* (66)

§ 2 regelt die rechtliche Stellung der Vereine, die ihm angeschlossen sind: *„Der St. Johannis=Verein wird daher mit bereits bestehenden oder neu entstehenden Einzel=Vereinen für Wohlthätigkeit in Wechselbeziehung zu treten suchen, ohne jedoch deren selbständige Stellung und freie Bewegung in Entfaltung ihrer segensreichen Früchte nach den lokalen Bedürfnissen zu beseitigen oder auch nur zu schwächen."* (67)

Der neu gegründete Verein für Blindenerziehung in Schwaben und Neuburg behielt folglich nach § 2 seine Selbstständigkeit, konnte jedoch nach § 4 mit

Die Augsburger Blindenanstalt wurde 1889 in einem von der Stadt Augsburg angemieteten Trakt des zur Kaserne umfunktionierten ehemaligen Jesuitenklosters St. Salvator in der Jesuitengasse gegründet.

Unterstützung rechnen: *„Die Verbindung des Centrums mit seinen Verzweigungen, sowie mit den freiwillig beitretenden, für besondere Armenzwecke bestehenden Vereinen wird hergestellt:*

a) durch periodische Mittheilungen über den Stand der Armuth aus jedem Theile des Königreichs an das Central=Organ;

b) durch gegenseitige freiwillige oder von dem Central=Organe ausgehende besondere Unterstützungen; durch Kundgabe solcher neuen Einrichtungen und Unternehmungen und durch deren Verbreitung von Seite des Central=Organs, welche dazu dienen können, die Ursachen der Armuth zu entfernen, oder in ihren üblen Folgen zu heben oder zu mildern, oder drohender Verarmung vorzubeugen.“ [68]

Der Flügel eines ehemaligen Jesuitenklosters als Anstaltsgebäude

Im Jahr 1889 schlug die Geburtsstunde für die Blindenbildungsanstalt in Augsburg. Der Beginn war bescheiden. Eine genehmigte Haussammlung hatte zwar den stattlichen Betrag von 36 445 Mark erbracht. Doch diese an sich hohe Summe – und dazu noch ein Zuschuss des Landrats von 1500 Mark und außerdem 560 Mark für Freiplätze – reichten nicht für den Neubau einer Blindenanstalt.

So machte sich das „Comitee“ auf die Suche nach einem geeigneten anmietbaren Gebäude. Die Stadt Augsburg erwies sich als entgegenkommend und stellte einen Flügel des in der Folge der Säkularisation aufgelösten und zu einer Kaserne umfunktionierten Jesuitenklosters St. Salvator in der Jesuitengasse mietweise zur Verfügung.

Dieses Gebäude musste aber erst noch in eine Blindenanstalt (mit Schule und Heim!) umgewandelt werden.

Augsburg um 1899. Zehn Jahre zuvor war dort die Blindenanstalt eröffnet worden. Der Initiator dieses Instituts – Friedrich Kniewasser – verließ damals die Stadt, in der man ihn so sehr enttäuscht hatte.

Friedrich Kniewassers große Enttäuschung

Friedrich Kniewasser hatte gehofft, zunächst mit der Suche nach einem geeigneten Gebäude und danach der Leitung der Neugründung betraut zu werden. All sein Hoffen und Wünschen sollte sich jedoch nicht erfüllen. Vielleicht waren die entscheidenden Gremien der Ansicht, dass ein so junger Mann (er war gerade 24 Jahre alt), der noch dazu blind war, mit dem Aufbau und der Leitung einer neuen Blindenanstalt schlichtweg überfordert gewesen wäre. Friedrich Kniewassers evangelische Konfession soll in Augsburg bei dem abschlägigen Bescheid wohl keine Rolle gespielt haben...

Enttäuscht wandte sich Friedrich Kniewasser einer neuen Aufgabe zu. Er versuchte, in Bayreuth eine Blindenanstalt zu gründen. Hier schien er mehr Glück zu haben. Doch dort ereilte den rastlosen jungen Mann überraschend der Tod. Im Alter von nur 27 Jahren erlag er einem Herzversagen. (69)

Dominikus Ringeisens Einwände gegen die Gründung einer Blindenbildungsanstalt in Augsburg

Die Gründung einer Blindenbildungsanstalt in Augsburg wurde nicht von allen Seiten begrüßt. Ein ansonsten sehr verdienstvoller Mann, Dominikus Ringeisen, der Gründer der Ursberger Anstalten (heute: Dominikus-Ringeisen-

Dominikus Ringeisen, der Gründer der Ursberger Anstalten, wehrte sich gegen die Gründung der Augsburger Blindenanstalt. Er hatte 1885 die Genehmigung für den Bau einer Blindenanstalt in Ursberg erhalten.

Werk), wollte diese Gründung unbedingt verhindern. [70] Ringeisen, 1835 in Unterfinningen bei Dillingen geboren, war katholischer Priester. Als Seelsorger an verschiedenen Orten hatte er die Not behinderter Menschen kennengelernt. Er fasste den Entschluss, sich ihrer anzunehmen. *„Im Vertrauen auf Gott und den heiligen Josef"* [71] machte er sich ans Werk. Eine Spende verschaffte ihm die Möglichkeit, 1884 die säkularisierte einstige Prämonstratenserabtei Ursberg zu erwerben und hier eine „Anstalt für männliche Kretinen" zu gründen. Schon im Dezember 1884 wurde der erste Behinderte aufgenommen. Ein Jahr später war die Zahl schon auf 20 angewachsen.

Ringeisen standen Schwestern aus dem Crescentiakloster in Kaufbeuren zur Seite. Um den großen Bedarf an Pflegekräften zu decken, bemühte er sich um die Gründung einer Schwestern- und einer Brüdergemeinschaft. Die Genehmigung zur Gründung einer Schwesterngemeinschaft erhielt er – nicht aber die zur Gründung der Brüdergemeinschaft.

Bald sollte sich seine Aufmerksamkeit einer neuen Gruppe von Behinderten zuwenden, den Blinden – und zwar besonders jener Gruppe junger Blinder, die an der Landesblindenanstalt acht Jahre die Schule und danach fünf Jahre die Beschäftigungsanstalt besucht hatten und die nach dieser Zeit nicht selten ein elendes Leben fristeten:

Ringeisen schreibt im Jahresbericht 1885/86: *„Wenn dann die armen Blinden einen vielseitigen Unterricht erhalten haben und gebildet sind für ein menschenwürdiges Dasein; wenn sie fähig sind zu arbeiten und zu schaffen in ihrer Weise und ihrem Kreise und ein glückliches Berufsplätzlein auf Erden auszufüllen – wer hilft ihnen dazu? Wo finden sie es? Ach, verhältnismäßig nur wenige erreichen dieses Ziel! Wie oft hat der arme Blinde niemanden, der ihm Arbeit gibt."* [72]

Besonders die große Not der blinden Mädchen, die keine Familienangehörigen hatten, ging Dominikus Ringeisen zu Herzen: *„Wenn das blinde Mädchen*

keine Familie hat [...] dann begegnet es gar leicht dieser Verlassenen, dass sie durch die Armenpflege an den Wenigstnehmenden verdungen und zur Abnährung versteigert wird [...]" [73] Ringeisen erweiterte deshalb seine „Anstalt für männliche Kretinen" zur „Cretinen- und Blindenanstalt Ursberg".

14 bis 20 Blinde sollten, so plante er, in einem Trakt der Ursberger Gebäude untergebracht werden. Auch an einen Neubau dachte Ringeisen. Im November 1885 erhielt er die staatliche Genehmigung für die geplante Blindenanstalt. Im Januar 1886 zog dort der erste Blinde ein. Ein gutes Jahr später, im Mai 1887, waren es bereits 21.

Seine Blindenanstalt teilte Dominikus Ringeisen in zwei Abteilungen ein:

- die Vorbereitung für die Schule
- eine Versorgungsanstalt

In der säkularisierten Prämonstratenserabtei Ursberg gründete Dominikus Ringeisen 1884 eine „Anstalt für männliche Kretinen". Aufgrund einer Spende konnte Ringeisen den mächtigen Klosterkomplex erwerben.

Bei diesen zwei Abteilungen sollte es jedoch nicht bleiben. Als Dominikus Ringeisen zu Ohren kam, dass in Augsburg Planungen liefen, eine Blindenbildungsanstalt zu errichten, wollte er dies unbedingt verhindern. Den beiden bereits bestehenden Abteilungen seiner Ursberger Blindenanstalt sollte nämlich noch eine dritte Abteilung hinzugefügt werden – eine Schule für Blinde.

Am 29. Mai 1887 richtete Ringeisen ein elfseitiges Schreiben an die Regierung von Schwaben und Neuburg. [74] Mit fast beschwörenden Worten versuchte er, in 15 Punkten darzulegen, dass die geplante Blindenunterrichtsanstalt nicht in Augsburg, sondern in Ursberg errichtet werden sollte. Dominikus Ringeisens Argumente lauteten:

1. Ursberg sei die allgemeine Blindenheimat, wo die Blinden für den sich anschließenden Schulbesuch vorbereitet würden und nach dem Schulbesuch versorgt werden könnten.

2. Für die zumeist skrophulösen Blinden sei der Aufenthalt auf dem Land gesünder.

3. Die Betreuung durch den Hausarzt genüge; ein spezieller Augenarzt sei nicht erforderlich.

4. Die Blinden zuträglichen Nahrungsmittel würden vor Ort erzeugt (vor allem die Milch).

5. Die Bahnverbindung nach Augsburg sei gut.

6. Für den Blindenunterricht stünden hier „plastische Gegenstände" zur Verfügung.

7. Die Musik werde in Ursberg besonders gepflegt; von größeren Musikaufführungen durch blinde Musiker sei abzusehen, *„da die Damenwelt [...] missgestaltete Persönlichkeiten [...] nicht gerne vor sich sehen will".* [75]

8. Die Nähe zur Kretinenanstalt sei nicht schädlich, sondern vorteilhaft, denn die Blinden sähen ja nichts *„von einer etwaigen Deformität der Cretinen",* [76] und außerdem würden sie darüber Freude empfinden, dass sich diese *„Doppeltblinden in glücklicher Versorgung befinden".* [77]

9. Die Blindenanstalt in Ursberg verursache keine größeren Ausgaben.

10. Zwei Blindenanstalten, eine in Augsburg, die andere in Ursberg, seien ein Unding.

11. Der Religionsunterricht für evangelische blinde Kinder sei gewährleistet.

12. Die Betreuung durch die Ordensschwestern sei positiv zu werten.

13. Sollte die Ursberger Anstalt den Erwartungen nicht entsprechen, könne anderswo ein weiterer Versuch gestartet werden.

14. Die Ursberger Unterrichtsanstalt sei bereits fest etabliert.

15. Die Ursberger Anstalten sollten nicht bloß Heimat- und Versorgungsanstalt, sondern auch Unterrichtsanstalt für die bildungsfähigen Blinden sein.

Zum letzten Punkt ist zu bemerken, dass in Ursberg bereits im Oktober 1886 mit dem Schulunterricht blinder Kinder begonnen worden war.

Ringeisen schrieb, dass er für diesen Unterricht bereits eine ausgebildete Blindenlehrerin gewonnen habe. Er schloss sein langes Schreiben mit der Einladung an die blinden Kinder, an alle Blindenfreunde, an die hohe königliche Regierung und das hochverehrte Augsburger „Comitee". Seinem Schreiben vom 29. Mai 1887 schickte er am 6. Juni 1887 ein zweites nach. In diesem Brief wies Ringeisen darauf hin, dass junge Blinde von besonderer musikalischer Begabung die Landesblindenanstalt in München besuchen könnten (*„wohin das ganze Land berechtigt ist"* [78]). Außerdem würde die Landesblindenanstalt dadurch entlastet, dass die

Der katholische Priester Dominikus Ringeisen mit zwei seiner in Ursberg betreuten Schützlinge. Aus der von Ringeisen im schwäbischen Ursberg gegründeten Anstalt entstand das heutige Dominikus-Ringeisen-Werk.

Ursberger Anstalt die in der Münchner Beschäftigungsanstalt ausgebildeten Zöglinge aufnehmen könnte.

In einem weiteren Schreiben vom 4. Juli 1887 wandte sich Dominikus Ringeisen noch an den bei der Regierung von Schwaben und Neuburg zuständigen Bezirksobmann – und versuchte zuletzt sogar noch den Prinzregenten Luitpold für eine Blindenschule in Ursberg – und nicht in Augsburg – zu gewinnen. Doch all seine Bemühungen waren am Ende vergebens. Dominikus Ringeisen konnte die Gründung einer Blindenbildungsanstalt in Augsburg nicht unterbinden.

Die Anfänge der Augsburger Blindenanstalt

Hausvater Julius Riegg und die Anfänge der Augsburger Blindenanstalt

Die Arbeit begann mit sechs blinden Kindern

Ein großer Tag – die Eröffnung der Augsburger Blindenanstalt am 15. Mai 1889

Das „Comitee“ unter Leitung von Domkapitular Dr. Leonhard Hörmann und Regierungsdirektor Dr. Joseph Groh war fest entschlossen, die Blindenbildungsanstalt in Augsburg und nicht in Ursberg zu errichten. Dominikus Ringeisen hätte die Vereinigung von Blinden mit den sogenannten „Cretinen“ in einer Anstalt zwar begrüßt, doch Dr. Hörmann und Dr. Groh waren strikt dagegen. Sie wollten eine Bildungsanstalt für junge Blinde nicht in der Nähe von oft nicht bildungsfähigen Kindern angesiedelt sehen.

Und so wurde am 15. Mai 1889 eine Anstalt für sechs bildungsfähige blinde Knaben in der Jesuitengasse 14 in Augsburg eröffnet. Vor dem 15. Mai war der alte Klosterflügel jedoch in eine Schule und in ein Heim für blinde Kinder umzuwandeln. Und auch die Wohnräume für den künftigen Anstaltsleiter mussten hergerichtet werden.

Mehrere Bewerber für die Anstaltsleitung

Für die künftige Anstaltsleitung gab es mehrere Bewerbungen. Die erste war im Jahr 1884 eingegangen – also bereits ein Jahr vor Gründung des Vereins, fünf Jahre vor der Anstaltseröffnung. Da bewarb sich nämlich ein Herr Frank um die „Verwalterstelle“ der künftigen

„Blinden-Erziehungs-Anstalt“ stand im Torbogen am Eingang zum Augsburger Institut an der Südfassade des Komplexes an der Jesuitengasse zu lesen.

Julius Riegg wurde 1889 als erster Lehrer und Hausvater der Blindenanstalt berufen. Rechts: Die Familie Rieggs arbeitete, aß und feierte gemeinsam mit den blinden Kindern.

Blindenanstalt mit der Begründung, in der Blindenanstalt zu Düren in Westfalen Erfahrungen im Verkauf der von Blinden gefertigten Arbeiten zu besitzen.

Ein pensionierter „Sergeant" namens Leonhard Bayer schrieb, dass er gerne als Portier oder Hausdiener *„an dem zu gründenden Blinden=Institut zu einem mäßigen Honorar"* (79) arbeiten würde. Auch seine Frau hätte gerne einen *„vorkommenden Dienst"* übernommen. Er sei von *„tadelloser Aufführung"* und *„würde mit Liebe und Treue dem neu errichteten Institut anhängen."* (80)

Das „Comitee" entschied sich allerdings für einen verheirateten schwäbischen Lehrer. Auf den Vorschlag des „Comitees" hin ernannte die Regierung von Schwaben und Neuburg Julius Riegg zum ersten Anstaltsleiter.

Der erste Anstaltsleiter: der „gütige Hausvater Julius Riegg"

Geboren wurde Julius Riegg 1851 in Obermedlingen als fünftes Kind des dortigen Schullehrers. Gerne wäre der kluge Bub Arzt geworden – doch zum Besuch der Universität fehlte das Geld. So wurde er eben Lehrer – wie schon sein Vater. Nach dem Besuch des Lehrerseminars in Lauingen wirkte Julius Riegg in verschiedenen schwäbischen Dörfern als Dorfschullehrer. Verheiratet war er mit der tüchtigen Wirtstochter Babette Neher. Das Ehepaar hatte drei Kinder: Alwine (*1876), Arthur (*1878) und Kuniberta (*1884).

Ein Freund riet Julius Riegg im März 1889, sich für die ausgeschriebene Stelle

„Blindenschule mit Heim" stand an der Fassade der Augsburger Blindenanstalt: Mit sechs blinden Buben war dort das Institut am 15. Mai 1889 eröffnet worden.

eines Lehrers und Hausvaters für die in der Gründung begriffene Augsburger Blindenanstalt zu bewerben. *„So wie Ihr zweie, passt niemand an diese Stelle!"*, [81] meinte der Freund. Und er sollte recht behalten. Der erste Lehrer und Hausvater und seine Frau, die Hausmutter, waren ein ideales Gespann.

Riegg holte sich in einem sechswöchigen Kurs an der Landesblindenanstalt in München das nötige Wissen betreffs der Unterweisung und Erziehung blinder Kinder. Seine Frau Babette machte sich mit zwei tüchtigen Dienstmädchen, der „Burgl" und der „Gretl", unterstützt von verschiedenen Handwerkern, daran, in wenigen Wochen den „Kasernenflügel" in eine Blindenanstalt umzuwandeln. Am 15. Mai 1889 wurde mit sechs blinden Buben die Augsburger Blindenanstalt eröffnet.

Die blinden Kinder wurden in die Lehrerfamilie aufgenommen. Man aß zusammen, man arbeitete zusammen, man feierte zusammen – wie es eben in einer Familie der Brauch ist. Auch als in rascher Folge mehr blinde Kinder die Augsburger Blindenanstalt aufsuchten – das neue Schuljahr begann im Herbst mit 16 blinden Knaben und Mädchen –, blieb ihr familienähnlicher Charakter unter Riegg und seinen Nachfolgern erhalten. Wie locker der Umgangston war, belegen Kindheitserinnerungen von Minna Kleindienst, die als Fünfjährige in die Anstalt kam und sich selbst als *„vorlautes Kind"* bezeichnet: *„Mit der größten Ruhe sagte ich mal zu ihm: [...] ‚Herr Lehrer, i' glaub', Sie schbinnen!'"* [82]

Die immer beschäftigte Hausmutter Babette Riegg und deren Tochter Alwine

Ein kleines Heft, datiert auf den 1. Oktober 1942, unterzeichnet mit „A.G.", trägt die Überschrift: „Wie Julius und Babette Riegg zu den Blinden kamen". Es darf angenommen werden, dass es von

Nur ein Jahr nach der Eröffnung der Augsburger Blindenanstalt wurde dort eine Hauskapelle eingerichtet.

Alwine, der ältesten Tochter von Julius und Babette Riegg, stammt. Diese hatte im Jahr 1900 den späteren Gründer der Augsburger Singschule, Albert Greiner,

Alwine Riegg, die Tochter des Blindenlehrers Riegg, half als Pflegerin in der Augsburger Anstalt mit. Dort lernte sie ihren Ehemann Albert Greiner kennen, der den blinden Kindern Musikunterricht erteilte.

geheiratet. Die „Neue Augsburger Zeitung" schrieb am 12. Juni 1900: *„Durch Verheiratung verlieren die Zöglinge mit der älteren Tochter des Riegg'schen Ehepaares eine liebevolle Pflegerin."* (83) Noch an einer anderen Stelle wurde über den Weggang von Alwine Riegg berichtet: *„Nicht vergessen möge werden, dass der heutige Jahresabschluß der Anstalt durch die demnächst erfolgende Verehelichung von Frl. Alwine Riegg, Tochter des Herrn Oberlehrers Riegg, einen schweren Verlust bringt. Hatte sie doch seit einer Reihe von Jahren mit voller Hingabe an der Seite ihrer Frau Mutter die Ausbildung der blinden Mädchen in den weiblichen Handarbeiten besorgt."* (84)

Das Paar hatte sich an der Augsburger Blindenanstalt kennengelernt. Albert Greiner, von 1897 bis 1914 Volksschullehrer in Augsburg, erteilte nämlich in dieser Zeit den blinden Kindern Musikunterricht. In ihrer Schrift, die sie fast ein halbes Jahrhundert später verfasste,

erinnert Alwine Greiner an den familienähnlichen Charakter der Augsburger Blindenanstalt: *„Mit der an sich kleinen Zahl erwartungsvoller Menschen -es waren ausgerechnet 13 – hielt auch ein gesunder ‚guter Hausgeist' seinen Einzug: über alle wachend [...] sie umsorgend und betreuend [...] bei Tag und Nacht [...] ohne Rast und Ruh [...] in Pflege, Erziehung und Unterricht. Heute heißen wir so etwas ‚Gemeinschaft'. Dort war es mehr: war es von Anfang an eine Familie--- je länger dauernd und je größer werdend, desto umfassender und tiefer. Das wurde mit der Zeit zur Tradition des Hauses, die auch durch schwere Zeiten standhielt und heute unverloren unter gänzlich veränderten Zeitverhältnissen neue Menschen in dem alten gesunden Geist umfängt."* (85)

Alwine Greiner war 13 Jahre alt, als ihre Eltern die Leitung der Blindenanstalt in Augsburg als Hausvater und Hausmutter übernahmen. Viel wurde dem jungen Mädchen abverlangt. So musste Alwine in aller Herrgottsfrühe den Kaffee für alle Anstaltsinsassen kochen. Was die Mutter von den blinden weiblichen Hausgenossinnen erwartete, nämlich stets beschäftigt zu sein – forderte sie auch von der Tochter. Von Mutter Riegg soll der Ausspruch stammen: *„Ein Mädchen darf nicht länger ruhen als eine Taube braucht zum Wassertrinken."* (86)

„Wer Gott dem Allerhöchsten traut, der hat auf keinen Sand gebaut"

Es war nicht nur ein fleißiges, sondern auch ein frommes Leben – nicht zuletzt gemäß § 3 der Satzung: *„Besonderes Gewicht ist auf die sittliche und religiöse Erziehung zu legen, welch letztere in Uebereinstimmung und Verbindung mit*

Sonntags besuchten die Bewohner der Blindenanstalt die Messe im benachbarten Augsburger Dom: Der Anblick, wie die blinden Mädchen und Buben paarweise zur Kathedrale schritten, gehörte bald zum Stadtbild.

den kirchlichen Organen zu bethätigen ist." (87)

Dompropst Franz Permanne war es zu verdanken, dass schon ein Jahr nach der Eröffnung eine Hauskapelle eingerichtet wurde. Hohe Geistliche vom nahen Dom feierten jeden Morgen in dieser Kapelle die heilige Messe, an der Bewohner der Blindenanstalt teilnahmen. Die Benützung der Treppe im Vorbau der Anstalt war den hohen Herren vorbehalten.

Am Sonntag wohnten die blinden Anstaltsbewohner den Gottesdiensten im Dom bei. Paarweise schritten sie die Jesuitengasse und die Frauentorstraße entlang in Richtung Dom – die Mädchen in handgestrickten schwarzen Strümpfen und schwarzen Stiefelchen, die Buben im Sonntagsanzug, die erwachsenen Blinden ebenfalls sonntäglich gekleidet – ein Anblick, der bald zum Augsburger Stadtbild gehörte. Vor und nach den Mahlzeiten wurde gemeinsam im Speisesaal gebetet. Die evangelischen Blinden besuchten die Heilig-Kreuz-Kirche.

Die erste „Öffentliche Prüfung" am Ende des Schuljahres 1890/91 im Urteil der Presse

Von großer Wichtigkeit war – wie an den Blindenbildungsanstalten üblich – die sogenannte „Öffentliche Prüfung" am Ende des Schuljahres. Hier mussten die blinden Zöglinge vor der Öffentlichkeit ihr Wissen und Können unter Beweis stellen.

Die „Augsburger Abendzeitung" zeichnet anlässlich der ersten „Öffentlichen Prüfung" ein sehr anschauliches Bild der Augsburger Blindenanstalt: *„Dieselbe wurde am 15. Mai 1889 mit 6 Zöglingen eröffnet und hat das zweite Jahr ihres Bestandes mit 16 Zöglingen geschlossen, welche in der Schlussprüfung am 10. Juli d. Js. sowohl was ihre Kenntnisse als ihre Gemüthsstimmung und körperliches Befinden anbelangt, auf die Anwesenden den günstigsten Eindruck machten. Die Anstalt wird von einem aus 5 Mitgliedern bestehenden Schulvorstande geleitet und steht unter der Oberaufsicht der k. Regierung von Schwaben und Neuburg. Durch einen tüchtigen, in der Zentralblindenanstalt*

Zur Anlage der Augsburger Blindenanstalt an der Jesuitengasse gehörte ein Garten.

Im Speisesaal des Instituts: Die Zahl der Menschen in der Augsburger Blindenanstalt wuchs ständig an. 1891, zwei Jahre nach der Gründung, zählte man 21 blinde Zöglinge. Im Jahr 1900 wurden hier immerhin schon 34 Kinder und Jugendliche betreut.

München ausgebildeten Lehrer wird die Unterweisung im Anschauungsunterricht und Naturkunde, im Rechnen, Sprachlehre, Lesen, Schreiben, Geographie, Geschichte und Turnen ertheilt. Der Arbeitsunterricht im Stroh= und Weidenflechten, welcher von einem durch langjährige Erfahrungen erprobten und sehr geeigneten Lehrer ertheilt wird, hat seit dem vorigen Jahre recht erfreuliche Fortschritte herbeigeführt, nicht minder der Unterricht im Stricken, Spitzenstricken und Wollhäkeln, welcher den weiblichen Zöglingen von der Frau Lehrerin und Hausmutter der Anstalt ertheilt wird. Mit Beginn dieses Jahres liegt die Unterweisung der Zöglinge im Orgel= resp. Harmoniumspiel, Klavier=, Violin=, Zitherspiel und Gesang in der bewährten Hand eines blinden Musiklehrers, welcher in der kurzen Zeit seines Wirkens recht anerkennenswerthe Erfolge erzielte. Die religiöse Erziehung und Unterrichtung wird – dem paritätischen Charakter der Anstalt entsprechend – von je einem Geistlichen der beiden christlichen Konfessionen besorgt. Der Gesundheitszustand der Zöglinge steht unter der Kontrolle des Anstalts=Arztes.

Die Anstalt, welcher ein hübsch angelegter Garten zur Verfügung steht, wurde in einem Flügel der ehemaligen Jesuitenkaserne etablirt, in welchem sich außerdem die Handelslehranstalt, die Musikschule und Frauenarbeitsschule befinden.

Mit einem Aufwande von 48.646 M. wurde das Gebäude für die Blinden= Anstalt in völlig entsprechender Weise, nach einem, von beiden städtischen Collegien genehmigten Bauplane umgebaut. Die inneren Einrichtungen der Schul=, Wohn=, Schlaf= und Arbeitsräume, der Kapelle für den Hausgottesdienst, des Turn= und Speisesaales, der

Küche, Wasch= und Badezimmer wurde, wie bei Gelegenheit viele Besuche der Anstalt Seitens der Aufsichtsbehörde, der städtischen Kollegien und der Gönner der Anstalt oftmals bezeugt wurde, von einem zu diesem Zwecke ernannten Komitee in zweckmäßiger und solider Weise besorgt. Was immer von Nachschaffungen, entweder für Hauseinrichtung oder, den Fortschritten der Zöglinge entsprechend, für Lehrmittel des Anschauungsunterrichtes oder dessen, für das leibliche Wohl der Zöglinge sehr besorgten Gattin, für nöthig erachtet wurde, wurde stets unbeanstandet von dem Schulvorstande zur Anschaffung genehmigt.

Es besteht kein Zweifel, dass auch in Zukunft die gleiche Fürsorge für die blinden Zöglinge, für ihr körperliches und geistiges Wohl stattfinden kann. Wenn auch die hiesige Anstalt, was übrigens auch für viel größere Anstalten zutrifft, die Wohlthaten, welche ihr auf gnädigste Befürwortung der königlichen Regierung, Seitens des Schwäbischen Landrathes, der Distrikträthe und vieler Wohlthäter in Stadt und Land erwiesen werden, nicht entbehren kann, um in einer Ihrem idealen Zwecke entsprechenden Weise eine wohlthätige Wirksamkeit für die meist a r m e n Zöglinge entfalten zu können, so ist doch der Besitz eines rentirenden Vermögens von 158.500 M. für eine erst seit 2 Jahren bestehende Anstalt eine immerhin beruhigende Bürgschaft dafür, daß sie ihre Aufgabe in dauernder Weise wird erfüllen können. Der kgl. Zentralblindenanstalt in München eine Konkurrenz zu machen, ist nicht Aufgabe und nicht Absicht der Augsburger Anstalt. Hierbei kann nicht anerkannt werden, daß dieses Ziel etwa nur in großen, reich fondirten und von vielen Zöglingen besuchten Anstalten erreicht werden kann. So mancher Vortheil, welchen die größere Anstalt bietet, wird in der kleinen Anstalt durch die größere Aufmerksamkeit, welche dem einzelnen Kind gewidmet werden kann, wieder aufgewogen. Hierüber scheint auch – wenigstens war dies früher der Fall – in der kgl. Zentralanstalt, welche der Herr Berichterstatter der ‚Allg. Ztg.' zu vertreten glaubt, keine abweichende Meinung zu herrschen. Als sich das Bedürfniß, in Augsburg eine Blindenanstalt zu errichten, geltend machte, wurde es ja nicht versäumt den Rath sowohl des früheren als des gegenwärtigen Leiters der kgl. Zentralblindenanstalt zu erholen, und es wird gerne mit geziemender Dankbarkeit anerkannt, dass der erbetene Rath nicht nur in eingehender Weise bereitwilligst und in verbindlichster Form ertheilt wurde, sondern daß auch das größte Interesse an der sehr willkommenen Fürsorge für die schwäbischen Blinden und an der Errichtung einer Blindenanstalt in Augsburg bekundet wurde.

Wie aufrichtig dieses Interesse gemeint war, dürfte auch daraus erkannt werden, daß nach Ausweis der Akten das Gesuch eines nunmehr in der hiesigen Anstalt befindlichen Zöglings um Aufnahme in das kgl. Zentral=Blindeninstitut, mit Ministerial=Entschließung vom 28. Juli 1887 abgewiesen und schon damals auf die in der Errichtung begriffene Augsburger Anstalt hingewiesen wurde. Sollte es wirklich möglich sein, dass die aus Fürsorge des hohen Landrathes für die im Regierungsbezirke Schwaben und Neuburg errichtete Anstalt beschlossene Zurückziehung einer Summe im Betrage von 1400 M. für 4 schwäbische Freiplätze eine Aenderung der früheren wohlwollenden Gesinnungen herbeiführen konnte?" [88]

Musikerziehung war wichtig für die Zöglinge der Blindenanstalten – hier die Fotografie von einem Konzert im Festsaal der Landesblindenanstalt in München.

Die letzten Zeilen bezogen sich auf einen Bericht über die Schlussfeier in der Münchner Blindenanstalt. Dabei stellte der Verfasser fest, dass sich die Neugründung der Blindenanstalt in Augsburg finanziell nachteilig auf die Landesblindenanstalt in München auswirken würde.

Die kleine Augsburger Blindenanstalt wächst von Jahr zu Jahr

Im Jahr 1891, zwei Jahre nach Eröffnung, zählte man schon 21 blinde Zöglinge, vier Jahre später 28 und im Jahr 1900 besuchten 34 blinde Kinder und Jugendliche die Augsburger Blindenanstalt. Trotzdem gehörte diese Einrichtung zu den kleinsten Blindenbildungsanstalten im Deutschen Reich. Zum Vergleich: Die Landesblindenanstalt in München besuchten im Jahr 1900 insgesamt 100 blinde Kinder und Jugendliche. [89]

Blinde als wichtige Helfer für den Anstaltsleiter

Lehrer Riegg konnte den Unterricht von mehr als 30 blinden Kindern nicht mehr alleine bewältigen. Ein begabter blinder Schüler, Max Haide, wurde ihm bald ein unentbehrlicher Helfer. Während Lehrer Riegg eine Gruppe von blinden Schülern

Ein blinder Korbmacher: Meisterstücke von in der Blindenanstalt ausgebildeten Korbmachern wurden stets öffentlich ausgestellt, um auf die „Brauchbarkeit" blinder junger Männer hinzuweisen.

unterrichtete, beschäftigte sich Max Haide mit einer anderen Gruppe. Leider starb Haide schon in jungem Alter im Jahr 1903 an der damaligen Volkskrankheit Tuberkulose.

Seit dem Jahre 1897 war Georg Roth (von ihm wird später ausführlich die Rede sein) als Hilfslehrer an der Augsburger Blindenanstalt tätig. Ein blinder Musiklehrer namens Urban Hitzelberger – er hatte an der Landesblindenanstalt in München seine Ausbildung erfahren – schuf einen Blindenchor und eine kleine Blaskapelle.

Die „Brauchbarmachung" der blinden Zöglinge

Die blinden Zöglinge sollten vor allem für das Leben „brauchbar" gemacht werden. Daran war Julius Riegg viel gelegen. Leopold Brugger – er hatte von 1935 bis 1940 die Anstaltsleitung inne – rühmte seinen Vorgänger in den höchsten Tönen: Ein Praktiker durch und durch sei Julius Riegg gewesen. Bereits nach sieben Jahren seiner Tätigkeit in der Blindenanstalt habe er 1896 auf der Landesausstellung in Nürnberg die Silbermedaille für die beeindruckenden Leistungen seiner Zöglinge gewinnen können, so Brugger.

Diese Leistungen der Blinden waren zum großen Teil dem Arbeitslehrer der Augsburger Blindenanstalt zu verdanken.

Ein beeindruckender blinder Korbmachermeister

Dieser „Arbeitslehrer" war ein blinder Korbmachermeister. Er hieß Franz de l'Espine. Franz de l'Espine war gebürtiger Augsburger (*1836), Sohn eines Augsburger Stadtuhrmachers. Er wurde früh Vollwaise und kam deshalb im Alter von vier Jahren in das Augsburger Waisenhaus. Nach einer Scharlacherkrankung verlor er nach und nach sein Sehvermögen – im Alter von 19 Jahren war er blind. An der Landesblindenanstalt erlernte er das Korbmacherhandwerk und schloss dort mit der Meisterprüfung ab.

Nach Augsburg zurückgekehrt, eröffnete er ein Geschäft, wo er seine Körbe zum Verkauf anbot. Er heiratete und hatte mit seiner Frau sieben Kinder (der älteste Sohn wurde Oberamtsrichter). Fast bis zu seinem Tode im Jahr 1907 wirkte

Blinde Mädchen und Frauen wurden insbesondere im Stricken und Häkeln sowie in Näharbeiten ausgebildet. Anlässlich öffentlicher Prüfungen wurden solche Handarbeiten ausgestellt und auch verkauft.

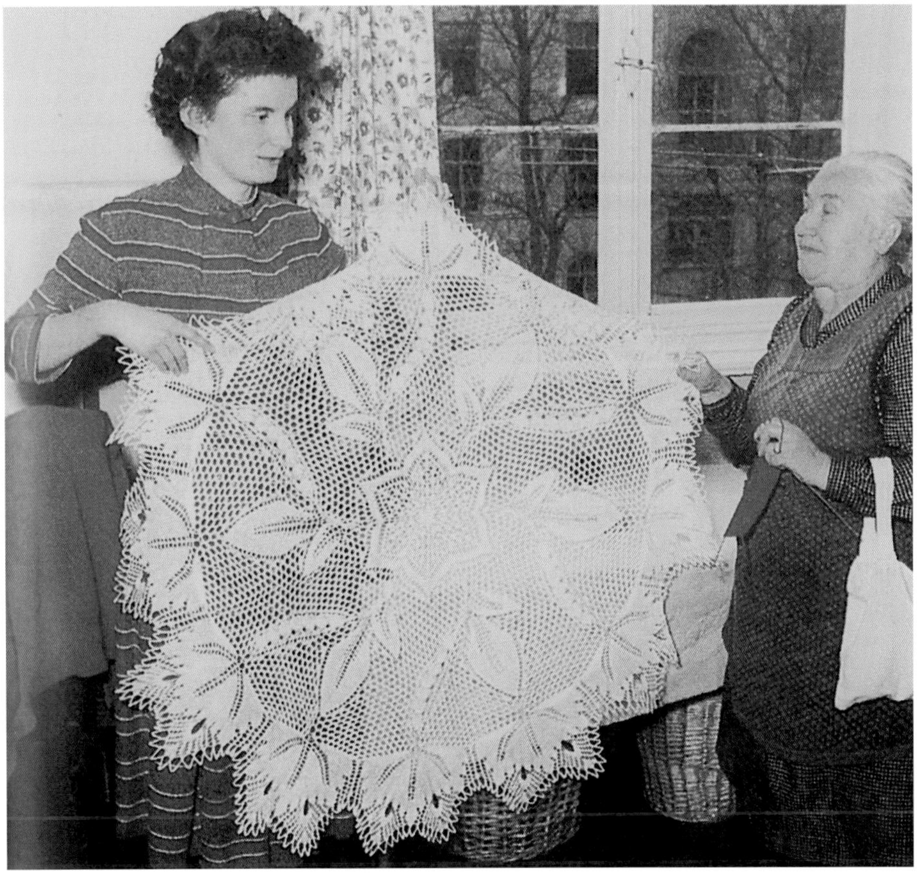

Franz de l'Espine als „Arbeitslehrer" an der Augsburger Blindenanstalt. Mehrere junge Blinde wurden von ihm zu Korbmachermeistern ausgebildet. Die jeweiligen Meisterstücke wurden stets öffentlich ausgestellt, um das Publikum auf die „Brauchbarkeit" blinder junger Männer aufmerksam zu machen.

Im Jahr 1907 starb l'Espine: Die „Neue Augsburger Zeitung" schrieb anlässlich seines Todes: *„Der blinde Herr mit dem langen weißen Vollbarte, war eine ehrwührdige Erscheinung, welcher jedermann Achtung entgegenbrachte".* (90)

Die Handarbeiten der blinden Mädchen und Frauen

Die blinden Mädchen wurden von der Hausmutter vor allem im Stricken, im Häkeln und in Näharbeiten (zum Beispiel in der Herstellung von Puppenkleidern) unterwiesen. Bei den „Öffentlichen Prüfungen" wurden diese Handarbeiten ausgestellt und zum Verkauf angeboten. Große Summen kamen da nicht zusammen – auch wenn die „Neue Augsburger Zeitung" am 15. Juli 1905 von einer *„regen Kauflust der vornehmen Damen"* (91) am Ende einer Feierstunde berichtete. Immerhin: Ein Teil des Erlöses kam der Anstalt zugute, ein Teil wurde den blinden Mädchen gutgeschrieben.

Georg Roth, der zweite Lehrer der Blindenanstalt

Musik und Arbeit – die Augsburger Blindenanstalt als soziale Einrichtung

Hilfslehrer Georg Roth und ein blinder Musiklehrer

Ein zweiter Lehrer an der Blindenanstalt: Georg Roth

Im Jahr 1897 ordnete die Regierung von Schwaben und Neuburg einen Hilfslehrer zur Unterstützung von Hauptlehrer Riegg an die Augsburger Blindenanstalt ab. Ein junger Lehrer mit Namen Georg Roth hatte sich um die Stelle beworben. Gebürtig in Gunzenhausen (*1872), Sohn des Kaufbeurer Musikmeisters August Roth, besuchte er die dortige Realschule, dann die Präparandenschule in Nördlingen und das Lehrerseminar in Altdorf. Seine hohe musikalische Begabung gab wohl bei der Bewerbung um die Hilfslehrerstelle den Ausschlag dafür, dass Georg Roth die Stelle erhielt.

Roth lag die musikalische Ausbildung der Blinden sehr am Herzen. Dabei kam ihm zustatten, dass sich die überwiegende Mehrzahl seiner blinden Schüler auf musikalischem Gebiet als überdurchschnittlich begabt erwies. Zusammen mit dem blinden Musiklehrer Hitzelberger gründete er den Blindenchor. [92]

Die Bedeutung der Musik an der Augsburger Blindenanstalt

Der Augsburger Blindenchor wurde bald zu einer gefragten Augsburger Institution. Der Chor sang bei internen Feiern in der Blindenanstalt, bei Weihnachtsfeiern und anlässlich der „Öffentlichen Prüfung" am Ende eines jeden Schuljahres. Fast alle blinden Kinder erlernten ein Instrument. Die „Neue Augsburger Zeitung" berichtete von der Schlussprüfung: *„Den Schluß der Prüfung*

Der Lehrer Georg Roth wurde der zweite Leiter der Augsburger Blindenanstalt. Er gründete den Augsburger Blindenchor.

Musik genoss in der Augsburger Blindenanstalt einen hohen Stellenwert: Fast alle Kinder erlernten dort ein Instrument. Hier der Blinde Kurt Hartmann beim Orgelspiel.

bildete der musikalische Theil, welcher wiederum zeigte, dass die Musik in dem Blindeninstitut eine gute Heimstätte gefunden und mit Lust und Liebe gepflegt wird [...] Auch auf dem Klavier, das die Firma Kaim und Sohn zur Verfügung gestellt hatte, boten einzelne Zöglinge prächtige Leistungen, deßgleichen waren die Vorträge für zwei Zithern sehr erfreulich. Kurz, der ganze Verlauf der Prüfung zeugte ebenso sehr von unermüdlichem Fleiße seitens der Zöglinge, wie von großer Hingabe der Lehrer an ihren so schwierigen und mühevollen Beruf [...]" [93]

Ein Jahr später berichtete die „Neue Augsburger Zeitung" (13. Juli 1901) von sieben Zöglingen, die von einem *„Fräulein Enzler"* unentgeltlich Klavierunterricht erhielten. Weiter hieß es im Bericht: *„Außerdem werden unterrichtet: vier Zöglinge im Orgel- und Harmoniumspiel, 2 im Violin-, 1 im Viola, 1 im Cellospiel, 8 im Zitherspiel".* [94]

Der Blindenchor trat auch außerhalb der Anstalt auf: Für Familienfeiern wurde er angefordert. Und er sang auch oft bei Beerdigungen. Mit den Jahren wurde der Blindenchor zu einer anerkannten Institution im Augsburger Musikleben. Die Blindenanstalt selbst wurde von den Augsburgern mit Respekt betrachtet. Man war von der Leistung der Blinden beeindruckt.

So schrieb etwa die „Neue Augsburger Zeitung": *„Aus kleinen Anfängen hat sich die Blindenanstalt zu einem Institut von sehr ausgedehnter Bedeutung entwickelt."* [95]

1889 war sie eröffnet worden. Dutzende blinder Kinder hatten hier eine Ausbildung erfahren. Meist stammten diese aus ärmlichen Verhältnissen.

Die „Neue Augsburger Zeitung" berichtete am 12. Juni 1900 von 34 blinden Zöglingen (30 katholisch und vier protestantisch): *„Von den Zöglingen gehören 31 dem Regierungsbezirke Schwaben und Neuburg an, 1 Oberbayern, 2 Oberfranken an. 25 Zöglinge genießen je einen ganzen, 4 einen halben Freiplatz [...]"* [96]

Bei 25 dieser 34 Zöglinge waren die Eltern demnach außerstande, für Unterkunft und Verpflegung ihrer blinden Kinder aufzukommen, für vier kamen sie möglicherweise teilweise auf.

Sehr vonnöten: ein Blindenheim für die ausgebildeten Blinden

Ein großes Problem tauchte in diesem Zusammenhang bald auf: *„Wohin mit*

Anna Schrall, Anna Heckl und Leni Mayer beim Stricken: Der Verkauf feiner Handarbeiten von weiblichen Blinden trug ein wenig zum Unterhalt der Augsburger Blindenanstalt bei.

den ausgebildeten blinden Jugendlichen?" [97] Nach Hause zurückzukehren war für manche junge ausgebildete Blinde ein Ding der Unmöglichkeit, wenn sie zum Beispiel elternlos waren und keine Verwandten sie aufnehmen konnten. Die Blinden an ihrem Heimatort mit dem nötigen Arbeitsmaterial zu versorgen und sich dann auch noch um den Absatz der angefertigten Waren zu kümmern – eine Überforderung für die Augsburger Blindenanstalt.

Die Errichtung eines Blindenheims, in welchem die ausgebildeten Blinden wohnen und eventuell auch arbeiten konnten, erwies sich also als Gebot der Stunde. Es kamen zwar ständig Spenden in die Blindenanstalt herein, über welche die „Neue Augsburger Zeitung" auch in schöner Regelmäßigkeit berichtete, so in der Nr. 150 vom 1. Juli 1908: *„Im Dezember 1907 fiel dem Verein für das zu errichtende Blindenheim eine Erbschaft von Fräulein Pauline Prinzing in Augsburg zu, wodurch dem beabsichtigten Zwecke nach Wegfertigung von Legaten die runde Summe von 12 000 Mark zugeführt werden kann […]"* [98]

Solch große Legate bildeten jedoch die Ausnahme. Große Grundstücke oder sogar Häuser (es sei hier an die früher erwähnten großen Schenkungen für die Nürnberger und auch die Würzburger Blindenanstalt erinnert) wurden der Augsburger Blindenanstalt nicht vermacht. Die Anstalt verkaufte weiterhin ihre Körbe, bald auch Bürsten verschiedener Art (ein blinder Bürstenmachermeister wurde angestellt), feine Handarbeiten der weiblichen Blinden – aber reich wurde sie dadurch nicht.

Für den Bau eines Blindenheims reichte der Erlös der Arbeiten nicht. Wie konnte die Augsburger Blindenanstalt zu mehr Geld kommen? Löste eine staatlicherseits genehmigte Lotterie das Problem? Leider nicht.

Bei der Generalversammlung des Vereins am 28. Juni 1908 wurde die Dringlichkeit der Bereitstellung neuer Räum-

Eine Aufnahme der rückwärtigen Fassade der Augsburger Blindenanstalt. 1914 feierte dieses Institut sein 25-jähriges Bestehen.

lichkeiten erörtert. *„Mit der Zunahme der Frequenz und entsprechend der allgemeinen fortschrittlichen Entwicklungstendenz unserer Zeit traten Anforderungen an den Verein heran, denen in den jetzt zur Verfügung stehenden Räumen nur schwer und zum Teil überhaupt nur ungenügend Rechnung getragen kann [...]"* [99]

Kommerzienrat Schwarz (er verwaltete die Finanzen der Blindenanstalt seit deren Gründung) schlug die Anmietung der benachbarten Räume der Musikschule vor. Diese könnte anderweitig untergebracht werden. Er beschloss seine Berichterstattung mit den bedeutsamen Worten: *„Zur Errichtung eines eigenen neuen Blindenheims sind die Verhältnisse jetzt noch nicht reif."* [100] In diesem Sinne äußerten sich auch noch andere Vereinsmitglieder. Fazit: Es war nicht genügend Geld für den Bau eines neuen Hauses vorhanden. Man musste mit dem alten Gebäude in der Jesuitengasse 14 vorliebnehmen.

Julius Riegg verabschiedet sich in den Ruhestand

Am Ende des Schuljahres 1913/14 wurde das 25-jährige Bestehen der Augsburger Blindenanstalt gefeiert. 25 Jahre hatten Julius Riegg und seine Frau hingebungsvoll die Anstalt geleitet. Zum 31. August 1914 schied Julius Riegg aus gesundheitlichen Gründen (er war zuckerkrank) aus dem Amt des Anstaltsleiters. Bei der Jubiläumsfeier überbrachte Regierungsdirektor Freiherr von Müller die Glückwünsche der K. Regierung und würdigte den ausscheidenden Anstaltsdirektor. Er dankte Riegg und seiner Gemahlin, *„die während der langen Zeit ihrer Wirksamkeit sich hervorragende Verdienste um die Anstalt erworben haben."* [101]

Und im Jahresbericht der Augsburger Blindenanstalt für das Schuljahr 1914/15 steht geschrieben: *„25 Jahre seiner Lehrtätigkeit hat er dem Unterricht und der Erziehung der Blinden gewidmet und die Anstalt aus kleinen Anfängen zur Blüte gebracht. Besondere Fürsorge widmete er der gewerblichen Ausbildung unserer Zöglinge und viele von ihnen, die er dadurch auf die Füße stellte, danken es ihm durch treue Anhänglichkeit. Sein Wirken wurde von allerhöchster Stelle gewürdigt durch die Verleihung des Verdienstkreuzes vom Hl. Michael."* [102]

Die „Neue Augsburger Zeitung" vom 25. August 1914 würdigte Julius Riegg mit den Worten: *„Sein an Taten und Erfolgen reiches Leben will Herr Direktor Riegg nun am 1. September 1914 beschließen. Möge ihm, dem allseitig verehrten ‚Vater Riegg', dem Liebe und Dankbarkeit ein so bleibendes Denkmal errichteten, seinen Lebensabend in Gesundheit und Frische verbringen. Erfüllt von strengen Grundsätzen gegen sich und andere, pflichtgetreu bei Tag und Nacht, verband er mit der väterlichen Sorge für seine Blinden Sparsamkeit und Umsicht, die ihm als Geschäftsmann alle Ehre machen. In den Erwerbszweigen der Blindenanstalt leitete ihn stets eine glückliche Hand, das zeigte sich beim Einkauf der Rohstoffe wie beim Verkauf der fertigen Gegenstände. Auf all seinen Handlungen lag umso mehr Segen, als ihm zur Seite ein treues, aufopferungsfähiges Weib steht: ‚Mutter Riegg'. Sie, das Vorbild einer deutschen Hausfrau und Hausmutter, deren Handlungsweise Umsicht und Arbeitskraft dirigieren und die in der Kunst, mit wenig viel zu leisten, hat es stets verstanden, individuell zu erziehen, zu behandeln und Gutes zu tun und ihren Mädchen unter den Zöglingen Mutter zu sein. Auch ihr gelten die gleichen Glück- und Segenswünsche, die ihrem Gatten in diesen Tagen reichlich zuteil werden."* [103]

Ein Schüler der Augsburger Blindenanstalt, Werner Petrich, schreibt spiegelverkehrt auf der Punktschrifttafel mit dem Stift von rechts nach links.

Direktor Georg Roth, der Erste Weltkrieg und die Inflation

Folge des Ersten Weltkriegs – die Inflation vernichtet das Anstaltsvermögen

1. September 1914: Georg Roth tritt das Amt des Direktors an

Die schwierige Zeit des Ersten Weltkriegs

Im September 1914 befand sich das Deutsche Reich im Kriegszustand. Die Stimmung der Bevölkerung war zu Kriegsbeginn fast allenthalben euphorisch: „Jeder Schuss ein Russ, jeder Stoß ein Franzos!" Hindenburg, der Befehlshaber der deutschen Ostarmee, und sein Generalstabschef Ludendorff hatten die russische Armee noch im ersten Kriegsmonat, vom 26. bis zum 30. August, in der Schlacht bei Tannenberg besiegt.

Auch an der Westfront führten deutsche Truppen den Angriffskrieg zunächst sehr erfolgreich. Georg Roth war noch keine Woche als Leiter der Augsburger Blindenanstalt tätig, als der deutsche Vormarsch an der Marne zum Stehen kam. Die Front im Westen sollte zum vierjährigen Stellungskrieg erstarren –

Mit großem „Tschingderassabum" und voller Begeisterung zogen deutsche Soldaten im August 1914 in den Krieg. Fast alle rechneten lediglich mit wenigen Kriegsmonaten und einem schnellen Sieg.

Enthusiastisches Kriegsgeschrei bestimmte die ersten Wochen des Ersten Weltkriegs – wie bei den Hüte schwenkenden „Patrioten" vor der Münchner Feldherrnhalle. Die dort am 25. August 1914 aufgestellten erbeuteten Kanonen waren ein „Namenstagsgeschenk" für König Ludwig III. von Bayern.

mit schwerwiegenden Folgen nicht nur für das Heer, sondern auch für die Zivilbevölkerung in der Heimat. Das Deutsche Reich war auf einen längeren Krieg nicht vorbereitet. Der Mangel an Lebensmitteln und Rohstoffen machte sich bald bemerkbar – auch in der Blindenanstalt.

Zu Kriegsbeginn besuchten 14 Schüler die Schule. 25 waren in der „Arbeiterabteilung" beschäftigt, vier wurden im sogenannten „Blindenheim" versorgt. (Wobei der Name „Blindenheim" irreführend ist, denn es existierte ja kein eigenes Blindenheim. Die vier meist älteren Blinden wurden in der Blindenanstalt lebenslänglich mitversorgt.) (104)

Die insgesamt 43 Bewohner der Augsburger Blindenanstalt mussten tagtäglich verköstigt werden, und die Lebensmittel wurden immer knapper. Schon ab Januar 1915 wurde in Augsburg die Markenbewirtschaftung für Kartoffeln und Brot eingeführt. (105)

Ab März 1916 gab es Buttermarken, ab Mai 1916 Fleischmarken. Im März 1917 wurde in Augsburg das Backen von Semmeln verboten. Zwei Monate später verringerte sich die tägliche Brotration von 200 auf 170 Gramm. Im Winter 1917/18 wurden die Fett- und Zuckerrationen verkleinert, und im August 1918 erfolgte die Herabsetzung der täglichen Milchmenge, die allen Personen über 14 Jahren zustand, von einem Viertelliter auf einen Achtelliter.

Nicht nur die Lebensmittel wurden im Lauf des Kriegs immer knapper. Auch die Beschaffung des Arbeitsmaterials (Weiden für die Körbe, Einzugsmaterial

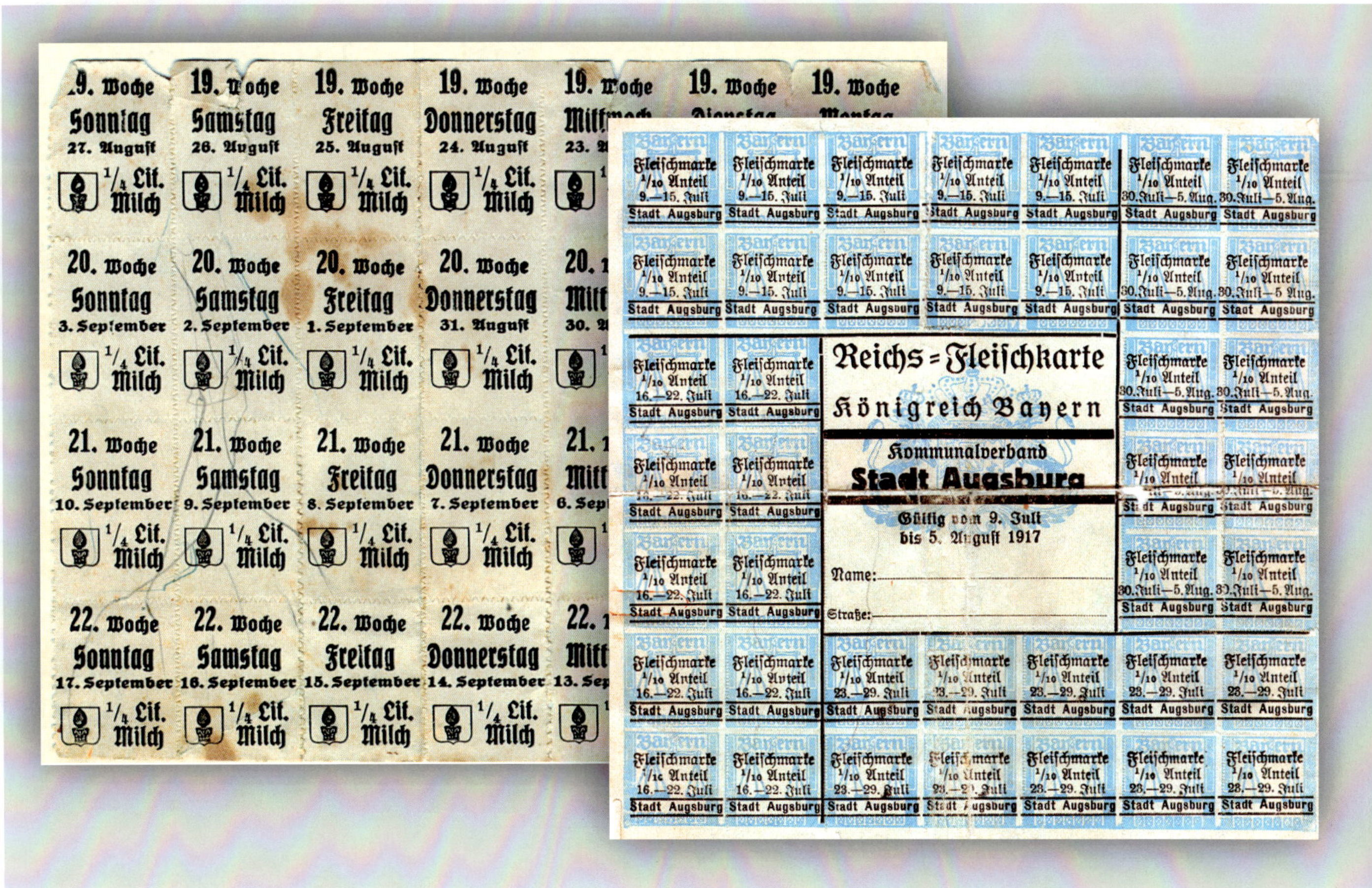

Der Kriegsbegeisterung folgten im schlecht vorbereiteten Deutschen Kaiserreich bald Mangel und Not. Bereits im zweiten Kriegsjahr – 1915 – begann die Markenbewirtschaftung für Lebensmittel.

für die Stühle und die Bürsten) erwies sich als immer schwieriger.

Ein Hilfslehrer der Augsburger Blindenanstalt stirbt an der Front

Bald sollte die Blindenanstalt ein herber Verlust treffen. Der junge Hilfslehrer der Blindenanstalt – Jakob Baumgärtner (seit dem 1. November 1913 unterrichtete er an der Blindenschule) – hatte sich als „Kriegsfreiwilliger" zum Heeresdienst gemeldet: Er stand seit Weihnachten 1914 als Kanonier in Nordfrankreich im Feld. Am 17. Juni 1915 traf ihn ein Artilleriegeschoss am Kopf. Eine knappe Stunde später erlag er seiner schweren Verletzung.

Kurz vor seinem Tod hatte Jakob Baumgärtner Direktor Roth noch einen Brief geschrieben: *„Oft denke ich an die Blinden und sehne mich manchmal darnach, in ihrer Mitte zu weilen. Bitte sagen Sie ihnen das. Ich habe Kopf und Herz so voll Arbeitslust, daß ich wünsche, es möge bald die Zeit kommen, da ich mich wieder in Ihren Dienst stellen kann."* (106)

Im 25. Jahresbericht der Augsburger Blindenanstalt für das Schuljahr 1914/15 wird der Heldentod des jungen Lehrers gewürdigt: *„Wir haben ihn für immer verloren: Die Zöglinge einen treubesorgten Lehrer, der unverdrossen an ihrer Ausbildung arbeitete, Lehrer und Leiter der Anstalt einen lieben, ihnen aufrichtig*

Karten wie diese erinnern an „Mitkämpfer" wie zum Beispiel an Jakob Baumgärtner, einen Hilfslehrer der Blindenanstalt, der als „Kriegsfreiwilliger" an die Front ging.

ergebenen Mitarbeiter von kernigem Charakter, seine bedauernswerten Eltern in ihm nun schon den zweiten hoffnungsvollen Sohn. Wir werden ihm über sein kurzes Erdenleben hinaus ein treues Gedenken bewahren. Möge ihm die Erde in fremdem Land leicht sein! Möge das Opfer seines jungen Lebens ein weiterer Baustein sein zu einem nach dem Kriege herrlicher als je erblühenden Vaterland." (107)

Die anfängliche Kriegsbegeisterung hatte auch vor den erwachsenen blinden Männern der Anstalt nicht Halt gemacht. Sie bedauerten, dass sie nicht „draußen", also im Felde sein konnten. *„Was den Anteil der Blinden am Weltkriege betrifft, so ist selbstverständlich ein direkter ausgeschlossen. Dagegen wurde indirekt von den Zöglingen sehr viel gearbeitet und geleistet. Auf Anordnung des Herrn Hofrat Dr. Mayr strickten die weiblichen Zöglinge seit Beginn des Schuljahres Wollsachen für unsere Krieger."* (108)

Lebhaft wurde in der Blindenanstalt am Verlauf des Kriegs Anteil genommen: *„Die Teilnahme der Zöglinge an den Ereignissen des Krieges war eine äußerst lebhafte. Durch Vorlesen der täglich erscheinenden Nachrichten aus dem Hauptquartier wurden sie auf dem Laufenden gehalten. Beim Unterricht in der Volks= und Fortbildungsschule und bei den Siegesfeiern wurde stets Bezug genommen auf alles, was von den kriegerischen Vorgängen dem Verständnis der Zöglinge zugänglich war. In erzieherischer Beziehung wurde nicht unterlassen, alles anzuwenden, was der Krieg als Handhabe bot und die Mahnung des Direktors bei der Begrüßung der Zöglinge am Eintrittstag, sie möchten sich der großen Zeit durch angemessenes Verhalten würdig erweisen, ist nicht ungehört verhallt."* (109)

Der Blindenchor stellte sein musikalisches Können in den Dienst der „guten Sache". Er trat in diversen Augsburger Kirchen auf. Der Erlös der Konzerte wurde für die Krieger gespendet. (110) Die „Neue Augsburger Zeitung" berichtete: *„Gesangsvorträge der Blinden in der Dominikanerkirche – Nahezu 1500 Zuhörer aus allen Schichten der Bevölkerung unserer Stadt nahmen gestern mit herzlicher Freude die gesanglichen Darbietungen entgegen, die in der Dominikanerkirche von den Blinden geboten wurden [...] Die Eintrittskarte*

Während des Ersten Weltkriegs trat der Augsburger Blindenchor in verschiedenen Kirchen und Sälen auf. Der Erlös dieser Konzerte wurde für die Soldaten an der Front gespendet. Hier eine Fotografie, die bei einem Konzert im Kleinen Goldenen Saal bei der 75-Jahr-Feier der Augsburger Blindenanstalt aufgenommen wurde.

(25 Pf.) berechtigt zur kostenfreien Ziehung eines Kriegsspenden-Loses." [111]

In der Heilig-Kreuz-Kirche gestaltete der Blindenchor *„das Hochamt für unsere Krieger"* [78b]. Der Blindenchor sang auch in verschiedenen Lazaretten, in welche verwundete Soldaten von der Front verbracht worden waren: *„Im Reservelazarett B St. Georgsschule am Mittleren Kreuz, wurde am Abend eine stimmungsvolle Weihnachtsfeier abgehalten […] Tiefe Eindrücke vermittelte den Kranken und Verwundeten der wundervoll ausgeglichene Gesang der Blinden."* [113] Dies berichtete die „Neue Augsburger Zeitung" am 28. Dezember 1915.

Die Inflation vernichtet das Anstaltsvermögen

Die Blindenanstalt war im Jahr 1889 als Privatanstalt gegründet worden. Die Mehrzahl der blinden Zöglinge stammte aus ärmlichen Verhältnissen. In vielen Fällen konnten die Eltern das Geld für den Aufenthalt in der Blindenanstalt nicht aufbringen. Sie waren auf einen sogenannten „Freiplatz" angewiesen. Für einige Freiplätze kam der Staat auf.

Für die Mehrzahl der Freiplätze musste die Blindenanstalt allerdings selbst aufkommen. Sie verwendete hierfür und für die unumgänglichen Neuanschaffungen und die Bezahlung des Dienstpersonals die Zinsen ihres Vermögens. Dieses Vermögen kam durch Spenden zusammen.

Dank vieler Spenden, größerer und kleinerer, wuchs das Anstaltsvermögen. Es betrug:

- 1891 ....168 000 Mark
- 1895 ....190 000 Mark
- 1900 ....223 000 Mark
- 1914..........................1 Million
- 1923.............................0 Mark

Die Inflation, eine Folge des Ersten Weltkriegs, vernichtete das ganze Anstaltsvermögen. Dies bedeutete das Ende der von der Blindenanstalt finanzierten Freiplätze. Der Staat musste nun die Fürsorge für arme Kinder übernehmen.[114]

Die Inflation als eine der Folgen des Kriegs entwertete das Geld rasend schnell und vernichtete so auch das Anstaltsvermögen.

Der Bau des so sehr benötigten Blindenheims rückte nun in weite Ferne. Die Blindenanstalt würde auch weiterhin – äußerst beengt – in den Räumen des Hauses Jesuitengasse 14 verbleiben müssen.

Der Blindenchor – eine gefragte Augsburger Einrichtung

„Zum Direktor der Blindenanstalt ernannt wurde Herr Musiklehrer Georg Roth, der Nachfolger des blinden Musiklehrers Urban Hitzelberger. Herr Roth trat an die Anstalt 1897 als Hilfslehrer, war seit 1903 definitiver Lehrer. Bekannt durch die musikalischen Aufführungen

der Blindenanstalt steht er in dem Rufe eines ernsten und tüchtigen Musikers." (115)

Ein *„ernster und tüchtiger Musiker"* – das war Georg Roth zweifelsohne. Die musikalische Ausbildung der Blinden hatte für ihn oberste Priorität. Unter ihm erreichte der Blindenchor solch eine Vollendung, dass er sogar bei Aufführungen im Augsburger Stadttheater mitwirkte: *„Bereits 1906 war der Blindenchor vom Stadttheater Augsburg zu einer Aufführung des ‚Franziskus' engagiert. Neben den Solisten fand der Blindenchor in der Presse eine sehr lobende Kritik. Die Blinden erzählten voll Freude wie schön es war einmal mit vollem Orchester singen zu können."* (116)

Im Augsburger Dom gestaltete der Blindenchor häufig die Maiandachten. Der Domorganist Karl Kraft habe gesagt, dass der Blindenchor wie ein Harmonium singen würde. Und nach einem Auftritt im Augsburger Kneippverein verglich ein Besucher den Blindenchor mit dem Rundfunkchor.

Der Blindenchor sang bei den verschiedensten Anlässen, bei Hochzeiten, Geburtstagsfeiern, Firmenfeiern... Vor allem war er bei Beerdigungen gefragt. Da erklangen die Lieder: „Harre, meine Seele, harre des Herrn", „Über den Sternen", „Schlummere sanft" und „Wenn ich einmal soll scheiden".

Anna Hermann, einstmals Schülerin von Georg Roth, schreibt über ihren Lehrer:

„Georg Roth, ein feinsinniger Künstler, schuf sich im Chor unserer Anstalt ein empfindsames und geübtes Instrument, das sein hohes musikalisches Können zum Ausdruck brachte. Albert Greiner, der Schöpfer der Augsburger Singschule, hatte 2 Jahre wertvolle Vorarbeit geleistet. Seine Glanzzeit aber erlebte der Chor unter der meisterhaften Führung von Georg Roth [...]" (117)

Für Georg Roth, den Leiter der Augsburger Blindenanstalt, hatte die musikalische Ausbildung der Blinden oberste Priorität. Doch auch die sprachliche Ausbildung der Blinden

Georg Roth als Blindenlehrer

Neben der musikalischen Ausbildung der blinden Zöglinge war Georg Roth an der sprachlichen Förderung derselben sehr gelegen. Es wurden Literaturwerke gelesen, etwa Friedrich Wilhelm Webers

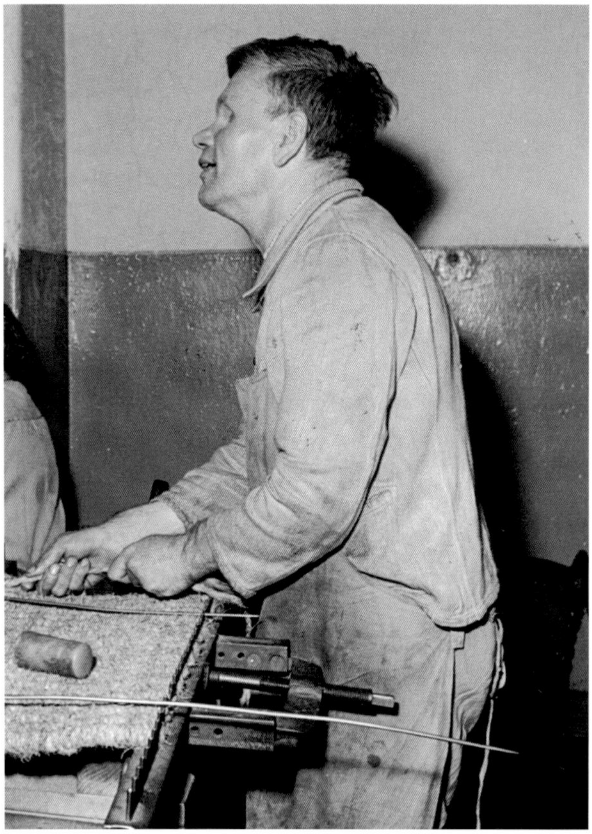

Der Blinde Ägidius Müller hatte im Deutschunterricht der Blindenanstalt bei seinem Lehrer Georg Roth „Dreizehnlinden", ein Epos in 25 Gesängen, gelernt. Er kannte den Inhalt des gesamten Buches auswendig.

„Dreizehnlinden". Dieses Werk, das den Endkampf zwischen dem Heidentum und dem Christentum zur Zeit Ludwigs des Deutschen schildert, gehörte noch bis in die Mitte des 20. Jahrhunderts hinein zur Schulliteratur an deutschen Gymnasien. Ägidius Müller hatte es einst im Deutschunterricht von Georg Roth kennengelernt. Noch in seinen alten Tagen konnte Ägidius den Text von „Dreizehnlinden" von Anfang bis Ende auswendig vortragen.

Der Lehrer Georg Roth scheint hohe Anforderungen an seine („Volks-")Schüler gestellt zu haben. Ja, man lernte viel bei Georg Roth, der ein strenger Lehrer war. Strenge scheint auch – nach Aussage alter Blinder – in der ganzen Anstalt geherrscht zu haben: *„Aber auch die Strenge, die während der Zeit von Direktor Roth im Haus herrschte, wurde von den Blinden oft besprochen. Ob die Strenge wirklich im Gemüth von Herrn Direktor Roth lag, oder ob die Blinden, die nun erwachsen waren, nicht mehr so viel Regiment ertragen wollten, lässt sich heute nicht mehr richtig feststellen."* (118)

Auch die Frau des Direktors, eine Augsburger Arzttochter, war wohl von etwas strengerer Art als „die Mutter Riegg". Der Nachfolger Georg Roths, Leopold Brugger, beschreibt die Frau seines Vorgängers mit den folgenden Worten: *„Seine Gattin, Frau Direktor Roth, fand im Schaffen und Sorgen für die Blinden ihre vornehmste Aufgabe. Eine allzeit wache, gespannte, kämpferische Persönlichkeit war dieser Frau eigen. In der Sorge um das Wohlergehen der Blinden verzehrte sich die Kraft ihres Lebens. 52 jährig starb sie, wenige Monate nach ihrem Manne."* (119)

Die Zeiten ändern sich: Abkehr vom Fürsorgedenken

In den Jahren nach dem Ersten Weltkrieg passte manchen erwachsenen Blinden das streng geregelte Leben in der Blindenanstalt nicht mehr. Was früher vereinzelt vorkam, dass nämlich ein Blinder außerhalb der Blindenanstalt ein eigenständiges Leben führen wollte – es sei hier an den blinden Korbmachermeister de l'Espine erinnert – das kam nunmehr häufiger vor.

Aus den Erinnerungen einer Blinden: *„Die ersten Blinden verließen in der Zeit von Direktor Roths Leitung die Blindenschule. Sie wollten mehr Freiheit haben. Sie wollten sich im Leben selbst zurecht* *finden, und sie schafften das auch einigermaßen, oft unter schwersten Bedingungen, weil zur damaligen Zeit für die Blinden, die draußen standen, keinerlei Hilfen gegeben wurden. Es war nahezu verpönt, dass Blinde die Anstalt verließen, die doch allen Schutz und Hilfe bot. Der Hang zu einem gewissen Radikalismus bei diesem Kampf wurde sehr deutlich. In der damaligen Anstalt wurde es nicht gern gesehen, wenn die Heiminsassen mit Blinden, die nicht mehr im Hause wohnten, zusammenkamen. Man fürchtete, dass dieser radikale Funke auch auf das Heim überspringen könnte."* (120)

Der Wunsch nach einem eigenständigen, fürsorgefreien Leben – außerhalb der Blindenanstalten – wurde durch die Kriegsblinden des Ersten Weltkriegs verstärkt: *„Im Ersten Weltkrieg verloren rund 3000 Kriegsteilnehmer ihr Augenlicht. Häufig kamen weitere Verwundungen dazu. Zum großen Teil handelte es sich um junge Menschen, die unmittelbar nach ihrer Berufsausbildung oder vom Schulbesuche bzw. mitten aus dem Studium aufs Schlachtfeld kamen. Die öffentliche Anteilnahme am Schicksal dieser besonders schwer getroffenen Kriegsopfer war verständlicherweise groß. Das Schicksal der Blindheit erregte eine bisher nicht gekannte Aufmerksamkeit. Groß waren die Anstrengungen, die zur beruflichen und gesellschaftlichen Eingliederung der Kriegsblinden unternommen worden sind […] Gefordert und erkannt wurde, dass der Staat den Kriegsblinden Schulung bzw. Umschulung und Eingliederung in das Arbeitsleben schuldete. Mit einer Rente, die ein Leben ohne Arbeit ermöglicht, konnte es im Interesse der Volkswirtschaft und im Interesse der betroffenen Menschen nicht getan sein. Die Sozialpolitik durfte nicht auf dem Stand der Armenpflege und Armenpolitik stehen bleiben. Ein solcher Wandel musste sich langfristig auf das gesamte Blindenwesen auswirken."* (121)

Frau Direktor – Frieda Roth – war eine gestrenge Hausmutter. Sie wurde als eine „allzeit wache, gespannte, kämpferische Persönlichkeit" beschrieben. Kurz nach dem plötzlichen Tod ihres Mannes verstarb sie im Alter von erst 52 Jahren.

Die Kriegsblinden und der „Bund erblindeter Krieger"

Die Kriegsblinden waren in ihrer großen Mehrzahl nicht bereit, in den Blindenanstalten als Korbflechter oder Bürstenmacher zu arbeiten. Sie strebten in ihre früheren Berufe zurück oder suchten nach neuen Berufsmöglichkeiten. Der

Im Krieg verwundete Soldaten: Die Kriegsblinden unter ihnen waren meistens nicht gewillt, als Korbflechter oder Bürstenmacher in den Blindenanstalten zu arbeiten. Sie strebten oft in ihre alten Berufe zurück oder suchten sich neue Berufsfelder.

schon während des Ersten Weltkriegs 1916 gegründete „Bund erblindeter Krieger" vertrat ihre Interessen, besonders die Erschließung neuer, für sie geeigneter Berufe. Im Verein der blinden Akademiker Deutschlands (1916 gegründet) schlossen sich die im Krieg erblindeten Akademiker zusammen. Es kam zur Gründung spezieller Schulen für die Kriegsblinden: In Berlin wurde die „Silex-Handelsschule" als eine Lazarettschule für die erblindeten Soldaten gegründet, in Marburg die Studienanstalt durch Carl Strehl.

Die Kriegsblinden erhielten nach dem Schwerbeschädigtengesetz eine Rente. Die sogenannten „Zivilblinden" befanden sich in einer schwierigen Lage. Sie umgab nicht der Nimbus der „Kriegsblinden". Dazu kam, dass das Blindenhandwerk sich in den ersten Nachkriegsjahren in einer Krise befand. Die Kaufkraft der Bevölkerung war in den ersten Jahren der Weimarer Republik gering. Zudem stellte die industrielle Herstellung typischer „Blindenwaren", wie zum Beispiel die Massenherstellung von billigen Bürsten, eine Bedrohung des Blindenhandwerks dar.

Die Gründung des „Bayerischen Blindenbundes"

Dazu kam, dass auch manche „Anstaltsblinde" sich mit der Bevormundung nicht mehr zufrieden geben wollten. Die Gründung des „Bayerischen Blindenbundes" im Jahr 1903 verstärkte solche Bestrebungen. [86] Die Blinden sollten und wollten ihre eigenen Anliegen selbst in die Hand nehmen. So wird in § 1 der Satzung des Blindenbundes der

Mit dem Eisernen Kreuz wurden im Ersten Weltkrieg Soldaten ausgezeichnet. Der Orden wurde rund fünfeinhalb Millionen Mal verliehen. Durch die vielen im Krieg Erblindeten hatten die „Zivilblinden“ einen noch schwereren Stand.

Zweck so beschrieben: *„Zweck des Bundes ist der Zusammenschluß der Blinden und Sehbehinderten zur Wahrnehmung aller Angelegenheiten des Blinden- und Sehbehindertenwesens.“* (123) In Augsburg wurde im Jahr 1921 eine Ortsgruppe gegründet.

Die Gründung dieser Ortsgruppe ging vom blinden Musiklehrer Franz Bieber aus. Bieber war gebürtiger Münchner (*1879). Im Jahr 1894 war er erblindet. Er besuchte die Augsburger Blindenanstalt und ließ sich am Augsburger Konservatorium zum Musiklehrer ausbilden. Franz Bieber entschied sich – nach seiner Heirat – für ein Leben in Selbständigkeit. Bis zu seinem Tode war er in Augsburg als „freier“ Musiklehrer tätig. Bieber wollte, wie er sagte, *„der Anstaltsfürsorge nicht zur Last fallen.“* (124)

Möglicherweise war auch seine Eheschließung der Grund dafür, dass er nicht in der Blindenanstalt verbleiben wollte – denn Heirat blinder Anstaltsbewohner war kaum möglich, wie später ausführlicher dargestellt werden wird.

Die von Bieber gegründete Ortsgruppe widmete sich zunächst der Geselligkeit. Jeden ersten Mittwoch eines Monats fand eine Versammlung im Gasthof „Fischertor“ statt. Dieses Gasthaus befand sich übrigens ganz in der Nähe der Augsburger Blindenanstalt – wohl nicht gerade zur Freude des Anstaltsleiters. Es musste zu Spannungen zwischen dem Blindenbund mit seinen Selbständigkeitsbestrebungen und den Leitern der Blindenanstalten mit ihrem Fürsorgedenken kommen.

Da prallten zwei Welten aufeinander. Eine Zusammenarbeit zwischen der Augsburger Blindenanstalt und der „Ortsgruppe Augsburg“ sowie der ebenfalls im Jahr 1921 gegründeten „Kreisgruppe Schwaben“ lässt sich jedenfalls nicht nachweisen.

Leopold Brugger –
ein beliebter Blindenpädagoge

Leopold Brugger: strikt auf Parteilinie, und doch ein sehr beliebter Pädagoge

Er zeigte den Kindern alles – Ehen von Blinden lehnte er aber ab

Der plötzliche Tod von Georg Roth

Im Januar 1935 starb Georg Roth sehr plötzlich. [125] Noch wenige Tage zuvor hatte er den Volksempfänger eingeschaltet und sich gemeinsam mit einigen Blinden über die bevorstehende Rückgliederung des Saargebiets ins Deutsche Reich gefreut. Doch die Rückkehr des Saarlands im März 1935 sollte er nicht mehr erleben. Seine Ehefrau, Frieda Roth, stand allein mit drei unmündigen Kindern da.

Einige Monate leitete Roths Witwe die Augsburger Blindenanstalt. Denn der wichtige Musikunterricht sollte keine Unterbrechung erfahren. Franz Burkard, einer von Georg Roths fähigsten und tüchtigsten Schülern (ein ausgebildeter Organist), übernahm *„den Chorgesang und die Ausbildung in Orgel".* [126]

Fräulein Luise Flossa, eine ehemalige Schülerin von Dr. Schletterer und Chordirektor Ortner, erteilte ehrenamtlich Unterricht in Klavier und Harmonielehre. Frau Roth konnte – so wurde gesagt – den plötzlichen Tod ihres Mannes und die Aufgabe der Blindenanstalt nicht verkraften.

Noch im selben Jahr folgte sie ihrem Gatten im Tode nach. Verwandte nahmen sich der Kinder an. Zum neuen Leiter der Augsburger Blindenanstalt wurde mit dem 1. Mai 1935 Leopold Brugger bestellt.

Ein erfahrener Blindenpädagoge

Wie sein Vorgänger war auch Brugger kein Fremder in der Blindenanstalt. Seit dem Jahr 1910 unterrichtete er – mit einer kurzen Unterbrechung – hier die blinden Kinder. Geboren wurde Leopold Brugger im Jahr 1888 in Pleß bei Memmingen. Wie Georg Roth stammte

Anfang des Jahres 1935 verstarb der Leiter der Augsburger Blindenanstalt, Georg Roth, nach nur kurzer Krankheit.

Statt Karten
Nach kurzem schweren Leiden verschied heute mein heißgeliebter Mann, unser treusorgender Vater, Großvater, Schwiegervater, Bruder, Schwager und Onkel.

Herr Georg Roth
Direktor der Blindenanstalt
Augsburg, Braunschweig, Nördlingen, Nordhausen, Lamprecht, München, Bayreuth, den 19. Januar 1935

Im Namen der in Tiefer Trauer Hinterbliebenen:
Frau Frieda Roth, geb. Kimpel

Leopold Brugger war ein Anhänger Hitlers und der NSDAP. Zugleich war er ein begabter, bei „seinen" Kindern beliebter Blindenlehrer: Er ließ seine Zöglinge alles ertasten – so wie hier die blinde Erika den Blütenzweig.

er aus einer kinderreichen Lehrerfamilie, er wurde Lehrer wie der Vater. Im Jahr 1908 verließ er nach bestandener Lehramtsprüfung das Lehrerseminar in Lauingen.

1910 kam Leopold Brugger als Hilfslehrer an die Augsburger Blindenanstalt und unterrichtete dort von da an – mit einer kurzen Unterbrechung. Er hatte also große Erfahrung hinsichtlich Unterricht und Erziehung blinder Kinder und Jugendlicher. Dem ersten Anstaltsleiter, Julius Riegg, war vor allem die „Brauchbarmachung" seiner blinden Zöglinge am Herzen gelegen. Roth hatte den Schwerpunkt seiner Arbeit auf die musikalische Ausbildung und die sprachliche Förderung der blinden Zöglinge gelegt. (127)

Und der neue Anstaltsleiter? Was war ihm besonders wichtig? Hören wir eine ehemalige Schülerin: *„Brugger war der große Pädagoge unserer Anstalt. Neben seinem feinen Einfühlungsvermögen in die Psyche des Blinden und seiner hervorragenden Lehrbegabung war ihm besonders eine unvergleichliche Hingabe an das blinde Kind eigen. Brugger war Blindenlehrer aus Leidenschaft."* (128)

Lassen wir nochmals eine ehemalige Schülerin zu Wort kommen: *„Er zeigte den Kindern alles, jeden Regenwurm, jede Blume, jeden geschnitzten Kopf. Es gab nichts, was er ihnen nicht in die Hand gab."* (129)

Der arbeitende Blinde als wertvolles Mitglied der Volksgemeinschaft

Leopold Brugger wurde zwei Jahre nach der Machtergreifung Hitlers Direktor der Augsburger Blindenanstalt. In „Mein Kampf" hatte Hitler die Pflichterfüllung jedes einzelnen Deutschen betont. Hitler forderte *„ein Schaffen, das nicht den Interessen der Allgemeinheit widerspricht [...] eine Gesinnung, die das Interesse des eigenen Ichs zugunsten der Erhaltung der Gemeinschaft zurücktreten lässt [...] Pflichterfüllung, das heißt, nicht sich selbst genügen, sondern der Allgemeinheit dienen [...]"*.[130]

Leopold Brugger war davon überzeugt, dass auch ein blinder Mensch diesen Forderungen Genüge leisten könne. Leider bestünde immer noch das *„eingesessene Vorurteil, dass der Blinde außer dem Fehlen seiner Sehkraft keine vollwertige Arbeitskraft sei."* [131] Um dieses Vorurteil abzubauen, ließ er zwei blinde Korbmacherlehrlinge am Reichsberufswettkampf teilnehmen: *„Die von den Zöglingen abgelegten Gesellenprüfungen wurden durchwegs, auch bei sechsstufiger Benotung, mit gut bestanden."* [132]

Brugger unterstützte Hilda Stegmüller, eine junge blinde Stenotypistin, bei der Erwerbung ihres Diploms und der Suche nach einem Arbeitsplatz. Von ihr stammt das Gedicht „Arbeit ist Licht":

Licht zu tragen in des Blinden Leben
heißt, an tastend zager Hand ihn fassen;
heißt, ihn halten und ihn nicht lassen
und in seine Hand viel Arbeit legen.
[...]
Licht zu tragen in des Blinden Leben
heißt nicht, mitleidsvoll ihm Gaben
spenden:
Arbeit nur ist Gold in seinen Händen;
reich macht ihn allein der Arbeit Segen.
[...]
Arbeit ist des Blinden innere Wehre;
Arbeit hilft ihm Schwerstes überwinden;
Arbeit nur läßt ihn Befried'gung finden;
Arbeit ist dem Blinden Trost und Ehre.

Mit der Volksgemeinschaft sich verbinden
durch das deutsche Lied, durch deutsche
Arbeit,
das verleiht dem Blinden innere Freiheit;
das bedeutet Lebenslicht dem Blinden." [133]

Er setzte es durch, dass ein junger Blinder am städtischen Konservatorium das Studium aufnehmen konnte. Ein anderer musikalisch äußerst begabter Blinder, Franz Burkhard, war bereits von Bruggers Vorgänger stark gefördert worden. Er hatte in Augsburg das „Singschullehrerseminar" besucht und dort im November 1935 die „Singschullehrerprüfung" mit Erfolg abgelegt. Danach war er als „Gesangslehrer" an der Augsburger Blindenanstalt tätig.

Anna Hermann: der schwierige Weg zur Blindenlehrerin

Für eine junge Blinde, Anna Hermann, setzte sich Direktor Brugger besonders ein. Er konnte es erreichen, dass seine ehemalige Schülerin das Lehrerinnenexamen ablegte und danach als „Schulamtsbewerberin" in der Augsburger Blindenanstalt unterrichten durfte. Geboren wurde Anna Hermann am 14. Dezember 1913 in Irgertsheim bei Ingolstadt. Der Vater, Lehrer von Beruf, fiel im Ersten Weltkrieg. Ein älterer Bruder verstarb als Kleinkind. Im Alter von zwei Jahren stürzte Anna so unglücklich, dass sie sich eine bleibende schwere Gehbehinderung zuzog. Es sollte noch schlimmer kommen: Im Alter

Für die nahezu blinde, aber hochbegabte Anna Hermann setzte sich Leopold Brugger ganz besonders ein. Unten: Anna Hermann mit einem Schüler vor dem von ihr entworfenen tastbaren Plan Augsburgs.

von sechs Jahren erblindete sie nach einer „schweren Kopfgrippe" auf dem linken Auge völlig und auf dem rechten Auge war ihr Sehvermögen ebenfalls sehr stark eingeschränkt. Im Alter von neun Jahren kam Anna Hermann an die Augsburger Blindenanstalt.

Direktor Roth und auch der damalige Lehrer Brugger erkannten ihre hohe sprachliche Begabung und förderten sie nach Kräften.

„In der Blindenanstalt machte das reichbegabte Kind so erfreuliche und vielversprechende Fortschritte, dass Direktor Brugger im unerschütterlichen Glauben auf den stahlharten Willen und die geistigen Anlagen seines bevorzugten Schützlings dessen Ueberweisung an die Lehrerinnenbildungsanstalt der Englischen Fräulein in Augsburg energisch betrieb." [134] Sechs Jahre besuchte Anna Hermann diese und bestand das Examen im Jahr 1936 mit *„außerordentlichem Erfolge und zwar als erste unter zwölf vollsinnigen Abiturientinnen".* [135] Danach wurde die junge Volksschullehrerin *„zur Ableistung einer vierjährigen Fortbildungspflicht an die Blindenanstalt Augsburg"* [136] überwiesen.

Anna Hermann strebte die Ausbildung zur Blindenlehrerin an. Dazu benötigte sie die Zulassung zum Besuch der Blindenlehrerbildungsanstalt in Berlin-Steglitz. Nach langem Bemühen erhielt sie endlich die Erlaubnis für den einjährigen Besuch (vom 12. Februar 1942 bis zum 11. März 1943). Vorher musste sie den Nachweis der ehelichen Geburt, für den Tod des Vaters im Ersten Weltkrieg und ihrer arischen Abstammung erbringen.

Der Prüfungsausschuss schien Anna Hermann alles andere als gewogen zu

Anna Hermann beim Unterricht mit zwei blinden Zöglingen in der Augsburger Anstalt. Im Alter von neun Jahren war sie selbst als Schülerin hierher gekommen.

sein. So wurden zum Beispiel ihre unterrichtspraktischen Leistungen lediglich mit der Note ausreichend bewertet – eine Kränkung für die be-gabte junge Frau, die von 1936 bis 1942 an der Augsburger Blindenanstalt erfolgreich Blindenunterricht erteilt hatte. Trotz aller Begabung entsprach Anna Hermann mit ihrer doppelten Behinderung eben nicht dem Bilde Hitlers einer arischen Frau.

Was für Leopold Brugger besonders wichtig war: das Turnen der Blinden

Leopold Brugger war von der Wichtigkeit der Leibesübungen für Blinde überzeugt. [137] Mit Nachdruck förderte er das Turnen aller Blinden. Die „Neue Augsburger Zeitung": *„Gerne kommen regelmäßig die etwa 20 Teilnehmer des Kurses am Freitag abend in dem Turnsaal der Georgs-Schule zusammen [...] Tastend treten sie aus dem Umkleideraum in den geräumigen Turnsaal [...] Die Jungen machen den Anfang, dann kommen die älteren Herren und die letzten Reihen bilden die wenigen weiblichen Mitglieder [...] Sobald der mitreißende Rhythmus der Musik einsetzt, geht es los mit den Freiübungen, Seitgrätschstellung, Rumpfbeugen [...] Alle sind mit vorbildlichem Eifer dabei und wollen an keiner Turnstunde fehlen."* [138]

Alles für die Volksgemeinschaft

Der blinde arbeitende Mann, die blinde tätige Frau, sie sollten sich als zugehörig zur Volksgemeinschaft empfinden – sowohl durch ihre Arbeit als auch durch ganz spezielle Aktionen. Dies war für Direktor Leopold Brugger sehr wichtig. Als beispielsweise das Winterhilfswerk eingeführt wurde, sang der Blindenchor in verschiedenen Gaststätten und ermunterte die Zuhörer zu großzügigen Spenden für dasselbe.

Wie sich die arbeitenden Volksgenossen bei Urlaubsfahrten, veranstaltet durch „Kraft durch Freude", erholten, so gab es auch in einem Erholungsheim in Riederau am Ammersee Zimmer für erholungsbedürftige Bewohner der Augsburger Blindenanstalt.

Josef Bürger und Magdalena Bergmiller (zweite von rechts) waren einander sehr zugetan, aber eine Heirat kam nicht infrage. Das Bild zeigt die beiden mit Anna Sailer (rechts) und Wally Kirchhauser in Schondorf.

Heirat der Blinden: Nein! Auf keinen Fall! Rigoros war die Einstellung Leopold Bruggers hinsichtlich der Verehelichung Blinder. Das 1933 erlassene „Gesetz zur Verhütung erbkranken Nachwuchses" war ihm hierfür Richtschnur. Er soll zu Blinden der Augsburger Blindenanstalt gesagt haben: *„Wenn ihr einmal heiraten würdet, würde ich euch den Tag eurer Hochzeit gründlich versalzen."* (139)

Die 50-Jahr-Feier der Augsburger Blindenanstalt – mit einem Festspiel von Anna Hermann

Am 15. Mai 1939 wurde in einer Feierstunde im Augsburger Börsensaal an das 50-jährige Bestehen der Augsburger Blindenanstalt erinnert. Die „Neue Augsburger Zeitung" berichtete: *„Mit einer Feier, die in besonders schöner Weise die Verbundenheit der schwäbischen Blinden mit ihren Freunden und Helfern und ihre herzliche Dankbarkeit zeigte, wurde gestern im Börsensaal das 50 jährige Bestehen der Blindenschule mit Heim (früher Blindenanstalt) in Augsburg begangen. Der Saal war bis auf den letzten Platz besetzt; neben den gegenwärtigen und den früheren Insassen waren Ehrengäste aus Partei und Behörden erschienen und dazu viel Freunde des Blindenhilfswerkes und sie erlebten gemeinsam einige Stunden festlicher Erinnerung, die die Bedeutung dieses Werkes praktischer Nächstenliebe in ihrer ganzen Tiefe vor Augen führte."* (140)

Anna Hermann hatte für diese Feier ein eigenes Festspiel verfasst. Auch darüber berichtete „Die Neue Augsburger Zeitung" in derselben Ausgabe: *„Die an der Augsburger Blindenschule tätige blinde Schulamtsbewerberin Anna Hermann hatte in diesem Spiel Szenen aus dem Leben des ersten deutschen Blindenlehrers Johann Wilhelm Klein zusammengestellt, der ein Schwabensohn aus dem Ries, im Jahre 1804 die erste deutsche Blindenanstalt ins Leben rief. Sie hatte nicht nur ihr Herz, sondern auch ein außerordentlich bemerkenswertes sprachliches Können und eine packende dramatische Bewegtheit in dies Festspiel hineingelegt und die Hingabe mit der sich die Künstler und Künstlerinnen unseres Städt. Schauspiels dieses Werkes angenommen hatten, die tiefinnerliche Freude, mit der die blinden Kinder mitspielten, ließen das Ganze zu einem innerlichen Erlebnis werden, das man mit Erschütterung und Dankbarkeit entgegennahm."* (141)

Direktor Leopold Brugger würdigte in seiner Festansprache die Leistungen seiner Vorgänger Riegg und Roth: *„Wenn ich meiner Vorgänger mit besonderer Ausführlichkeit gedacht habe, so mögen Sie das so verstehen: sie waren Männer der Tat [...] In ihrem Geiste am Werke der Blindenbildung weiterzubauen, ist mir Gesetz und Pflicht."* (142) Brugger wür-

Zur 50-Jahr-Feier der Augsburger Blindenanstalt hatte die Blindenlehrerin Anna Hermann ein Festspiel mit Szenen aus dem Leben des ersten deutschen Blindenlehrers Johann Wilhelm Klein verfasst.

digte auch die Leistungen ehemaliger blinder Zöglinge der Augsburger Blindenanstalt, die nun *„fürsorgefrei"* und auf *„befriedigendem Arbeitsplatz"* [(143)] ihr Leben gestalten konnten: die geprüften Korbmachergesellen und der erfolgreiche Korbmachermeister, der Musiklehrer der Anstalt, die ausgebildete Stenotypistin, die blinde Schulamtsbewerberin...

Er richtete an die Anwesenden folgenden Appell: *„Sehen Sie im Blinden nicht bloß den fleißigen Korb- und Bürstenmacher, sondern auch den erfolgreichen Geistesarbeiter. Zurzeit sind in Deutschland in höheren Berufen aktiv tätig 351 Blinde; in mittleren Berufen sind es allein 482 blinde Stenotypisten. Die neue Zeit verlangt in der beruflichen Blindenbildung neue Wege. Die von Blinden bisher ausgeübten Handwerkszweige sind überbesetzt und von der Maschine bedroht. So müssen Wirtschaft und Verwaltung weit mehr als bisher den Blinden ihre Tore öffnen. Bei Erfüllung der Forderung nach restloser Ausschöpfung der Arbeitskraft muß künftig auch der Blinde die ihm gebührende Berücksichtigung erfahren."* [(144)]

Leopold Bruggers Wechsel an die Landesblindenanstalt

Noch im Festjahr 1939 vollzog sich hinsichtlich der Leitung der Augsburger Blindenanstalt ein Wechsel: Am 1. September 1939 wurde Leopold Brugger zum Direktor der Landesblindenschule ernannt. Am 1. Januar 1940 trat er dort seinen Dienst an. In der „Neuen Augsburger Zeitung" wird auf sein erfolgreiches Wirken als Direktor der Augsburger Blindenanstalt hingewiesen: *„Die großen Erfolge, die Direktor Brugger während seines viereinhalbjährigen Wirkens als Leiter der Augsburger Blindenanstalt erzielte [...] sind nicht nur auf seine ausgezeichneten erzieherischen Fähigkeiten zurückzuführen, sondern auch auf das wahrhaft väterliche Gefühl, das er, stets von seiner Gattin unterstützt, seinen blinden Schützlingen entgegenbrachte."* [(145)]

Anton Setzer, Direktor in der Zeit des Zweiten Weltkriegs

Anton Setzer: Direktor der Augsburger Blindenanstalt zur Zeit des NS-Regimes

Ein Blindenlehrer, dessen Ideen den Unterricht verbesserten

Anton Setzer – seit 1933 Lehrer an der Münchner Blindenschule

Zum neuen Leiter der Augsburger Blindenanstalt wurde mit Rückwirkung zum 1. September 1939 Anton Setzer, Hauptlehrer an der Landesblindenanstalt München, ernannt. Anton Setzer war in Augsburg ein Unbekannter.

Etwas kühl wirkt die Bekanntmachung über den Leitungswechsel an der Augsburger Blindenanstalt: *„Wie wir bereits berichteten, wurde Hauptlehrer Anton Setzer von der Landesblindenschule zum Leiter der Blindenschule mit Heim in Augsburg bestellt [...] Der neue Leiter der Augsburger Blindenschule mit Heim wirkte seit dem Jahre 1933 an der Landesblindenschule in München [...] Der neue Direktor der Blindenschule, der heute im 40. Lebensjahr steht, bringt also eine große Erfahrung für sein schweres Amt mit.“* (146) So schrieb die „Neue Augsburger Zeitung“ am 29. Dezember 1939.

Ein „schweres Amt“ für den neuen Anstaltsleiter

Ja, ein *„schweres Amt“* wartete auf den neuen Direktor. Die Augsburger Blindenanstalt zählte unter den circa 30 deutschen Blindenanstalten zu den ärmsten. Es mangelte ihr ständig an Geld. Als Anton Setzer sein Amt antrat, fand er die für den Betrieb nötigen flüssigen Mittel in einem Zigarrenkästchen verwahrt. Er sagte zu seinem Sohn Fritz: *„So geht das nicht. Du musst sofort ‚Buchführung‘ studieren.“* (147)

Anton Setzer war Hauptlehrer an der Landesblindenanstalt München. Am 1. Januar 1940 wurde er neuer Leiter der Augsburger Blindenanstalt.

Sein zutiefst bewunderter Onkel, der Blindenlehrer Anton Schaidler, war das große Vorbild Anton Setzers.

Der scheidende Direktor hatte sich gegenüber seinem Nachfolger dahingehend geäußert, dass er wegen der großen Armut für die Augsburger Blindenanstalt keine Zukunft sehe. Wie erwähnt, hatte die Inflation das Anstaltsvermögen vernichtet.

Die Augsburger Blindenanstalt war arm. Sie war auf staatliche Hilfe angewiesen. Diese hielt sich in den Jahren von 1933 bis 1945 in Grenzen. Erschwerend waren auch die Zeitumstände, unter denen der neue Direktor sein Amt antrat. Am Tag seiner Ernennung zum Leiter der Augsburger Blindenanstalt hatte mit dem Überfall Hitlers auf Polen der Zweite Weltkrieg begonnen.

In den fünf Kriegsjahren sollte Direktor Anton Setzer mit vielen Schwierigkeiten konfrontiert werden. Die größte bestand von Beginn seiner Tätigkeit an darin, dass er praktizierender Katholik war – und als solcher ein entschiedener Gegner des NS-Regimes. Schon an der Landesblindenanstalt, wo er seit 1933 unterrichtete, hatte Anton Setzer unter dem Nachfolger Anton Schaidlers, seines verehrten Onkels, einen schweren Stand gehabt. (Anton Schaidler war im Jahr 1936 in den Ruhestand versetzt worden und nur zwei Jahre später verstorben.) Der neue Direktor, ein überzeugter Nationalsozialist, legte Anton Setzer Steine in den Weg, wo immer es nur möglich war:

Schulrat Karl Anton Ederer schrieb am 25. Oktober 1945: *„Ich kenne Herrn Anton Setzer seit 1931. Er ist ein bewusst katholischer, demokratisch großzügiger und sozial überaus aktiver Mensch. Als er im Jahre 1934 an die Blindenanstalt ging, so folgte er damit seiner inneren Berufung. Leider wurde ihm die Arbeit an der Landesblindenanstalt München bald sehr verbittert und er sogar in seiner dienstlichen Existenz bedroht durch den nationalsozialistischen despotischen Direktor […]"* (148)

Anton Setzer und der erzwungene Aufbau einer Blinden-HJ an der Landesblindenanstalt

Der *„nationalsozialistische despotische Direktor"* übertrug ausgerechnet Anton Setzer den Aufbau einer blinden Hitlerjugend an der Landesblindenanstalt. Die jungen Blinden sollten an das Gedankengut des völkischen Staates herangeführt werden. Anton Setzers Aufgabe war es, die jungen Blinden der Landesblindenanstalt körperlich zu ertüchtigen.

Der gläubige Katholik Anton Setzer, Mitglied der „Marianischen Congregation", nahm alljährlich an den von den Nationalsozialisten verpönten Fronleichnamsprozessionen teil.

Entziehen konnte er sich diesem Auftrag, den ihm sein Vorgesetzter – zu dem er in einem ziemlich spannungsgeladenen Verhältnis stand – erteilt hatte, nicht. (Die Übernahme dieses Auftrags hatte leider auch die Mitgliedschaft in der Partei zur Folge.) Aber Anton Setzer fand einen Ausweg aus dieser vertrackten Situation. Er selbst war aktives Mitglied der „Marianischen Congregation" (abgekürzt „MC": Es handelt sich dabei um eine katholische religiöse Vereinigung, in deren Zentrum eine besondere Marienverehrung und apostolische Betätigung stehen.). Anton Setzer stand auch in den zwölf Jahren des „Tausendjährigen Reichs" treu zu dieser „MC". So beteiligte er sich jedes Jahr an den von den Nationalsozialisten verpönten Fronleichnamsprozessionen in München. [149]

Den Nationalsozialisten war die „Marianische Congregation" ein Dorn im Auge. Im Jahr 1937 setzten sie schließlich deren Verbot durch. Anton Setzer trat aus der „MC" nicht aus, sondern blieb weiterhin ein passives Mitglied. Die sich daraus ergebenden Schwierigkeiten nahm er in Kauf.

Pater Alois Stöckle SJ, der langjährige Präfekt der „Marianischen Congregation", äußerte sich dazu folgendermaßen: *„Die Zugehörigkeit zu einer Kongregation galt als illegal. Sie musste auf allen Fragebögen vermerkt werden. Herr Setzer hat aus seiner Zugehörigkeit nie einen Hehl gemacht. Die Mitglieder mussten bei Bekanntwerden ihrer Teilnahme mit beruflichen Schwierigkeiten rechnen."* [150]

Ausgerechnet Anton Setzer, Mitglied der „MC", wurde nun also beauftragt, an der Landesblindenanstalt München eine „Blinden-HJ" aufzubauen. Die praktische Umsetzung dieses Auftrags erfolgte dann folgendermaßen: Anton Setzer hatte Verbindung zu Studenten der

Universität München, die wie er der „MC" angehörten. Diese gewann er als sogenannte „Unterführer" für die Aufbauarbeit dieser „Blinden-HJ". Die erwähnte „körperliche Ertüchtigung" der blinden jungen Männer sah so aus: Anton Setzer führte – gemeinsam mit seinen „Unterführern" – ausgedehnte Wanderungen und gelegentlich auch Fahrten ins bayerische Umland durch – was ja durchaus im Sinne seines Direktors war.[151]

Bei diesen Wanderungen wurde viel gesungen. Lieder wie etwa das Horst-Wessel-Lied („Die Fahne hoch, die Reihen dicht geschlossen [...]") fanden sich jedoch nicht im Repertoire der Wandergruppe. Da erklangen vielmehr die schönen alten deutschen Wanderlieder aus der Zeit der noch nicht lange zurückliegenden Jugendbewegung, wie etwa „Im Frühtau zu Berge".

Bei diesen Wanderungen wurde – wenn möglich – als Ausflugsziel nicht eines der vielen „HJ-Heime" angesteuert, sondern eine der prächtigen bayerischen Wallfahrtskirchen, in denen dann altehrwürdige Marienlieder erklangen, was dem Direktor wohl weniger gefallen hätte – aber die Ludwigstraße war ja weit weg.

Und die Wallfahrer wunderten sich über die frommen „HJ-Mitglieder", die am Sonntag geschlossen zur Kommunionbank schritten. Zwei der „MC"-Führer der „Blinden-HJ"– schätzte Anton Setzer ganz besonders. Sie sollen deshalb besondere Erwähnung finden: Berti und Hanskarl Huth. Beide mussten im Zweiten Weltkrieg ihr junges Leben lassen.

Am 25. Dezember 1944 schrieb Hanskarl Huth seinen letzten Brief: *„Am ersten Feiertag um 10 Uhr war der Weihnachtsgottesdienst unseres Divisionspfarrers, da konnte ich nochmals eine heilige Messe miterleben! Das ist doch wirklich ein wunderbares Weihnachtsgeschenk."* [152]

Und der Divisionspfarrer berichtete: *„Um 10 Uhr war Hanskarl beim Weihnachtsgottesdienst in Saasenheim mit seinem neuen Bataillon. Insgesamt waren – einschließlich anderer Verbände – 300 Mann zum Gottesdienst erschienen; davon gingen ungefähr 250 Mann zur heiligen Kommunion. Als Letzter und mit ganz besonderer Andacht, die allen Soldaten und anwesenden Zivilpersonen auffiel, ging Hanskarl zur heiligen Kommunion [...]"* [153] Zwei Tage später, am 27. Dezember 1944, erlitt Hanskarl Huth eine schwere Beinverwundung; auf dem Weg zum Verbandsplatz traf ihn ein Artilleriegeschoss am Kopf. Die Ärzte konnten ihn noch verbinden und ihm Blutkonserven verabreichen, denn er hatte viel Blut verloren. Oberleutnant Hanskarl Huth starb jedoch noch auf dem Verbandsplatz an seiner schweren Kopfverletzung. Der Bruder Hanskarls, der Leutnant Berti Huth, war bereits am 15. Februar 1944 an der Ostfront gefallen.

Hanskarl hatte den Bruder sehr geliebt. In seinem letzten Weihnachtsbrief an die Eltern lesen wir: *„Unser Berti zündet heuer zum erstenmal keine Kerzen am Christbaum an. Er ist nicht mehr unter uns [...] Er ist daheim [...] Da dürfen wir nicht irdischer Trauer nachhängen, sondern unsere Wehmut soll sich sogar in Freude verwandeln, denn er durfte ja reif sein fürs Gottesreich [...]"* [154]

Vielleicht war Anton Setzer ganz froh darüber, dass er durch den Wegzug nach Augsburg der Oberaufsicht des fanatischen Münchner Anstaltsleiters entrinnen konnte. In dieser überaus schwierigen Zeit als überzeugter Katholik zum Leiter der – wenn auch nicht sonderlich bedeutenden – Augsburger Blindenanstalt berufen zu werden, war wohl nur seinem Ruf als ausgezeichneter Blindenlehrer zu verdanken.

Das große Vorbild Anton Setzers: sein Onkel Anton Schaidler

Sieben Jahre hatte Anton Setzer als Blindenlehrer an der Landesblindenanstalt unterrichtet. Warum war der gebürtige Oberpfälzer (*1900 in Nabburg) Blindenlehrer geworden? Seine Großmutter habe ihm schon als Bub ans Herz gelegt, einmal Blindenlehrer zu werden – so äußerte sich Anton Setzer des Öfteren noch in späteren Jahren. Und der Onkel, Anton Schaidler, der Bruder der Mutter, den er ein Leben lang verehrte, habe ihn in seinem Vorsatz bestärkt, später einmal blinde Kinder zu unterrichten.

Der gleichfalls in Nabburg geborene Anton Schaidler war ein bemerkenswerter Mann. Er wurde Blindenlehrer an der Landesblindenanstalt München. 1906 gab er ein auch heute noch sehr lesenswertes Buch heraus: „Die Blindenfrage im Königreich Bayern". Schaidler stellte darin die Situation der Blinden in Bayern umfassend dar: unter anderem die Anzahl der Blinden sowie deren Verteilung nach Alter und nach Geschlecht in den einzelnen Regierungsbezirken. [155]

Er bedauerte, dass nur ein Bruchteil der blinden Kinder eine Blindenbildungsanstalt besuchte:

„Alle, die mit der Blindenbildung vertraut sind, sind darin einig: Nur in besonderen Anstalten kann eine gedeihliche Ausbildung der Blinden bewirkt werden, und die Volksschule ist durchaus nicht imstande, diese Anstaltsbildung in ausreichender Weise zu ersetzen." [156]

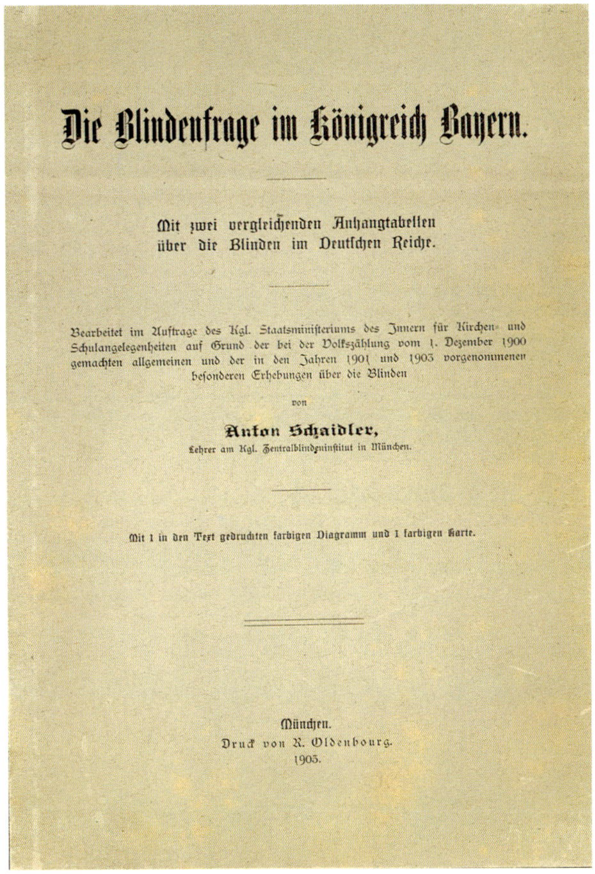
Die Blindenfrage im Königreich Bayern.

Mit zwei vergleichenden Anhangtabellen über die Blinden im Deutschen Reiche.

Bearbeitet im Auftrage des Kgl. Staatsministeriums des Innern für Kirchen- und Schulangelegenheiten auf Grund der bei der Volkszählung vom 1. Dezember 1900 gemachten allgemeinen und der in den Jahren 1901 und 1903 vorgenommenen besonderen Erhebungen über die Blinden

von

Anton Schaidler,
Lehrer am Kgl. Zentralblindeninstitut in München.

Mit 1 in den Text gedruckten farbigen Diagramm und 1 farbigen Karte.

München.
Druck von R. Oldenbourg.
1905.

Der in Nabburg in der Oberpfalz geborene Anton Schaidler – Blindenlehrer an der Landesblindenanstalt München – gab 1906 ein Buch mit dem Titel „Die Blindenfrage im Königreich Bayern" heraus. Darin stellte er die Situation der Blinden in Bayern dar.

Der vielseitig begabte Mann – noch heute Nabburgs Ehrenbürger – malte sehr gerne und verfasste verschiedene Theaterstücke. [157] Darunter waren Märchenspiele wie „Das Zauberflötchen" (mit Gesang und kleinem Orchester) oder historische Stücke wie „Siegfried von der Nabeburg". Die Mehrzahl dieser Theaterstücke wurde an der Landesblindenanstalt aufgeführt, so „Der Rangstreit der Sinne". Schaidler förderte auch

Der vielseitig begabte Blindenlehrer Anton Schaidler verfasste auch Theaterstücke wie „Der Rangstreit der Sinne" (oben) oder „Das Zauberflötchen".

sehr die musikalische Ausbildung der Blinden: Die Schulung des Chors der Landesblindenanstalt war ihm ein Herzensanliegen.

Seit 1912 war Anton Schaidler Direktor an der Landesblindenschule. Anton Setzer beschrieb seinen Onkel Jahrzehnte später mit diesen Worten: *„Und in dieser Landesblindenschule lebte auch vor 80 Jahren ein Mann, der hieß Anton Schaidler, ein Maler, ein Dichter, ein Komponist, also ein Menschenfreund, der sein Leben für seine Blinden aufopferte […] Und dieser große Meister war der Direktor, mein Onkel. Und er bewegte mich mit seiner großen leuchtenden künstlerischen Persönlichkeit. Er besaß eine Leuchtkraft, die so stark war, dass ich fühlte: Er war wie eine Sonne, die Menschen und Herz beglückt."* (158)

Seiner Oberpfälzer Heimat fühlte sich Anton Schaidler sein ganzes Leben lang sehr verbunden. Die Ferien verbrachte er meist in Nabburg. Die Verbindung zu Anton Setzer, seinem Neffen, und dessen Familie war eng, und auf so manchem seiner heimatlichen Spaziergänge nahm er den jungen Anton mit. Dieser erinnerte sich noch im Alter: *„Er nahm mich schon vor 70 Jahren mit auf die Dörfer, wo seine Blinden in schrecklichen armen Verhältnissen lebten: in kleinen, oft lichtlosen Kammern, mit einem Hungerlohn von einer Mark pro Tag bezahlt, missachtet, in die Ecke gestellt, damit man sie nicht mehr sieht. Man schämte sich, wenn man einen Blinden hatte. Wir mussten bei den Bürgermeistern vorsprechen und auf die erschrekkende Lage der Blinden energisch hinweisen und sogar manchmal sehr grob werden."* (159)

Anton Schaidler ging die Not der an der Landesblindenanstalt ausgebildeten und in ihr Heimatdorf zurückgekehrten Blinden zu Herzen. Anton Setzer sollte sich sein ganzes Leben lang an die Worte seines Onkels erinnern: *„Was nützt es, wenn wir dem Blinden eine gute Ausbildung schaffen und dann nicht sorgen, dass er Arbeit hat. Diese Worte prägten sich in mein Herz ein als ein Vermächtnis."* (160)

Anton Setzer auf dem Arm seines Onkels Anton Schaidler. Der Blindenlehrer nahm seinen Neffen in dessen jungen Jahren in die Dörfer seiner Oberpfälzer Heimat mit, wo er ihm das Elend der Blinden zeigte.

Der Werdegang von Anton Setzer

Anton Setzer war das älteste von sieben Kindern. Er wurde Volksschullehrer. Das Lehrerstudium musste er sich selbst finanzieren. Nach abgeschlossener Ausbildung unterrichtete der junge Lehrer an mehreren Schulen seiner Oberpfälzer Heimat, zuletzt in Perschen, in der Nähe Nabburgs, seiner Geburtsstadt.

1925 heiratete Anton Setzer seine große Liebe, Maria Danhauser.

In Nabburg schloss Setzer auch den Bund fürs Leben: Im Jahr 1925 heiratete er seine große Liebe, Maria Danhauser, seine „Beatrice", wie er seine Gattin – in Anlehnung an Dantes „Göttliche Komödie" – noch im Alter zu nennen pflegte. Das Lehrerhaus füllte sich bald mit Leben. Drei Söhne wurden dem Paar geschenkt: Friedrich Michael, geboren 1926, Anton, geboren 1928, und Hubert, geboren 1932. Im Jahr 1935 erhielten die drei Buben ein Schwesterchen: Elisabeth. Im Jahr 1929 war die Familie nach München gezogen, wo Anton Setzer zunächst an verschiedenen Volksschulen unterrichtete.

Neben seiner schulischen Tätigkeit ließ er sich an der Landesblindenanstalt zum Blindenlehrer ausbilden. 1930 fand die Prüfung statt. Unter den Prüfungsfragen, die ihm gestellt wurden, lautete eine: *„Welche Hilfsmittel werden im ersten Rechenunterricht verlangt und wie sind sie anzuwenden?"* [161]

Der Einsatz der „Hilfsmittel im Rechenunterricht" – dies sollte den Blindenlehrer Anton Setzer sein ganzes Blindenlehrerleben über – und darüber hinaus – beschäftigen. Ab 1933 treffen wir Anton Setzer als Blindenlehrer an der Landesblindenanstalt an.

Zu seinem Leidwesen leitete nicht mehr, wie bereits erwähnt, der verehrte Onkel Anton Schaidler die Landesblindenanstalt. Mit Beginn des Jahres 1940 trat Anton Setzer seinen Dienst an der Augsburger Blindenanstalt an. [162]

„Neue Besen kehren gut" – Anton und Maria Setzer in der Augsburger Blindenanstalt

Ja, „neue Besen kehren gut" – so mancher blinde Besenhersteller in der Augsburger Blindenanstalt mag vielleicht am 1. Januar 1940 an diese alte Volksweisheit gedacht haben. Andere blinde Anstaltsbewohner haben sich möglicherweise etwas besorgt gefragt, ob mit dem „Neuen", der einen so ungewohnten oberpfälzisch-bayerischen Dialekt sprach (die bisherigen Anstaltsleiter hatten alle ihr etwas behäbiges breites Schwäbisch gesprochen), wohl gut Kirschen zu essen sei...

Jedenfalls boten die blinden Insassen der Augsburger Blindenanstalt Anton Setzer und seiner Familie einen herzlichen Empfang. Die blinde Hilde Stegmiller hatte sogar ein Gedicht verfasst: „Der Blinden Willkommgruß".

Der neue Direktor Anton Setzer (ganz rechts im Bild) und seine Frau Maria (Mitte) waren bald beliebt bei den Bewohnern der Augsburger Blindenanstalt.

Bald sollte sich herausstellen, dass mit dem neuen Direktor recht gut leben war. Gleich anfangs schaffte er das bisher übliche unbeliebte Vorlesen der Hausordnung ab. Und dass die blinden Kinder morgens um 6 Uhr aufstehen und vor der heiligen Messe das Frühstück einnehmen mussten – das passte ihm auch nicht. Warum die kleinen blinden Mädchen im Handarbeitsunterricht stehen sollten – das leuchtete dem neuen Direktor auch nicht ein. Und die neue Hausmutter fand es unpassend, dass die erwachsenen Blinden sich beim Verlassen des Hauses bei ihr abmelden und bei der Rückkehr zurückmelden mussten. Sie erhielten vielmehr einen Hausschlüssel. Neuerungen dieser Art wurden von den blinden Anstaltsbewohnern wohlwollend aufgenommen.

Bei ihrem Einzug in die Jesuitengasse 14 hatten Anton Setzer und seine Frau Maria schon einige Probleme zu lösen: Für die drei Söhne musste gleich zu Beginn der Schulwechsel bewerkstelligt werden. Die beiden älteren wurden im nahen Benediktinergymnasium St. Stephan angemeldet. Für Hubert, den Jüngsten, bot sich zunächst die benachbarte Georgsvolksschule, später das Realgymnasium an. Die neue Wohnsituation war für die Familie schon sehr gewöhnungsbedürftig. Bis zum Umzug nach Augsburg hatte sie für sich in einer abgeschlossenen Wohnung gelebt. Diese Zeiten waren nun vorbei – ein Privatleben gab es für Familie Setzer so gut wie nicht mehr:

Die Direktorenwohnung war ein Teil der Anstalt. Sie stand den Blinden jederzeit offen. Und das vierjährige Töchterchen befürchtete, von den großen starken blinden Korbmachern, die sich da eiligen Schrittes im Haus bewegten – sie kannten sich ja schließlich aus in „ihrer“ Anstalt – zertreten zu werden. Ein blinder Korbmacher erinnerte sich, dass die kleine Elisabeth oft ganz ängstlich mit ihrem piepsigen Kinderstimmchen gerufen habe: *„Vorsicht! Vorsicht! Ich bin ein Kind und heiße Elisabeth und ich gehöre in den ersten Stock!“* [163]

Anton Setzer mit seiner Ehefrau Maria und ihren vier Kindern. Das Paar hatte drei Söhne – den 1926 geborenen Friedrich Michael, den 1928 geborenen Anton und den 1932 geborenen Hubert. 1935 kam das erste Mädchen, Elisabeth, zur Welt. Ab 1929 hatte die Familie in München gelebt.

Frau Maria Setzer musste mit der Köchin Fanny, die sie von Frau Brugger übernommen hatte, für das Essen der rund 40 Anstaltsinsassen sorgen. Dieses „Fräulein Fanny" war nicht gerade „pflegeleicht". Jede technische Neuerung wurde abgelehnt. Als die Hausmutter für das überaus mühsame Kneten des Hefeteigs (die erwachsenen Blinden liebten die samstäglichen Hefezöpfe mit der „Schleifersbrüh" und die blinden Kinder ihren „Hefekranz" mit dem süßen Kakao ganz besonders) eine Küchenmaschine anschaffen wollte, drohte das „liebe Fräulein Fanny" mit dem Weggang.

Die „Schleifersbrüh" – um dies noch zu erwähnen – bestand aus saftigem Sauerkraut, in welches die Hefezopfbrocken eingetunkt wurden. Sauerkraut war übrigens ein typisches „Armleuteessen". Im Herbst kam – so war es allenthalben im Schwabenland üblich – der Krauthobler mit seinem riesigen Hobel in den Hof der Anstalt. Das gehobelte Kraut wurde mit Salz ins Krautfass eingelegt. Einem jungen Blinden kam dabei die Aufgabe zu, das Kraut mit (sauber geschrubbten) Füßen schichtweise einzustampfen. Den ganzen Winter über war dann das vergorene Kraut vom Speisezettel nicht wegzudenken.

Um zum Hefekranz zurückzukehren – der Hausmutter blieb zunächst nichts anderes übrig, als zusammen mit „Fräulein Fanny" den Riesenberg Hefeteig mühsam mit der Hand zu kneten. Ein weiteres Problem tat sich beim Einzug in die

Jesuitengasse 14 auf: Für die vorhandenen Lebensmittel musste Maria Setzer an ihre Vorgängerin eine hohe Ablöse zahlen.

Die Lehrerfamilie mit ihren vier Kindern schwamm nun nicht gerade im Geld. Der Umzug hatte auch noch viele Mittel verschlungen. Und so griff die Mutter von Frau Setzer, aus dem Oberpfälzer Baugeschäft Danhauser, ihrer Tochter helfend unter die Arme, damit sie die Ablösung der Lebensmittel bezahlen konnte.

Auf den neuen Direktor wartete viel Arbeit. Seine oberste Aufgabe war der Blindenunterricht. Anna Hermann stand ihm zunächst als „Hilfslehrerin" zur Seite. Ab Februar 1942 besuchte sie dann – wie bereits erwähnt – bis zum März des nächsten Jahres die staatliche Blindenlehrerbildungsanstalt in Berlin-

Direktor Anton Setzer mit der Blindenlehrerin Anna Hermann im Unterricht: Um die Anstellung der körperbehinderten und beinahe blinden Blindenlehrerin musste Anton Setzer sehr kämpfen.

Steglitz, um sich dort der Ausbildung zur Blindenlehrerin zu unterziehen. Nach Augsburg zurückgekehrt, musste Anton Setzer um die Anstellung der nun ausgebildeten (körperbehinderten und fast blinden) Blindenlehrerin hart kämpfen.

Durch ein Gespräch mit dem Regierungspräsidenten von Schwaben, Karl Wahl, konnte Anton Setzer erwirken, dass Anna Hermann wieder an der Augsburger Blindenanstalt unterrichten durfte – aber ausschließlich an dieser. Anna Hermann, die sich ihren beruflichen Weg so hart erkämpfen musste, erfuhr nie etwas von diesem Vorbehalt, der die sensible Frau sicherlich sehr gekränkt hätte.

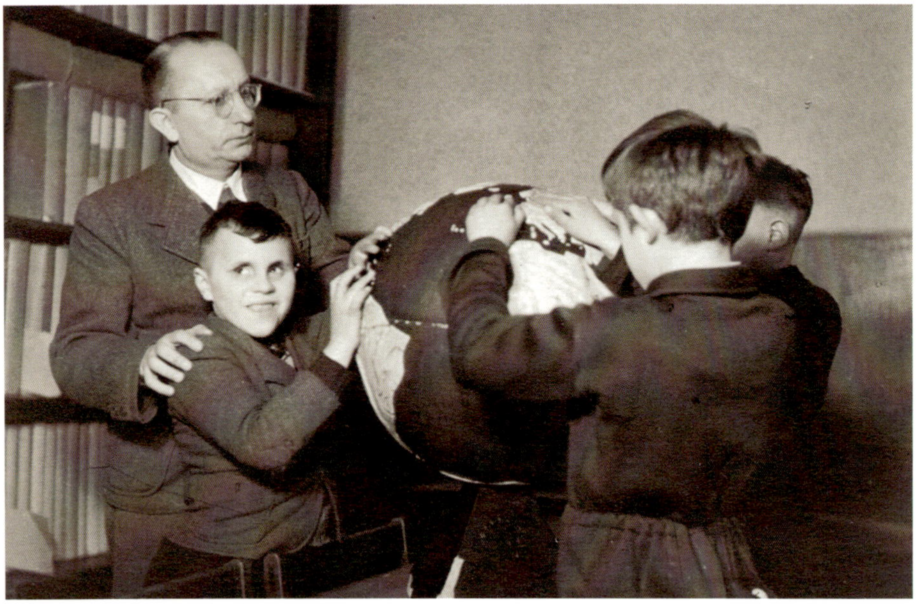

Anton Setzer war ein findiger Pädagoge, der auch völlig neue Lehrmittel für Blinde entwickelte. Den Tastsinn (so wie hier im Erdkundeunterricht am blindengerechten Globus) optimal einzusetzen, hatte für den Direktor der Blindenanstalt oberste Priorität.

Auch der für die Blindenanstalt wichtige Musikunterricht bereitete Direktor Setzer große Sorgen. Der Musiklehrer der Anstalt namens Kober wurde nämlich zur Wehrmacht eingezogen und fiel bald darauf im Felde. Singschuldirektor Albert Greiner kam Anton Setzer zu Hilfe. Er vermittelte eine seiner ehemaligen Schülerinnen als Lehrkraft an die Anstalt. Es handelte sich dabei um eine „Sternschwester", M. Bennonia Fuß, die seit 1937 als klösterliche Lehrkraft an ihrer Schule Maria Stern keinen Musikunterricht mehr geben durfte. Sie leitete bis zum Ende des „Dritten Reichs" – und noch darüber hinaus – den Blindenchor und erteilte auch den Musikunterricht. Anton Setzers besonderes schulisches Interesse galt jedoch dem Rechenunterricht. Daher entwickelte er völlig neue Unterrichtsmittel.[164]

Anton Setzer – der erfindungsreiche Blindenlehrer

Anton Setzer wusste, wie man blindengerechten Unterricht erteilte. Die Restsinne einsetzen – vor allem den Tast-

Wie schon zu Zeiten Anton Setzers lernen blinde Kinder auch heute noch über das Ertasten eines Modells Tiere kennen.

1940 gab der Zirkuselefant Toto in der Augsburger Blindenanstalt ein Gastspiel. Direktor Anton Setzer hatte den Elefanten in den Naturkundeunterricht „eingebaut".

sinn dies war das oberste Gebot. Was die blinden Kinder ertasten konnten, sollten sie auch ertasten. Als Anton Setzer zu Beginn seiner Tätigkeit, nämlich im Januar 1940, im Naturkundeunterricht den Elefanten durchzunehmen hatte, ertasteten die blinden Kinder an einem hölzernen Modell den Körperbau eines Elefanten. Aber was war schon solch ein Holzmodell im Vergleich zu einem lebenden Tier? Weil nun gerade ein Zauberkünstler mit einem lebendigen Elefanten in Augsburg ein Gastspiel gab, lud Direktor Setzer diesen kurzerhand in den Hof der Blindenanstalt ein.

Das war vielleicht ein Spaß für die blinden Kinder. Im Rüssel des Elefanten war eine Mundharmonika versteckt. Im Hof der Anstalt angekommen, begrüßte der Elefant die blinden Kinder mit einem Lied – was diese natürlich ungemein freute. Und der brave Toto – so hieß der Elefant – ließ es zu, dass die Kinder seine massigen Füße und seinen Rüssel umfassten. Die mutigsten der blinden

Kinder durften sich sogar auf Totos Rücken setzen. Alle Kinder wussten nun, was ein Elefant war. (165)

Die Wichtigkeit des Arbeitsbetriebs für die Blindenschule

Anton Setzer trug für die Blindenschule die Hauptverantwortung. Er war aber auch für den Werkstattbetrieb zuständig. Seinem Vorgänger Brugger war es in Einzelfällen gelungen, für ausgebildete Blinde eine Stelle zu finden, die es ihnen ermöglichte, ohne die Fürsorge der Anstalt auszukommen, wie zum Beispiel für die blinde Stenotypistin Stegmiller oder für den Gesangslehrer Burkhard. Anton Setzers Pläne gingen aber weiter. Was er anstrebte, das war Arbeitsfürsorge. Diese Arbeitsfürsorge wollte er wörtlich verstanden wissen – für Arbeit sorgen. Der blinde Mann, die blinde Frau – sie sollten vom Ertrag ihrer Arbeit ihren Lebensunterhalt bestreiten können, um ein fürsorgefreies, selbstbestimmtes Leben führen zu können.

Um das erstere Ziel zu erreichen, musste die Produktion in der Anstalt gesteigert werden. Der Warenverkauf hatte 1938/39 nur einen Reinerlös von etwas mehr als 6000 Mark eingebracht. Davon konnten die vier blinden Arbeitskräfte, die Anton Setzer in der Anstalt vorfand – und die zwei, drei Blinden, die in der Blindengenossenschaft am Martin-Luther-Platz tätig waren und die sein Vorgänger Brugger unterstützt hatte – nicht leben.

Das zweite Ziel, die Führung eines selbstbestimmten Lebens, war blinden Menschen durch die menschenverachtende Ideologie des „Dritten Reichs" verwehrt. Anton Setzer war für die Heirat blinder Männer und Frauen – ganz im Gegensatz zu seinem Vorgänger. Doch die Nationalsozialisten waren strikt gegen eine Heirat Blinder. Also musste man deren Verehelichung zunächst zurückstellen und auf spätere, bessere Zeiten warten. (166)

Anton Setzer begann, die Produktion und den Warenverkauf anzukurbeln. Unter seinem Vorgänger hatte der Verkauf die folgenden Summen eingebracht:

- 1936/37 .... 4588,95 Reichsmark
- 1937/38 .... 5203,16 Reichsmark
- 1938/39 .... 6094,68 Reichsmark

Direktor Anton Setzer konnte den Erlös aus Warenverkäufen bis zum Kriegsende allerdings enorm steigern. Er betrug: (167)

- 1940/41 .... 8528,72 Reichsmark
- 1941/42 .... 16 956,03 Reichsmark
- 1942/43 .... 36 024,94 Reichsmark
- 1943/44 .... keine Angabe
- 1944/45 .... 70 849,29 Reichsmark

Wie war dies möglich, wo es doch in Kriegszeiten an Rohstoffen mangelte, also auch in der Blindenanstalt? Es fehlte ja an guten Weiden, an indischen Kokosfasern für Matten und Abstreifer, an chinesischer Borste für Besen und Bürsten, an brasilianischem Reisstroh... Anton Setzer suchte unermüdlich nach Ersatzstoffen. Der Betrieb lief weiter.

Nach dem Frankreichfeldzug konnte Anton Setzer einen großen Posten Alfalfa-Gras erwerben, was die Bürstenfabrikation für längere Zeit sicherstellte. Daneben wurden Spielwaren und Körbe angefertigt, soweit die Rohstoffe dafür reichten. Doch seinem großen Ziel, die im Heim und in Augsburg lebenden Blinden ihren Fähigkeiten entsprechend in Arbeit zu bringen, kam man auf diese Weise nicht wesentlich näher.

Die Jahre des Nationalsozialismus (hier Adolf Hitler bei seinem Besuch der Stadt im Jahr 1937) waren für die Augsburger Blindenanstalt eine äußerst schwierige Zeit.

Unerwartet bot sich dem Direktor, der seine Blinden in Lohn und Brot bringen wollte, schließlich doch eine günstige Gelegenheit. Es gelang ihm nämlich – nach langen Bemühungen – einen langfristigen Lieferauftrag des Heeres für Geschosskörbe zu erhalten. Das Militär hatte nicht nur einen großen Bedarf an Körben, sondern stellte auch die nötigen Rohstoffkontingente zur Verfügung.
Für die neue, schwierige Anfertigung dieser Geschosskörbe konnte Anton Setzer den hochgradig sehbehinderten Korbmachermeister Schilling von der Landesblindenanstalt gewinnen. Täglich fuhr dieser in den schwierigen Kriegszeiten mit dem Zug von München nach Augsburg. Der seit fast 50 Jahren an der Blindenanstalt tätige blinde Korbmachermeister Heckl ging damals in den wohlverdienten Ruhestand.

Und einen weiteren Glücksfall sollte es für die Augsburger Blindenanstalt geben: Im Jahr 1943 gelang Anstaltsdirektor Anton Setzer der Kauf eines ganzen Waggons von Fallschirmseide und gestückeltem Seidengarn. Die blinden Arbeiter schüttelten den Kopf und fragten sich, was sie mit diesem vielen Garn anfangen sollten. Noch dazu fehlte in der Anstalt der Platz für die Lagerung dieser Unmengen von Garn.

Doch der findige Direktor fand schnell eine Lagermöglichkeit außerhalb der Anstalt. Dort sollte das Seidengarn alle 20 Bombenangriffe auf Augsburg unbeschädigt überstehen und sich – bis weit in die Nachkriegsjahre hinein – als großer Glücksfall erweisen. Die blinden Frauen strickten nun nicht mehr ausschließlich Soldatensocken, sondern fertigten allerlei nützliche Dinge für den Alltagsgebrauch an wie zum Beispiel Einkaufsnetze und daneben auch Kunststrickdecken, die sich gut verkauften. Nach Kriegsende erwarben amerikanische Soldaten solche Kunststrickdecken als begehrte Souvenirs.

Gefahren in den Zeiten des Nationalsozialismus

Ängste in gefährlichen Zeiten: Anton Setzer als „Kurier“ politischer Häftlinge

Das „Dritte Reich“ bedrohte auch die Augsburger Blindenanstalt

Herstellung von Geschosskörben im Gefängnis in der Karmelitengasse

Der Bedarf des Heeres an der Lieferung von Geschosskörben war so groß, dass ihn die blinden Korbmacher der Anstalt allein gar nicht decken konnten. Deshalb vergab Anton Setzer – natürlich mit der Zustimmung der vorgesetzten Behörde – Aufträge an das benachbarte Gefängnis in der Karmelitengasse, wo vor allem politische Gefangene einsaßen.

Der Direktor der Augsburger Blindenanstalt brachte persönlich das Material ins Gefängnis, zeigte den Haftinsassen, wie das Garn zu entwirren und wie die Körbe anzufertigen waren, und holte die fertigen Produkte auch wieder ab. Seine Besuche im Gefängnis boten dem Direktor der Blindenanstalt Gelegenheit, mit Häftlingen ins Gespräch zu kommen.

Ein riskantes Unternehmen

Anton Setzer merkte bald, dass er es hier mit „Politischen“ zu tun hatte. Und Setzer – selbst ein Gegner des Nationalsozialistischen Regimes – beschloss, diesen Menschen zu helfen. Er besprach die Angelegenheit mit seiner Frau. Bald waren in das Arbeitsmaterial, das er ins Gefängnis brachte, Lebensmittel und Briefe von Angehörigen eingewickelt.

Die fertigen Körbe und das entwirrte Seidengarn holte Direktor Setzer zusammen mit den darin versteckten Briefen der Gefangenen an ihre Angehörigen ab. Die Sache flog – Gott sei Dank – nicht auf:

Die Jahre des „Dritten Reichs“ waren sowohl für die Augsburger Blindenanstalt als auch für die Familie Setzer eine ernste Bedrohung. Anton Setzer half politischen Häftlingen: Damit gefährdete er aber nicht nur sich, sondern auch seine Ehefrau Maria (hier mit dem 1942 geborenen Sohn Max).

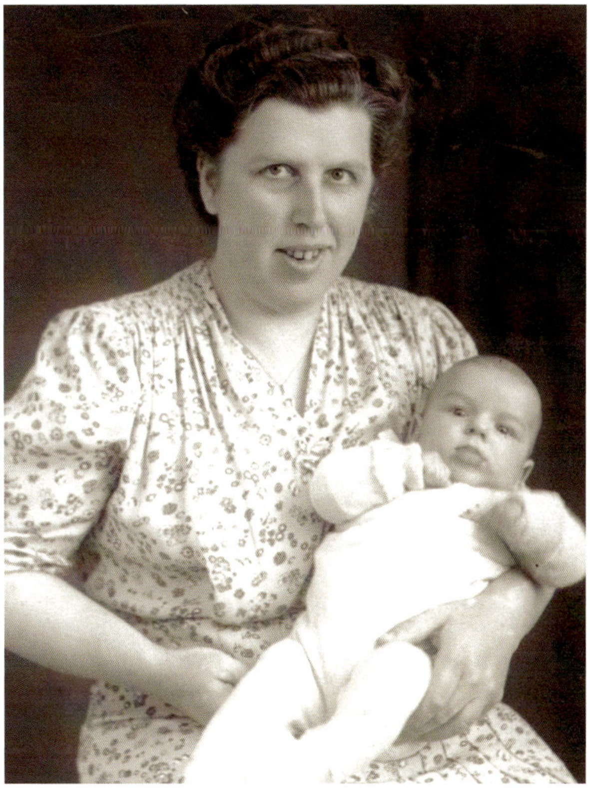

Ich, Wilhelmine Villiger, geb. am 1.8.1919, befand mich im Untersucherungsgefängnis I Augsburg vom 7.9.1943 bis 25.4.1944 wegen Vergehens des Heimtückegesetzes § 1. Meine Inhaftierung erfolge wegen politischer Äußerung, namentlichgegenüber den Machemschaften d er Frau Göring und den brutalen Gewaltmethoden der "SS".

Während dieser Zeit lernte ich Herrn Anton Setzer, Leiter der Blindenschule Augsburg, kennen. Für die Häftliche des Untersuchungsgefängnis ließ Herr Setzer Arbeiten verrichten, die zum Teil auch fingiert waren.

Wie mir bekannt, unterstützte Herr Setzer die Häftliche mit Lebensmittel. Es war mir sofort klar, daß Herr Setzer die Gefangenen wegen politischen Vergehens unterstützen wollte. Er bot sich in selbstloser Weise an, Nachrichten von meinen Eltern, brieflich und mündlich zu übermitteln, Lebensmittel, wie Brot, Butter, Äpfel und Wurst in das Gefängnis zu befördern. Er gab auch von seinen eigenen verfügbaren Mitteln in aufopferungsvoller Weise, unterhielt sich mit uns trotz strengster Beaufsichtigung längere Zeit, informierte uns über die Lage und gab uns immer wieder Hoffnung, daß sich die Sache bald ändern und uns Gerechtigkeit widerfahren werden. Die oft unerträgliche Last, der Inhaftierung, die namentlich durch das Bewußt sein der Schuldlosigkeit verstärkt, konnte Herr Setzer durch senen aufmunternten Zuspruch mildern, wofür wir ihm besonders dankten. Die Besuche wurden wöchentlich 2 bis 3mal durchgeführt.

Herr Setzer kam oftmals in nicht geringe Gefahr, in seinem Vorhaben, politische Gefangene zu unterstützen.

Nach dem Ende der NS-Zeit bescheinigten ehemalige politische Häftlinge Anton Setzer „Selbstlosigkeit" und „Menschlichkeit".

Für Anton Setzer und seine Frau hätte das mit Sicherheit ziemlich üble Folgen gehabt.[168]

Herr Setzer trat mit meiner Frau in Verbindung, besorgte mir Eßwaren und Zigaretten, die er mir unter dauernder Gefahr für seine eigene Freiheit zusteckte oder in den Materialsäcken der Blindenanstalt einschmuggelte. Er setzte diese Hilfsbereitschaft sogar fort, als er von einem Beamten ertappt wurde, trotzdem ihm bei Wiederholung schärfste Strafe angedroht war. Er machte den Versuch, mich als Arbeiter unter leichter Bewachung für seine Blindenschule zu erhalten, wobei er bestimmt nicht davor zurückgeschreckt wäre, mir einen Fluchtversuch zu ermöglichen. Leider wußten wir beide nicht, daß ich schon einige Tage nach diesem Plan vom Volksgerichtshof angefordert und damit von Augsburg wegtransportiert werden sollte.

Herr Setzer gab mir damals im Gefängnis eindeutig zu verstehen, daß er wie ich die Nazis hasse und ihr System als ein Verbrechen ansehe. Er nahm sich meiner an, weil er in mir einen Feind der Hitlerherrschaft fand, dem er sich innerlich verbunden fühlte. Diese Fälle von politischem Mut und absoluter Menschlichkeit waren damals leider allzu selten und deshalb gilt für mich und meine Kinder ein Mann wie Anton S e t z e r mehr als hundert jener, die angeblich nichts mit den Nazis zu tun hatten, aber doch dauernd "Heil Hitler" schrien und immer "Ja" sagten.

Dankesschreiben ehemaliger Häftlinge nach dem Krieg

Nach Kriegsende brachten mehrere ehemalige politische Häftlinge dem Direktor der Augsburger Blindenanstalt ihren Dank brieflich zum Ausdruck.

Zentralisierungstendenzen des „Dritten Reichs"

Trotz des geschäftlichen Erfolgs durch die Anfertigung der Geschosskörbe trieb Direktor Anton Setzer die Sorge um die Zukunft der Augsburger Blindenanstalt schwer um. Die Augsburger Anstalt zählte stets zu den kleineren deutschen Blindenanstalten. Kleinere Anstalten entsprachen jedoch nicht den damals vorherrschenden staatlichen Zentralisierungstendenzen. [(169)]

Die Blindenlehrern Anna Hermann bei der Arbeit mit ihren Zöglingen. Metallarbeiter hatten nach ihren Angaben ein mehr als ein Meter breites Spezialmodell gebaut, mit dem blinden Kindern die Wasserversorgung erklärt wurde. Sie ertasteten den Weg des Wassers vom Berg über einen See und den Wasserturm bis ins Haus.

Die geplante Eingliederung der Augsburger Blindenanstalt in die große Günzburger Anstalt

Von Seiten der Regierung von Schwaben wurde der Plan erörtert, in die auszubauende große staatliche Anstalt für (sogenannte „lebenswerte") Behinderte zu Günzburg die kleine private Augsburger Blindenanstalt einzugliedern. In der großen Günzburger Anstalt sollte die Augsburger Einrichtung also aufgehen. Dies hätte die Aufgabe der Selbstständigkeit und letztlich das Ende der Augsburger Blindenanstalt bedeutet.

Sowohl der damalige Vereinsvorsitzende Dr. Dorn als auch Direktor Anton Setzer setzten alle Hebel in Bewegung, um das Verschmelzen der Augsburger Blindenanstalt mit der Günzburger Anstalt zu verhindern. Letztlich konnte Anton Setzer Karl Wahl, den nationalsozialistischen Gauleiter von Schwaben, in einem persönlichen Gespräch davon überzeugen, dass es besser sei, die Augsburger Blindenanstalt an ihrem damaligen Standort zu belassen. Er wies vor allem auf den hohen Bekanntheitsgrad des Blindenchores hin, der gerade in diesen schweren Kriegszeiten für die Augsburger Bevölkerung so wichtig war.

Die Abwendung der Gefahr

Die Augsburger Blindenanstalt konnte – zumindest vorerst – in der Jesuitengasse 14 verbleiben. Im November 1943 wurde die Günzburger Anstalt von der Regierung zum Ausweichkrankenhaus für die Großstadt Augsburg bestimmt. Dadurch war für die nächste Zeit die Gefahr der Auflösung der Augsburger Blindenanstalt gebannt.

Luftangriffe treffen auch die Blindenanstalt

Die Augsburger Blindenanstalt und die Zerstörungen der „Großen Bombennacht“

Der Luftangriff riss die Anstaltsfamilie zeitweilig auseinander

Die Verlegung der Münchner Blindenschule nach Ursberg

Die Landesblindenanstalt verlegte im Jahr 1943 nach mehreren Luftangriffen auf München die dortige Schule nach Ursberg, in die Anstalt des Dominikus Ringeisen. Direktor Leopold Brugger von der Landesblindenanstalt riet seinem Kollegen Anton Setzer, es ihm gleichzutun.

Die Gründe des Direktors für das zögerliche Abwarten einer Verlegung nach Ursberg

Die Augsburger Blindenanstalt lag in der Innenstadt. Was tun? Dem Münchner Beispiel folgen? Bestand darin nicht eine Gefahr für den Fortbestand der Augsburger Anstalt? Sollte sich – nach mehr als 50 Jahren – der Wunsch von Dominikus Ringeisen erfüllen, nämlich die Verschmelzung der Augsburger Anstalt mit seiner Einrichtung?

Leopold Brugger, zu dieser Zeit Direktor der Landesblindenanstalt, riet Anton Setzer immer dringlicher zur Verlegung der Augsburger Blindenschule nach Ursberg. Doch Setzer zögerte. Denn Augsburg war bis zu diesem Zeitpunkt von schwereren Luftangriffen verschont geblieben.

Als seit Jahresbeginn 1944 immer mehr Befürchtungen laut wurden, dass man in Augsburg mit einem Luftangriff rechnen müsse (schließlich wurden hier bei der MAN Dieselmotoren für Unterseeboote gebaut und die Messerschmittwerke stellten die gefürchteten Jagdflugzeuge ME 106 zu Hunderten her), entschloss sich Anton Setzer, die Schul-

Der hochgradig sehbehinderte Erzieher Konrad Haug bewahrte die Blindenanstalt beim großen Bombenangriff auf Augsburg vor noch schlimmeren Schäden.

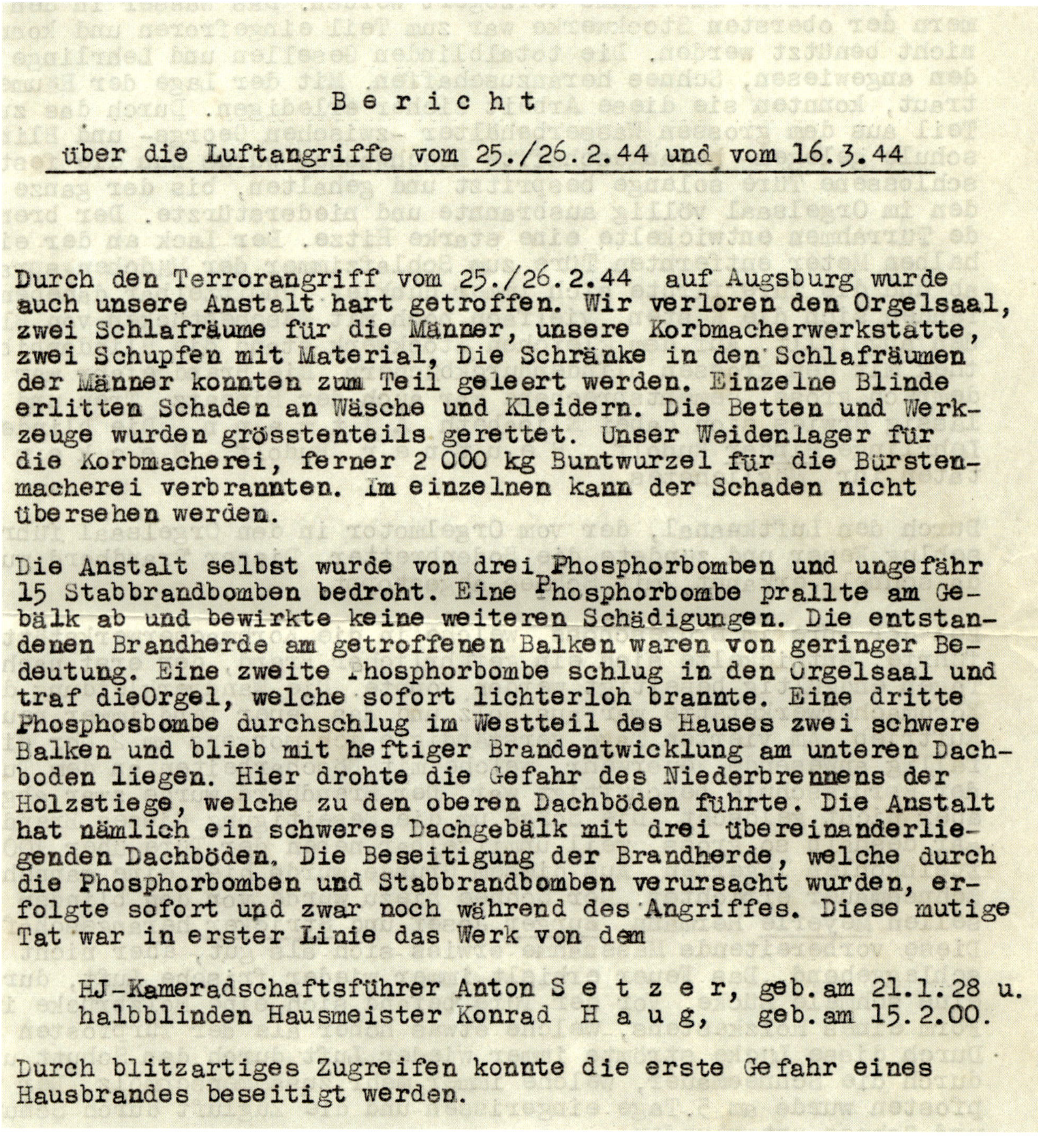
Bericht

über die Luftangriffe vom 25./26.2.44 und vom 16.3.44

Durch den Terrorangriff vom 25./26.2.44 auf Augsburg wurde auch unsere Anstalt hart getroffen. Wir verloren den Orgelsaal, zwei Schlafräume für die Männer, unsere Korbmacherwerkstätte, zwei Schupfen mit Material, Die Schränke in den Schlafräumen der Männer konnten zum Teil geleert werden. Einzelne Blinde erlitten Schaden an Wäsche und Kleidern. Die Betten und Werkzeuge wurden grösstenteils gerettet. Unser Weidenlager für die Korbmacherei, ferner 2 000 kg Buntwurzel für die Bürstenmacherei verbrannten. Im einzelnen kann der Schaden nicht übersehen werden.

Die Anstalt selbst wurde von drei Phosphorbomben und ungefähr 15 Stabbrandbomben bedroht. Eine Phosphorbombe prallte am Gebälk ab und bewirkte keine weiteren Schädigungen. Die entstandenen Brandherde am getroffenen Balken waren von geringer Bedeutung. Eine zweite Phosphorbombe schlug in den Orgelsaal und traf dieOrgel, welche sofort lichterloh brannte. Eine dritte Phosphosbombe durchschlug im Westteil des Hauses zwei schwere Balken und blieb mit heftiger Brandentwicklung am unteren Dachboden liegen. Hier drohte die Gefahr des Niederbrennens der Holzstiege, welche zu den oberen Dachböden führte. Die Anstalt hat nämlich ein schweres Dachgebälk mit drei übereinanderliegenden Dachböden. Die Beseitigung der Brandherde, welche durch die Phosphorbomben und Stabbrandbomben verursacht wurden, erfolgte sofort und zwar noch während des Angriffes. Diese mutige Tat war in erster Linie das Werk von dem

HJ-Kameradschaftsführer Anton S e t z e r, geb.am 21.1.28 u.
halbblinden Hausmeister Konrad H a u g, geb.am 15.2.00.

Durch blitzartiges Zugreifen konnte die erste Gefahr eines Hausbrandes beseitigt werden.

Auf vier maschinenbeschriebenen Seiten berichtete Anton Setzer über die Bombenangriffe vom 25. und 26. Februar sowie vom 16. März 1944.

kinder zunächst nach Hause zu schicken. Am Donnerstag, dem 24. Februar 1944, setzte sich die Anstaltsleitung mit den Eltern der blinden Kinder in Verbindung und ersuchte sie, diese heimzuholen. [170]

Der Untergang der „Augsburger Pracht" in der Nacht vom 25. auf den 26. Februar 1944

Einen Tag später, in der Nacht vom 25. auf den 26. Februar, sollte die sprichwörtliche „Augsburger Pracht" im Bombenhagel zweier nächtlicher Luftangriffe untergehen. Der erste Angriff hatte kurz nach 22.30 Uhr begonnen. Er

Der Blick auf den Hohen Weg beim Dom: Unter den Trümmern befand sich bis 1944 die Augsburger Stadtkommandantur. Die Jesuitengasse, in der sich die Blindenanstalt befand, lag unweit von dieser Stelle.

dauerte eine knappe Stunde. Die Augsburger Innenstadt wurde in ein einziges Flammenmeer verwandelt. Dem ersten Angriff folgte bald nach Mitternacht ein zweiter. Markierungs-, Spreng- und Brandbomben hatten ein zerstörerisches Werk verrichtet.

Das alte Augsburg, das Aeneas Silvius Piccolomini – der spätere Papst Pius II. – als die schönste Stadt Deutschlands bezeichnet hatte, gab es nicht mehr. Die Bilanz der Bombennacht: 753 Tote, 966 Verletzte und 80 000 Obdachlose. 90 Prozent der vormals so prächtigen Innenstadt lagen in Schutt und Asche.

Die Augsburger Blindenanstalt in der „Großen Bombennacht"

Und die Augsburger Blindenanstalt? Die benachbarte Handelsschule brannte lichterloh. Das Feuer griff von dort auf die Blindenanstalt über: Zwei große Männerschlafsäle, der Orgelsaal und die Korbmacherei brannten aus. Dass das Feuer nicht noch mehr Schaden anrichtete, war zwei zwangsverpflichteten Mädchen zu verdanken, der Ukrainerin Lydia und der Polin Irene. Unter Lebensgefahr bekämpften sie den Brand. Die Hausmutter wollte ihnen bei den Löscharbeiten helfen. Doch die beiden jungen Frauen ließen dies mit dem Hinweis auf den kleinen Sohn des Ehepaars Setzer (1942 war das jüngste Kind, der Sohn Max, zur Welt gekommen.) nicht zu. Daraus darf man wohl schließen, dass die Mädchen von der „Hausmutter" eine menschliche Behandlung erfahren hatten. Nach Kriegsende statteten übrigens beide der Blindenanstalt einen Besuch ab. Lydia kam später nochmals – mit Mann und Kind.

Dieses „Familienporträt" der Setzers mit drei Fremdarbeiterinnen zeigt, dass die Bewohner der Augsburger Blindenanstalt wie eine große Familie miteinander lebten.

Brandbomben hatten auch das Dach des Hauses durchschlagen und begannen, den Dachboden in Brand zu setzen. Unter Lebensgefahr warfen der hochgradig sehbehinderte Erzieher Konrad Haug und der sechzehnjährige Sohn Setzers, Anton, diese äußerst gefährlichen Bomben in den Hof hinunter, wo die erwachsenen Blinden Schnee zum Löschen in Eimer schaufelten.

Die Blinden hatten die beiden Angriffe unverletzt im Anstaltskeller überstanden.

Die damals neunjährige blinde Wally Kirchhauser berichtet: *„Alle Blinden waren in dieser Nacht zusammen im Keller. Wir beteten zuerst laut den Rosenkranz. Dann wurde uns gesagt, dass ein lautes Beten nicht gestattet sei, weil im Falle einer Verschüttung der*

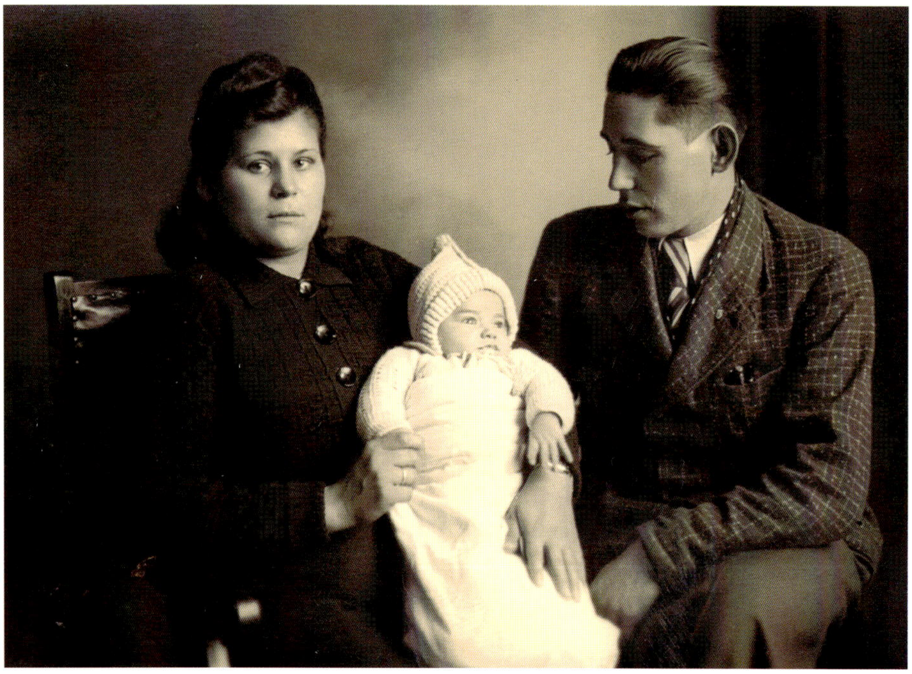

Die Ukrainerin Lydia hatte nach den Zerstörungen der Bombennacht im Februar 1944 unter Einsatz ihres Lebens den Brand in der Blindenanstalt bekämpft. Nach Kriegsende besuchte sie die Anstalt mit ihrem Mann und ihrem Kind.

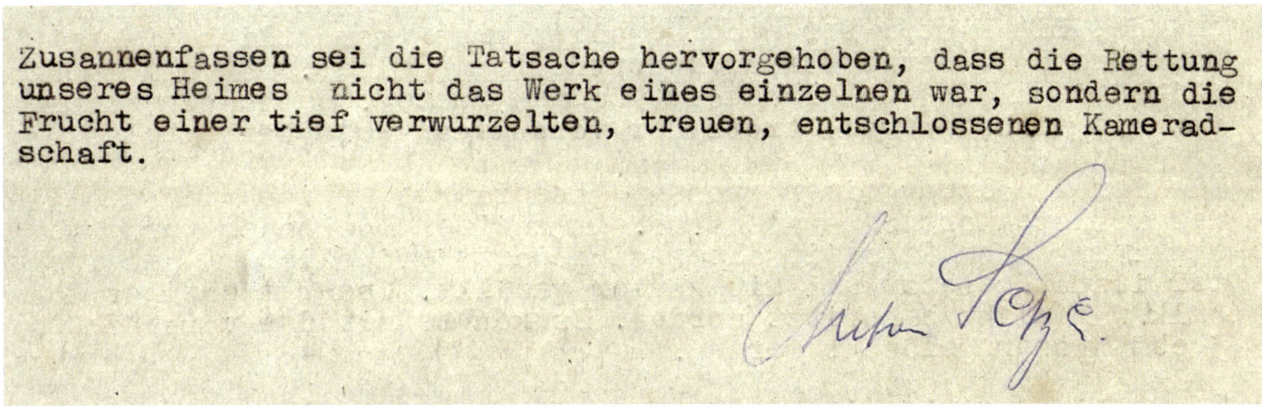

Zusannenfassen sei die Tatsache hervorgehoben, dass die Rettung unseres Heimes nicht das Werk eines einzelnen war, sondern die Frucht einer tief verwurzelten, treuen, entschlossenen Kameradschaft.

Anton Setzer hob hervor, dass die Rettung der Blindenanstalt „nicht das Werk eines einzelnen war", sondern das Werk einer eingeschworenen Gemeinschaft.

Sauerstoff zu früh ausginge. Auch Kerzen durften wegen Sauerstoffmangel nicht gebrannt werden. Herr Direktor brachte das Allerheiligste in den Keller und so ergaben wir uns still dem Gebet. Wir beteten um die Rettung unseres Lebens. Ich weiß nur noch, dass ich bei jedem Bombenschlag schrecklich Durchfall bekam und dass Frau Direktor mit mir dauernd unterwegs war von der Luftschutzbank zum Luftschutzklo. Sie konnte uns nicht allein gehen lassen, weil der Luftdruck uns umgehauen hätte. Beim zweiten Angriff, der in der gleichen Nacht stattfand, kamen viele Fremde in unseren Keller, die ihre Häuser bereits eingebüßt hatten. Herr Direktor bat sie flehentlich, uns beim Löschen unseres Hauses behilflich zu sein. Sie versprachen dies auch, aber als es ernst wurde, wollte keiner mithelfen. Herr Direktor ging mit unserem Erzieher, der selber sehbehindert war, und seinem zweiten Sohn, dem Anton, in den Speicher und warf die Brandbomben aus dem Dach. Die Blinden holten im Hof Schnee in Kübeln zusammen und bauten eine Feuermauer, damit das Feuer nicht durch die Türen auf unser Haus übergreifen konnte. Im Garten schlug eine Luftmine ein, die zum Glück als Blindgänger niederging, sonst wäre alles Leben in dieser Gegend ausgetilgt gewesen. Frau Direktor kochte während des Bombenhagels Milch für die Babies, die von überall her in unseren Keller gebracht wurden [...]" (171)

Leni Mayer – sie lebte 70 Jahre in der Augsburger Blindenanstalt – schrieb über die Bombennacht: *„Und wer möchte ermessen die furchtbaren Stunden, die wir an jenem 25. im Keller erleben mussten! Unter Tränen brachten wir Gebet und Flehen vor den lieben Gott, dass er unser Haus, das doch unsere 2. Heimat ist und all die lieben Menschen, die für uns sorgen, uns erhalten möge."* (172)

Maria Setzer hatte im Luftschutzkeller ihren kleinen Sohn Max dem „Fräulein Leni" anvertraut, damit sie die Hände frei hatte für die Kinder im Keller. Nach dem zweiten Angriff wurden die blinden Kinder in die benachbarte Georgsschule und von dort am nächsten Tag in eine Wirtschaft nach Batzenhofen gebracht. Ihre Angehörigen wurden verständigt und ersucht, sie nach Hause zu holen. Die blinden Kinder freuten sich über das Geschenk der Ferien.

In der Blindenanstalt wurde noch mehrere Tage nach versteckten Brandnestern

Der sehbehinderte Korbmachermeister Josef Schilling (sitzend, 3. von rechts, neben Direktor Anton Setzer) fuhr auch nach den Zerstörungen vom Februar 1944 täglich mit der Eisenbahn von München nach Augsburg, um mit den Korbmachern der Blindenanstalt zu arbeiten.

gesucht, die immer wieder neue Brände entfachten. Auch Direktor Anton Setzer beteiligte sich unermüdlich an der Brandbekämpfung. Einmal sagte er zu seinen Blinden: *„Jetzt bin ich so blind wie ihr. Ich seh' vor lauter Rauch auch nichts mehr."* [173]

Die nun unumgängliche Verlegung der Augsburger Blindenschule nach Ursberg

Mit der Freude der blinden Kinder über das Geschenk der unverhofften Ferien sollte es bald ein Ende haben. Im Mai 1944 begann nämlich für die blinden Kinder der Augsburger Blindenanstalt der Unterricht in Ursberg. Anna Hermann unterrichtete sie dort.

Sehr harmonisch scheint das Zusammenleben mit den blinden Kindern der Landesblindenschule und den blinden Kindern aus der Innsbrucker Blindenschule (die waren nämlich auch nach Ursberg verbracht worden) nicht immer gewesen zu sein – so jedenfalls der Bericht mehrerer blinder Augsburger Zöglinge. [174]

Die Folgen der „Großen Bombennacht" für die Blindenanstalt

Die „Große Bombennacht" riss die Anstaltsfamilie auseinander. Die blinden Kinder waren zunächst zuhause, dann in Ursberg. Maria Setzer fuhr am Tage nach dem Angriff mit ihren vier Kindern in ihre Heimatstadt Nabburg. (Der älteste Sohn Fritz war bereits zur Wehrmacht eingezogen worden.) Mit dem zweitältesten Sohn Anton (der auch bald eingezogen werden sollte) und dem kleinen Max kehrte sie baldmöglichst nach Augsburg zurück. Ihr Sohn Hubert und ihre Tochter Elisabeth blieben bei Verwandten in Nabburg.

Die achtjährige Elisabeth litt sehr unter der Trennung von den Eltern und Geschwistern und den ihr so sehr vertrauten Blinden. Nicht einmal zu ihrer Erstkommunionfeier konnten die Eltern kommen. Doch die Blinden allein zu lassen in diesen schwierigen Zeiten – das kam für den Hausvater und die Hausmutter nicht in Frage.

Arbeitsbetrieb der Blindenanstalt begann zwei Monate nach der Bombennacht

Direktor Setzer war in Augsburg geblieben. In der Blindenanstalt begann nämlich der Arbeitsbetrieb bald nach dem Angriff aufs Neue. Die blinden Korbmacher hatten erklärt, dass sie wieder anfangen wollten.

Die Werkstatt der Korbmacher und kostbare Rohstoffe waren zwar ein Opfer der Flammen geworden, doch dies hinderte sie nicht, nur zwei Monate nach der Bombennacht ihre Arbeit in nunmehr äußerst beengten räumlichen Verhältnissen wieder aufzunehmen. Korbmachermeister Josef Schilling fuhr wieder jeden Tag von München nach Augsburg – obwohl so manche Fahrt wegen der Luftalarme und Verspätungen zum Abenteuer wurde.

Der blinde Bürstenmachermeister Josef Schwarzhuber begann im Juni 1944 wieder mit dem Bürstenmachen. Auch die übrigen Blinden fanden sich wieder in der Anstalt ein. Sie nahmen die erheblichen räumlichen Einschränkungen in Kauf, um in ihrer liebgewonnenen alten „Heimat“ beisammen zu sein. [175]

Der blinde Bürstenmacher Josef Schwarzhuber arbeitete ab Juni 1944 wieder in der Blindenanstalt. Josefa Pfaffenzeller war dort als Matten- und Stuhlflechterin tätig.

Die Blindenanstalt und die „Augsburger Freiheitsbewegung“

Die Blindenanstalt als geheimer Treffpunkt der „Augsburger Freiheitsbewegung“

Wie mutige Augsburger ihre Stadt vor der Zerstörung bewahrten

Die Blindenanstalt als Versammlungsort

Die schweren Bombenangriffe während des Zweiten Weltkriegs hatten zwar beträchtliche Schäden angerichtet – vor gänzlicher Zerstörung blieb die Blindenanstalt jedoch bewahrt. Der Schulbetrieb war 1944 in die Ursberger Anstalten verlagert worden. Bald nach dem „Großen Angriff" lief der Arbeitsbetrieb allerdings weiter.

Im Frühjahr 1945, in den letzten Monaten des Zweiten Weltkriegs, sollte der Augsburger Blindenanstalt – einst ein Jesuitenkolleg, dann eine Kaserne, danach eine Blindenanstalt – eine neue und ganz andere Bedeutung zukommen: Sie wurde zum Versammlungsort für die Männer der „Augsburger Freiheitsbewegung", die sich hier im Geheimen trafen, um über ihr Vorgehen zu beraten.

Die bevorstehende Zerstörung der „Festungsstadt Augsburg"

Der Zweite Weltkrieg befand sich in der Endphase. Der Tragödie von Stalingrad im Winter 1942/43 folgte im Juni 1943 die Niederlage des deutschen Afrikacorps bei El Alamein. Alliierte Truppen landeten im November 1942 in Algier und Marokko, im Juli 1943 in Sizilien und schließlich im Juni 1944 auch in der Normandie. Die zunehmenden Bombenangriffe auf die deutschen Städte und das Unvermögen der deutschen Abwehr, den eigenen Luftraum abzuschirmen, die militärische Überlegenheit der Alliierten und der immer gravierendere Rohstoffmangel waren Fakten, die der überwiegenden Mehrzahl der Deutschen klarmachten, dass dieser Krieg nicht mehr zu gewinnen war. Äußern durfte man

Beim „Großen Angriff" von 1944 wurde die Altstadt von Augsburg stark zerstört. Hier der Blick auf die zerbombte Jakobervorstadt.

diese Erkenntnis jedoch nicht – darauf stand die Todesstrafe.

Man konnte sich nur insgeheim fragen: Wann nimmt dieses unselige Blutvergießen ein Ende? Sind uns wirklich die Hände gebunden? Kann man denn gar nichts dagegen tun? Solche Fragen stellte sich auch Anton Setzer, der Direktor der Augsburger Blindenanstalt, als er sich im Dezember 1944 heimlich mit Gleichgesinnten – den Oberregierungsräten Michael Hamberger und Dr. Konrad Kreißelmayr – traf. Sie besprachen die schier aussichtslose Lage und überlegten verzweifelt, wie man ein Ende der Naziherrschaft herbeiführen könnte. (176)

Was Adolf Hitler betraf, so musste man annehmen, dass er – sollte der Krieg verloren werden – das deutsche Volk in seinen eigenen Untergang mit hineinziehen würde. So hatte er zu Albert Speer, ab 1942 Reichsminister für Bewaffnung und Munition, gesagt: *„Wenn der Krieg verloren ist, wird auch das deutsche Volk verloren sein. Dieses Schicksal ist unabwendbar. Es ist nicht notwendig, auf die Grundlagen, die das Volk zu seinem primitivsten Weiterleben braucht, Rücksicht zu nehmen. Im Gegenteil. Es ist besser, selbst diese Dinge zu zerstören. Denn das Volk hat sich dann als das schwächere erwiesen, und dem stärkeren Ostvolk gehört ausschließlich die Zukunft. Wer nach dem Kampf übrigbleibt, sind ohnehin nur die Minderwertigen, denn die Guten sind gefallen."* (177)

Hitlers sogenannter „Nerobefehl" vom 19. März 1945, 42 Tage vor seinem Tod erlassen, ist die logische Konsequenz dieser Einstellung: Nach diesem Befehl musste die deutsche Wehrmacht – wenn die Eroberung einer „Festungsstadt" durch die feindlichen Streitkräfte unmittelbar bevorstand – vor ihrem Abzug die gesamte Infrastruktur vernichten: Alle Versorgungs- und Verkehrsanlagen, alle Brücken, Wasser- und Elektrizitätswerke, alle Fabriken, alle Werkstätten, alle Vorratslager waren in die Luft zu sprengen... Was drei Jahre erbarmungslosen Luftkriegs übrig gelassen hatten, das hatte – so ihr Auftrag – die deutsche Wehrmacht nun selbst zu zerstören.

Den Bewohnern der Stadt, dem Rest an „Minderwertigen", sollte somit jede Möglichkeit des Überlebens genommen werden. Auch Augsburg hatte den Rang solch einer „Festungsstadt". Der „Stadtkommandant" hatte also vor Einnahme der Stadt durch die alliierten Streitkräfte den „Nerobefehl" durchzuführen. Auf die kampflose Übergabe stand die Todesstrafe.

Der Augsburger Stadtkommandant, Generalmajor Franz Fehn, war ein altgedienter Offizier und daran gewöhnt, jedem Befehl Folge zu leisten. Im April 1945 näherten sich die amerikanischen Truppen Augsburg. Am 20. April fiel Nürnberg. Am 22. April überschritt die 12. US-amerikanische Panzerdivision die Donau und errichtete auf der rechten Seite einen Brückenkopf. Auf einem Schild war zu lesen: „You are crossing the beautiful blue Danube thru courtesy of the 12th Armd. Division".

Die Gefahr für Augsburg wuchs also. Die Bewohner trieb die Frage um: Wird Augsburg völlig zerstört werden? Wird die Stadt dasselbe Schicksal erleiden wie etwa die Städte Wesel oder Heilbronn? Man mag es angesichts der Bilder der zerstörten Innenstadt kaum glauben: Augsburg zählte bei Kriegsende zu den besterhaltenen deutschen Städten. Ungefähr 116 000 Menschen

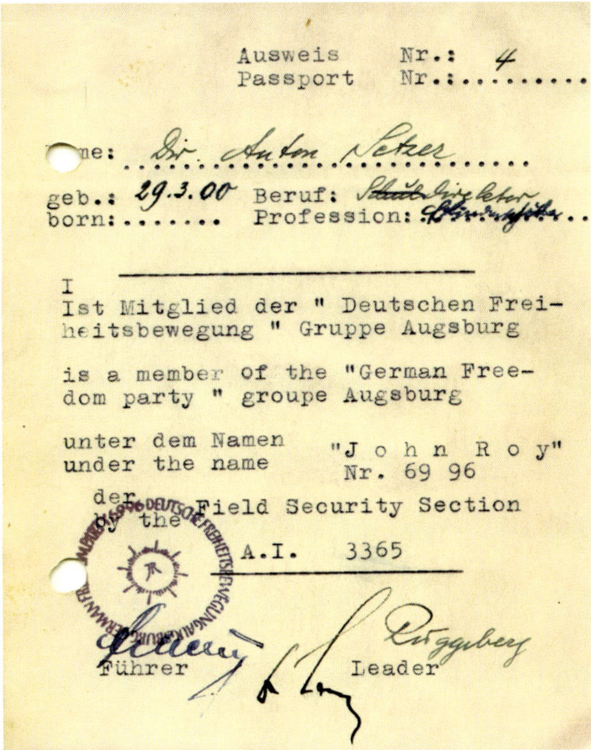
Ausweis Nr.: 4
Passport Nr.:........

Name: Dr. Anton Setzer

geb.: 29.3.00 Beruf:
born:...... Profession:

I
Ist Mitglied der " Deutschen Freiheitsbewegung " Gruppe Augsburg

is a member of the "German Freedom party " groupe Augsburg

unter dem Namen "J o h n R o y"
under the name Nr. 69 96

der Field Security Section
by the
A.I. 3365

Führer Leader

Links: Der Ausweis Nr. 4 weist Direktor Anton Setzer als ein frühes Mitglied der „Deutschen Freiheitsbewegung“ in Augsburg aus. Rechts: Brandwolken über den Dächern von Augsburg – im Zweiten Weltkrieg wurde die Stadt insgesamt 20-mal aus der Luft angegriffen.

lebten noch hier, vor allem Frauen und Kinder, alte Menschen und Verwundete, Kriegsgefangene und KZ-Häftlinge. Sollten sie nun alle zugrunde gehen? Man kannte die amerikanische Kampfweise vor der Eroberung einer Stadt: Um den Verlust an eigenen Soldaten möglichst gering zu halten, deckte man jeweils die zu erobernde Stadt vor Beginn der Kampfhandlungen mit einem Bombenteppich ein.

Wie konnte man die völlige Zerstörung Augsburgs verhindern? Diese Frage trieb in den Apriltagen des Jahres 1945 viele um. In der Stadt lag die Macht in den Händen dreier Männer: Oberbürgermeister Josef Mayr hatte in Augsburg als treuer Anhänger Hitlers in den vergangenen zwölf Jahren Karriere gemacht und war vom städtischen Angestellten zum Oberbürgermeister aufgestiegen. Mayr war ein gebürtiger Augsburger und seiner Vaterstadt zugetan. Es war anzunehmen, dass er Hitlers „Nerobefehl“ in seinem Innern nicht zustimmen konnte.

Karl Wahl war Gauleiter von Schwaben, ein einflussreicher Mann und ein glühender Verehrer seines „Führers“, seit 1942 Reichsverteidigungskommissar und folglich mit militärischer Macht ausgestattet. Die Zerstörung Augsburgs wollte auch er nicht – doch noch mehr fürchtete er um seinen eigenen Kopf. Generalmajor Franz Fehn, der Stadtkommandant, war der Befehlshaber der Streitkräfte. Ein Befehl war für den altgedienten Offizier ein Befehl. Augsburgs Zerstörung konnte jedoch nur verhindert werden, wenn dieses „Triumvirat“ den „Nerobefehl“ Hitlers nicht befolgte.

Nun hatte sich in Augsburg eine Gruppe von Männern – unter höchster Lebens-

Die „Augsburger Freiheitsbewegung" wurde nicht zuletzt von Geistlichen wie Prälat Dr. Josef Hörmann (links) und Domdekan Andreas Rampp getragen.

gefahr – zusammengefunden, welche Augsburg vor der völligen Auslöschung bewahren wollte. Diese Gruppe nannte sich „Augsburger Freiheitsbewegung".

Die „Augsburger Freiheitsbewegung" und ihr gewagter Einsatz zur Rettung der Stadt

Einer dieser Männer, der Konzertsänger Friedrich Rüggeberg, fragte Anton Setzer im Frühjahr 1945, ob er sich nicht der „Augsburger Freiheitsbewegung" anschließen wolle. Der Direktor der Augsburger Blindenanstalt erklärte spontan seine Bereitschaft, wollte sich aber noch zuvor mit seiner Frau besprechen. Anton Setzer berichtete seiner Ehefrau Maria von seinem Gespräch mit Rüggeberg und dessen Ansinnen, sich der „Augsburger Freiheitsbewegung" anzuschließen. Setzer sagte zum Schluss: *„Wenn die Sache auffliegt, schlagen sie uns alle tot."* (178)

Maria Setzer riet ihrem Ehemann aber nicht davon ab, der „Augsburger Freiheitsbewegung" beizutreten – wenn auch schweren Herzens im Gedanken an Mann und Kinder und die ihnen anvertrauten Blinden. Sie war überdies damit einverstanden, dass ihr Mann die Augsburger Blindenanstalt als unverfänglichen Treffpunkt anbot.

Die Augsburger Blindenanstalt als geheimer Treffpunkt

Und dort kamen nun Männer aus allen Schichten der Bevölkerung zusammen. Unter ihnen war eine größere Zahl von katholischen Geistlichen – zum Beispiel Prälat Dr. Josef Hörmann, Domdekan Andreas Rampp, der Bischöfliche Finanzrat Johann Baptist Stoll, Standortpfarrer

Ehemalige Mitglieder der „Augsburger Freiheitsbewegung" (von links): Anton Setzer, Johann Baptist Stoll, Georg Achatz und Franz Hesse.

Bruno Harder, Expositus Alois Vogg... Weitere demokratisch gesinnte Männer – unter ihnen auch einige aus der 1933 verbotenen „Bayerischen Volkspartei", wie Dr. Rudolf Lang, Oberarzt am städtischen Hauptkrankenhaus, Beamte und Lehrer, Geschäftsleute und verwundete Soldaten, die sich zur Genesung in den Lazaretten aufhielten – hatten sich unter Lebensgefahr zusammengefunden, um das Unglück von Augsburg abzuwenden. Anton Setzer schrieb in seinen Lebenserinnerungen nieder, dass sich einmal 25 Männer der „Augsburger Freiheitsbewegung" in seinem Wohnzimmer in der Blindenanstalt versammelt hätten. Bangen Herzens habe ihn, als er in die Runde blickte, der Gedanke beschlichen: *„Wenn auch nur ein einziger ‚Spitzel' darunter ist – dann sind wir alle verloren."* (179)

Bald sollte sich herausstellen, dass nicht nur Gefahr von außen drohte. Es zeigte sich, dass auch die Blindenanstalt kein sicherer Treffpunkt für die Männer der „Augsburger Freiheitsbewegung" war. Die Zusammenkünfte wurden ins Kloster St. Elisabeth verlagert. Was war geschehen? Mehreren Blinden war wegen ihres ausgeprägten Gehörsinns das Kommen und Gehen von derart vielen Besuchern aufgefallen. Ein begeisterter (blinder) Nationalsozialist wollte bei einem dieser Treffen die Polizei verständigen. Doch der beherzte Korbmachermeister Josef Bürger versperrte ihm den Weg. Drei Stunden lang stand er vor der Werkstatttüre und ließ „den getreuen Gefolgsmann des Führers" nicht passieren, ehe „die Luft rein war".

Die Rettung der Stadt durch mutige Mitglieder der „Augsburger Freiheitsbewegung"

Die Männer berieten über ihr Vorgehen, und sie beschlossen, an der „weichsten Stelle" den Anfang zu machen. Diese „weichste Stelle" war ihrer einhelligen Meinung nach der Augsburger Oberbürgermeister Josef Mayr.

Es kam ein Treffen zustande. Bei dem Gespräch ließ Josef Mayr durchsickern, dass er Hitlers „Nerobefehl" nicht durchführen wollte. Weil er aber Vergeltungsmaßnahmen von oberer Stelle befürchtete (vor allem von dem als äußerst brutal bekannten oberbayerischen Gauleiter Paul Giesler), würde er Augsburg kurz vor dem Einmarsch der Feinde zur „Sperrstadt" erklären und alle Zugänge zur Stadt sowie sämtliche Brücken und Unterführungen mit Eisenbahn- und Straßenbahnwaggons verrammeln.

Die Männer, die mit ihm sprachen, verriet er nicht. Der Oberbürgermeister verwies sie an Gauleiter Karl Wahl. Als „Reichsverteidigungskommissar" hätte Wahl tätig werden können. Aber auch Wahl fürchtete – wie Mayr – die Rache vorgesetzter Stellen. Er befahl immerhin den Abzug regulärer Truppen aus Augsburg in Richtung Mering. Und auch er gab die Namen der Männer, die mit ihm gesprochen hatten, nicht preis.

Ein schwerer Gang für die Rettung der Stadt

Nun blieb nur noch der schwere Gang zum Festungskommandanten Franz Fehn. Am 27. April standen die amerikanischen Streitkräfte bereits vor der Stadt. Auf abgeworfenen Flugblättern wiesen sie die Bevölkerung darauf hin, dass der Angriff unmittelbar bevorstehe und sie forderten dazu auf, weiße Tücher zum Zeichen der Kapitulation aus den Fenstern zu hängen.

Domkapitular Dr. Josef Hörmann suchte angesichts der äußerst bedrohlichen Lage am Abend dieses Tages im Auftrag von Bischof Dr. Joseph Kumpfmüller den Stadtkommandanten persönlich auf, um ihn zu einer kampflosen Übergabe zu bewegen. Auch der Oberbürgermeister und der Gauleiter waren bei diesem Gespräch zugegen und unterstützten den Domkapitular. (180) Der Generalmajor gab zwar zu, dass er mit den schwachen Verteidigungskräften (es standen ihm lediglich 800 Mann Volkssturmkräfte zur Verfügung) die Stadt nicht verteidigen könne. Fehn sagte: *„Sie haben recht. Aber ich bin Soldat und habe den Befehlen zu gehorchen."* (181) Domkapitular Dr. Hörmann beendete das ergebnislose Gespräch mit den mutigen Worten: *„Heute fällt Augsburg in Schutt und Asche. Und morgen trifft Sie der Fluch der Geschichte."* (182)

Die Männer der „Freiheitsbewegung" berieten nun ihr weiteres Vorgehen. Einige meinten, man müsse weiter auf die drei Verantwortlichen einwirken. Andere sahen in der Entmachtung des Stadtkommandanten die einzige Möglichkeit, die Stadt vor dem Untergang zu bewahren. Die letzteren setzten sich mit dem amerikanischen Hauptquartier in Verbindung: Dass der Kaufmann Franz Hesse und die Generaloberin des Klosters Maria Stern, M. Ignatia Walter, die englische Sprache beherrschten, sollte sich als sehr nützlich erweisen.

Am Morgen des 28. April 1945 lotsten zwei Männer der „Freiheitsbewegung" – Anton Kaiser und Pfarrer Alois Vogg – die amerikanischen Streitkräfte zur Ecke Karolinenstraße/Hoher Weg, wo sie Dr. Josef Hörmann in Empfang nahm und zum Riedingerbunker führte. Dort wurde Generalmajor Fehn gefangengenommen und abgeführt.(183) Damit war für Augsburg der Krieg zu Ende.

Die Stadt war dank des Mutes einiger Dutzend Männer und Frauen der völligen Zerstörung entgangen. In der Kriegsgeschichte der „7. Amerikanischen Armee" können wir lesen: *„Augsburg wurde vor der völligen Zerstörung, wie sie über Aschaffenburg, Würzburg, Heilbronn, Nürnberg und Ulm kam, bewahrt, weitgehend dank einer revolutionären*

Bewegung, die den Einmarsch der amerikanischen Truppen erleichterte." (184)

An einem sonnigen Morgen des 28. April 1945 nahmen US-amerikanische Truppen Augsburg kampflos ein. Die „Augsburger Freiheitsbewegung" hatte die Stadt vor der völligen Zerstörung bewahrt. Dieses wohl erst am Nachmittag aufgenommene Foto zeigt wahrscheinlich einen später am Tag anrückenden Trupp.

Als „Revolutionäre" sahen sich die Männer und Frauen der „Augsburger Freiheitsbewegung" nicht. Auf sie trifft vielmehr zu, was Albert Einstein einmal so ausgedrückt hat: *„Die Welt ist viel zu gefährlich, um darin zu leben – nicht wegen der Menschen, die Böses tun, sondern wegen der Menschen, die daneben stehen und sie gewähren lassen."*
Die Männer und Frauen der „Augsburger Freiheitsbewegung" standen nicht tatenlos daneben. Durch ihren mutigen Einsatz verhinderten sie die völlige Zerstörung ihrer Heimatstadt.

Von der „Augsburger Aufbaugemeinschaft“ zur „Christlichen Wohnungshilfe“

Die „Augsburger Aufbaugemeinschaft" – eine Bewegung gegen die Wohnungsnot

In der Blindenanstalt: Gründung der „Christlichen Wohnungshilfe"

Die Situation in Augsburg im Mai des Jahres 1945

Am 28. April 1945 marschierten US-amerikanische Streitkräfte in Augsburg ein. Damit war für diese Stadt der Krieg zu Ende – zehn Tage vor der offiziellen Kapitulation am 8. Mai 1945. In den ersten Tagen nach dem Einmarsch schien in Augsburg alles Leben erstorben zu sein. Die Menschen hatten sich nach dem fünf Minuten dauernden mitternächtlichen Alarm vom 27. auf den 28. April zunächst in den Kellern verkrochen. Sie wussten nicht, ob auf sie das endgültige Ende wartete oder ob sie mit dem Leben davonkommen würden. Am frühen Morgen wagten sich die ersten aus den Kellern. Es herrschte Friedhofsstille. Die weißen Tücher wehten im Wind.

Die Besatzungsmacht erließ schnell sehr strenge Ausgangsbestimmungen (von 18:30 Uhr bis 7 Uhr morgens). Nach einem Frühlingsspaziergang – das Wetter soll in diesen Tagen sehr schön gewesen sein – stand ohnehin niemandem der Sinn. Und ungefährlich wäre solch ein Spaziergang auch nicht gewesen: Schnell war man beispielsweise sein Fahrrad los... Klammheimlich wurden in aller Eile die verräterischen Zeugnisse der braunen Vergangenheit beseitigt, so Hitlers meistverbreitetes und von den wenigsten gelesenes Buch „Mein Kampf", außerdem Fahnen, Parteiabzeichen, Mitgliedsausweise und dergleichen mehr. Danach ging es vor allem ums nackte Überleben – um die Grundbedürfnisse des Lebens: um Nahrung, Kleidung und Wohnung. Dessen war sich auch die US-amerikanische Besatzungsmacht bewusst. Noch am Tag der Einnahme Augsburgs hatte Oberst Joseph C. Joublanc

Die Wohnungsnot war 1945 groß: 12 433 Wohnungen waren nach den Luftangriffen auf Augsburg völlig zerstört, weitere rund 32 000 mehr oder weniger stark beschädigt.

den Augsburger Stadtkämmerer Dr. Wilhelm Ott zum provisorischen Bürgermeister ernannt.

Nach seiner Zustimmung wurde Dr. Ott mit keinem Wort gefragt. Den Siegern hatte man zu gehorchen... Warum gerade Dr. Wilhelm Ott? Der nationalsozialistische Oberbürgermeister Mayr hatte das Können seines Stadtkämmerers sehr geschätzt. Nun war dieser – sehr zum Leidwesen des Oberbürgermeisters – ein überzeugter Katholik, der seinen Glauben öffentlich bekannte, indem er zum Beispiel bei den – den Nationalsozialisten sehr missliebigen – Fronleichnamsprozessionen mitging und sich zudem nie dazu bewegen ließ, in die NSDAP einzutreten.

Der Oberbürgermeister hielt an seinem Kämmerer beharrlich fest – trotz allen Drängens übergeordneter Parteistellen, diesen unbequemen Mann doch endlich zu entlassen.

Jetzt stand der von der Besatzungsmacht eingesetzte Bürgermeister vor einer Aufgabe, die menschliche Kräfte zu übersteigen schien. Die Militärregierung stellte ihm einige Referenten zur Seite, die mit ihm zusammen das Chaos irgendwie regeln sollten. Die städtischen Beamten und Angestellten wurden eiligst hinsichtlich ihrer Zugehörigkeit zur NSDAP überprüft. Parteimitglieder hatten ihren Hut zu nehmen. Und es mussten viele den Dienst quittieren.

Wie sollte man nun aber bei einer derart ausgedünnten Personaldecke das öffentliche Leben auch nur einigermaßen wieder in Gang bringen? Es gab kein öffentliches Transportsystem mehr: Keine Straßenbahn fuhr, es verkehrten keine Züge. Jeglicher Verkehr ruhte, auch der Postverkehr. Am dringlichsten war die Versorgung von mehr als 100 000 Menschen mit Nahrungsmitteln, sollten sie nicht – vor allem die Kinder, die Kranken und die alten Leute – verhungern. Und auch die Versorgung mit Wasser, Elektrizität und Gas war jetzt schnellstmöglich sicherzustellen.

Groß war auch die Wohnungsnot in Augsburg. Rund 20 Bombenangriffe der vergangenen Jahre hatten ungefähr ein Drittel des Augsburger Wohnraums zerstört. Nun beschlagnahmte zu allem Übel die Besatzungsmacht auch noch zahlreiche Häuser und Wohnungen. Und auch sogenannte „displaced persons" – befreite KZ-Häftlinge, Kriegsgefangene und ehemalige Fremdarbeiter – strömten in die Stadt und mussten irgendwie und irgendwo untergebracht werden.

Die ersten Soldaten kehrten aus der Gefangenschaft zurück. Und nach dem Potsdamer Abkommen vom August 1945 ergoss sich täglich ein Flüchtlingsstrom in die Stadt. [185]

Zurückweisung des Hilfsangebots der „Augsburger Freiheitsbewegung" durch die Militärregierung

Mehrere Männer der „Augsburger Freiheitsbewegung" sahen – wenige Tage nach der Übergabe der Stadt an die Amerikaner – eine neue Aufgabe auf sie zukommen, nämlich der Bevölkerung irgendwie beim Überleben zu helfen. Also boten sie Oberst Joublanc, dem Chef der Militärregierung, ihre Hilfe an. Doch ihnen wurde eine Abfuhr erteilt. Der Oberst lehnte ihre Hilfe ab. Warum? Hatten nicht die Männer der „Freiheitsbewegung" erst vor wenigen Tagen – unter Gefahr für ihr eigenes Leben – die US-amerikanischen Panzer in die Stadt

gelotst, damit der Stadtkommandant entmachtet werden konnte? Nicht einmal Domkapitular Dr. Josef Hörmann gelang es in einem persönlichen Gespräch, den

Dieser „Schadensplan der Stadt Augsburg" zeigt die Kriegszerstörungen. Das Anwesen Jesuitengasse 14 wurde beim „Großen Angriff" teilweise zerstört.

ersten Mann der Besatzungsmacht zur Annahme ihres Hilfsangebots zu bewegen. [186]

Mag sein, dass Oberst Joublanc Zweifel an der demokratischen Gesinnung einiger Angehöriger der „Augsburger Freiheitsbewegung“ hegte. Es fehlte nicht an Denunzianten, und der Oberst schien den Deutschen in ihrer Gesamtheit nicht zu trauen. Ein Brief des Pfarrers von St. Pankratius in Augsburg-Lechhausen an seinen Mitbruder, den US-amerikanischen Militärgeistlichen, scheint diese Annahme zu bestätigen. Pfarrer Ritzl bedauerte in diesem Brief das Verhalten der Besatzungsmacht gegenüber der Augsburger Bevölkerung. Die Militärregierung würde, wie es schien, allen Deutschen den Vorwurf machen, sich nicht gegen das nationalsozialistische System erhoben zu haben.

Pfarrer Ritzl schrieb: *„Reverende! Gestatten Sie, dass wir das zur Kenntnis bringen, was unsere Seelen drückt und unser Herz beschwert. Wir haben die Amerikaner als Erlöser erwartet und ihr Erscheinen dankbar begrüßt: diese selbstverständliche Dankbarkeit wurde uns von den Amerikanern übel ausgelegt – so ausgelegt, als wollten wir die Niederlage gar nicht eingestehen oder als erwarteten wir von den Amerikanern ein schnelles Vergessen der Vergangenheit [...] Umso schmerzlicher empfinden wir: nicht die ablehnende Haltung der Amerikaner – nicht das Unnahbare des Siegers – wohl aber den Vorwurf, dass unser ganzes Volk 100% ig die Schuld an den Verbrechen der letzten 12 Jahre trage, weil wir das Hitlerjoch nicht abgeworfen haben [...]“* [187]

Undank ist der Welt Lohn – das haben sich die Männer der „Augsburger Freiheitsbewegung“ vielleicht gedacht. Sie zogen sich allerdings nicht gekränkt ins Private zurück, sondern sie beschlossen, sich auch ohne das Placet der Militärregierung für Augsburgs Bevölkerung einzusetzen.

Die Besprechungen der „Augsburger Aufbaugemeinschaft“ fanden in der Blindenanstalt statt

Die Wohnungsnot in Augsburg war sehr groß. 32 000 Wohnungen waren mehr oder weniger schwer beschädigt. Hier bot sich ein reiches Arbeitsfeld an. Es kam zur Gründung der „Augsburger Aufbaugemeinschaft“. Irgendwo mussten sich die Männer zu ihren Besprechungen treffen können. Erneut kam die Blindenanstalt, die Anton Setzer als Treffpunkt angeboten hatte, ins Spiel. [188]

Nun waren aber Versammlungen von der amerikanischen Militärregierung unter Androhung schwerer Strafen verboten. Diese Treffen waren also illegal. Erstaunlicherweise hielt das nicht nur die Männer der „Augsburger Freiheitsbewegung“ von solchen Zusammenkünften nicht ab: Der Kreis wurde merklich größer.

Es stießen namhafte Persönlichkeiten dazu: Männer und Frauen, die – wenn sie Glück hatten – von den Nationalsozialisten nur kaltgestellt worden waren, wie etwa die Augsburger Stadtschulrätin Franziska Wittmann, aber auch Personen, welche die Schreckensherrschaft der Nazis am eigenen Leib erlitten hatten, wie Kirchenrat Bogner von der „Bekennenden Kirche“. Noch vor dem offiziellen Kriegsende, am 5. Mai 1945, wurde in der Augsburger Blindenanstalt die „Augsburger Aufbaugemeinschaft“ gegründet.

Die Wiederherstellung der Wohnungen erwies sich als eine äußerst schwierige Angelegenheit. Es fehlte an allem – an Baumaterial, an Werkzeug und an Fachkräften. Nur an Steinen gab es keinen Mangel – diese bot die Augsburger Trümmerlandschaft zur Genüge.

Erneute Schwierigkeiten mit der Augsburger Militärregierung

Noch erschwerend kam hinzu, dass seit dem 8. Juni 1945 ein neuer Mann an der Spitze der Militärregierung stand: Major Everett Cofran. Der Major verabscheute die Nationalsozialisten, was verständlich war: Cofran war Jude. Doch dass er alle Deutschen in Bausch und Bogen verdammte, ist schwer nachvollziehbar. In seinem Arbeitszimmer soll ein Blatt Papier an der Wand befestigt gewesen sein, auf dem zu lesen war: „Ich hasse alle Deutschen." Mit einem Entgegenkommen von Major Cofran konnte die „Augsburger Aufbaugemeinschaft" also nicht rechnen.

In ihrer Not wandte sie sich mit der Bitte um Unterstützung an den Augsburger Bischof Dr. Joseph Kumpfmüller. Hier traf sie auf offene Ohren. Am 29. Juni 1945 wurde in der Augsburger Blindenanstalt die „Christliche Wohnungshilfe" gegründet.

Eine Gründung unter der Schutzherrschaft des Augsburger Bischofs

Der Augsburger Bischof Dr. Joseph Kumpfmüller übernahm die Schutzherrschaft über die neue Vereinigung. Der Name „Christliche Wohnungshilfe" war hier mit Bedacht gewählt worden: Alle Christen sollten sich angesprochen fühlen. Bereits wenige Wochen nach der

Der rasche Erfolg der neu gegründeten „Christlichen Wohnungshilfe" basierte nicht zuletzt auf der Unterstützung durch den Augsburger Bischof Dr. Joseph Kumpfmüller.

Gründung rief der Augsburger Oberhirte die Gläubigen seiner Diözese in einem Hirtenbrief dazu auf, Baumaterial und Geld zu spenden.

Die Reaktion war überwältigend: Die Hilfsbereitschaft der Menschen war groß. Aus dem ländlichen Bereich kamen vor allem Holzspenden. An Holz war also kein Mangel, wohl aber an Zement und Kalk. In der Folge kam es zu einem regelrechten Tauschhandel.

Dr. Hubert Setzer, der Sohn des Direktors der Augsburger Blindenanstalt, erinnert sich: *„Ein Teil des Holzes konnte direkt*

Anton Setzer bei einer Hebauffeier der „Christlichen Wohnungshilfe": Im Hintergrund sind einige der Baracken zu erkennen, die Wohnungssuchenden vorübergehend ein Dach über dem Kopf verschafften.

als Baumaterial eingesetzt werden. Ein weiterer Teil wurde in das Ruhrgebiet gebracht. Dort fehlte Grubenholz in den Bergwerken. Das mitgebrachte Holz wurde gegen Kohle getauscht. Die Kohle war in den Zementwerken das Zahlungsmittel für Zement oder Kalk. Damit war neuer Baustoff für Wohnungen verfügbar. Wie die rechtlichen, bürokratischen und geschäftlichen Dinge abgewickelt worden sind, entzieht sich meiner Kenntnis. Immerhin mussten die amerikanische und britische Zone durchquert und mit verschiedenen Firmen verhandelt werden. Ich weiß nur, dass Vater in der Hauskapelle der Blindenanstalt die Messe besuchte, bevor er mit einem LKW eine Fahrt in das Ruhrgebiet antrat. Es war Herbst oder Winter und er war tief vermummt. Nach der Messe sagte Prälat Rampp zu ihm: ‚Herr Direktor, Sie sehen aus wie ein Pferdedieb, der vor seiner Tat noch den göttlichen Segen erbittet.'" (189)

Der Direktor der Augsburger Blindenanstalt als Geschäftsführer

Anton Setzer war vom Augsburger Bischof zum Geschäftsführer der „Christlichen Wohnungshilfe" ernannt worden. Was außer den Baumaterialien fehlte, das waren insbesondere Baufachleute. In dieser Eigenschaft dachte er verzweifelt darüber nach, wie man die dringend benötigten Baufachleute gewinnen könnte. Die oberpfälzische „Baufirma Friedrich Danhauser", aus der Setzers Ehefrau stammte, kam ihm schließlich zu Hilfe. Sie stellte der „Christlichen Wohnungshilfe" einen Bauleiter, dazu einige Maurer und Zimmerer zur Verfügung. (190)

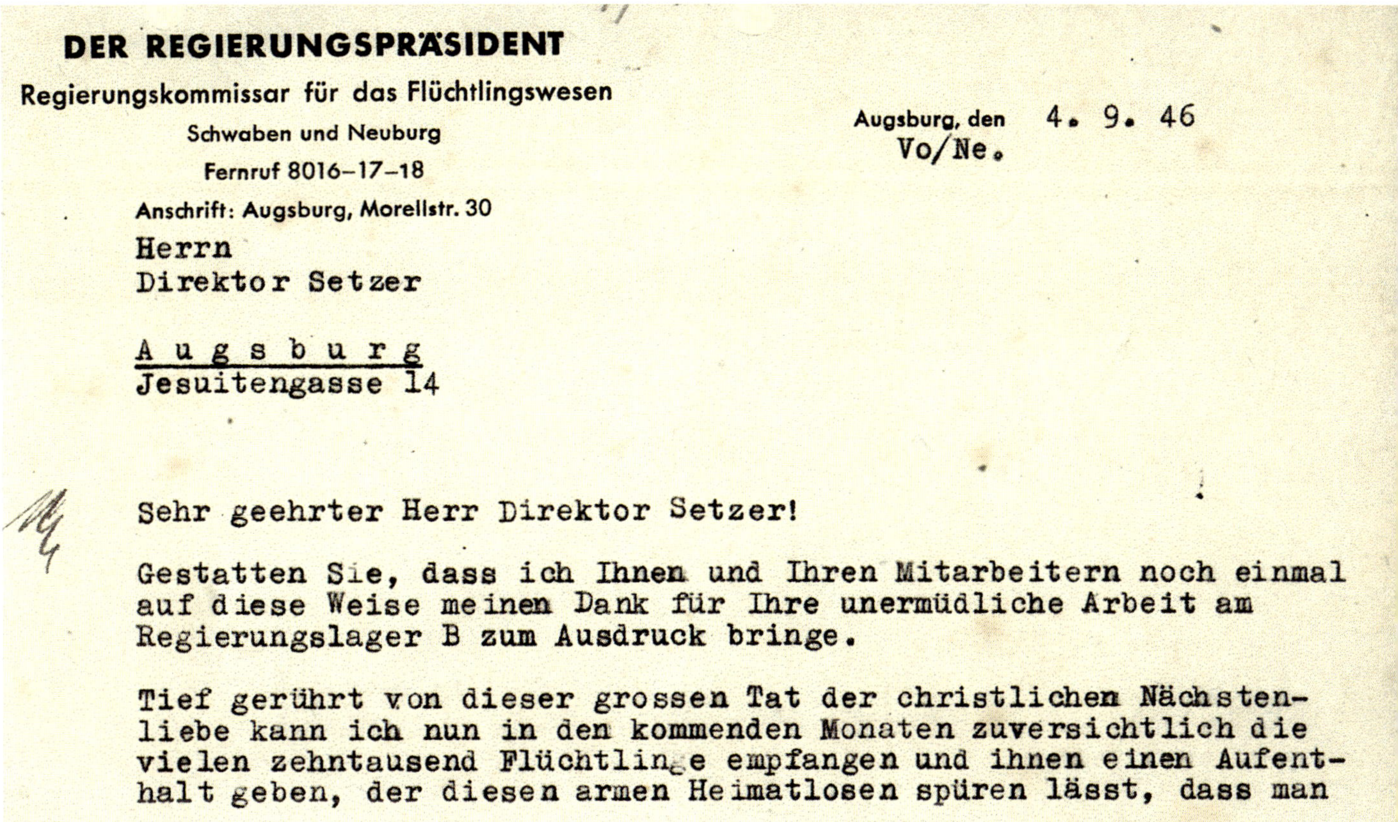

DER REGIERUNGSPRÄSIDENT
Regierungskommissar für das Flüchtlingswesen
Schwaben und Neuburg
Fernruf 8016–17–18
Anschrift: Augsburg, Morellstr. 30

Augsburg, den 4. 9. 46
Vo/Ne.

Herrn
Direktor Setzer

A u g s b u r g
Jesuitengasse 14

Sehr geehrter Herr Direktor Setzer!

Gestatten Sie, dass ich Ihnen und Ihren Mitarbeitern noch einmal auf diese Weise meinen Dank für Ihre unermüdliche Arbeit am Regierungslager B zum Ausdruck bringe.

Tief gerührt von dieser grossen Tat der christlichen Nächstenliebe kann ich nun in den kommenden Monaten zuversichtlich die vielen zehntausend Flüchtlinge empfangen und ihnen einen Aufenthalt geben, der diesen armen Heimatlosen spüren lässt, dass man

Dankschreiben des Regierungspräsidenten, der zugleich Regierungskommissar für das Flüchtlingswesen war, an Anton Setzer.

Die primäre Aufgabe der „Christlichen Wohnungshilfe"

So konnte die „Christliche Wohnungshilfe" mit der Behebung der Bauschäden beginnen. Bereits im Jahr 1945 wurde in 286 Fällen Hilfe geleistet. Notwendige Besprechungen fanden in der Blindenanstalt statt. Hier traf sich der Geschäftsführer mit dem Leiter der Baufirma, um wichtige Entscheidungen zu treffen.

Nach der Behebung der Bauschäden wollte sich die „Christliche Wohnungshilfe" auch an die Erstellung einfacher Kleinwohnungen wagen. Es kam jedoch eine dringlichere Aufgabe auf sie zu. (191)

Der Bau von zwei Auffanglagern für sudetendeutsche Flüchtlinge

Aufgrund des Potsdamer Abkommens vom 2. August 1945 wurden ab Herbst 1945 vier Millionen Sudetendeutsche aus ihrer Heimat ausgewiesen. Täglich rollten Güterzüge, vollbepackt mit Menschen und ihrer spärlichen Habe, im Augsburger Hauptbahnhof ein. An manchen Tagen waren es bis zu 1200 Flüchtlinge. Diese Bedauernswerten wurden zunächst zu Sammelstellen gebracht. Eine solche Sammelstelle befand sich im Schulhof der Georgsschule, der unmittelbar an die Blindenanstalt angrenzte. Dicht gedrängt standen die Ausgewiesenen da, schutzlos Wind und Wetter ausgesetzt.

Des Öfteren bot die Frau des Direktors ihnen Unterstand in der Blindenanstalt und versorgte sie mit Speis und Trank. Von den Sammelstellen aus wurden die Flüchtlinge auf zwei notdürftig errichtete Lager verteilt. Bei der Errichtung dieser

Lager war höchste Eile geboten. Die Regierung von Schwaben ersuchte deshalb den Augsburger Bischof um Hilfe. Dr. Joseph Kumpfmüller schaltete daraufhin im Februar 1946 die „Christliche Wohnungshilfe" ein. (192)

Statt mit dem Bau der ebenfalls dringend benötigten Kleinwohnungen beginnen zu können, mussten erst einmal eiligst zwei Auffanglager errichtet werden. Eines lag am Oblatterwall, das zweite an der Friedberger Straße. Der Bau eines dritten Lagers wurde vorerst zurückgestellt. Dr. Hubert Setzer erinnert sich, wie sein Vater um den Barackenbau für das Lager an der Friedberger Straße kämpfte: *„Für die Vertriebenen, die unter anderem im Schulhof zwischen Blindenanstalt und Georgsschule zum Teil ohne Regenschutz lagerten, wurde dringend Unterkunft benötigt. Als erstes wurden leer stehende Fabrikhallen mit Hilfe von Baumaterial der Christlichen Wohnungshilfe bewohnbar gemacht. Das konnte nur eine vorübergehende Notlösung sein. In der zerstörten Stadt war auch kein Wohnraum verfügbar. Man benötigte also Baracken. Vater verhandelte in München mit den zuständigen Stellen*

Der Rohbau einer der Wohnblöcke an der Wolframstraße, die dort von der „Christlichen Wohnungshilfe" errichtet wurden. Unten: Auszug aus einem Dankschreiben des Bischofs Dr. Joseph Kumpfmüller an Anton Setzer.

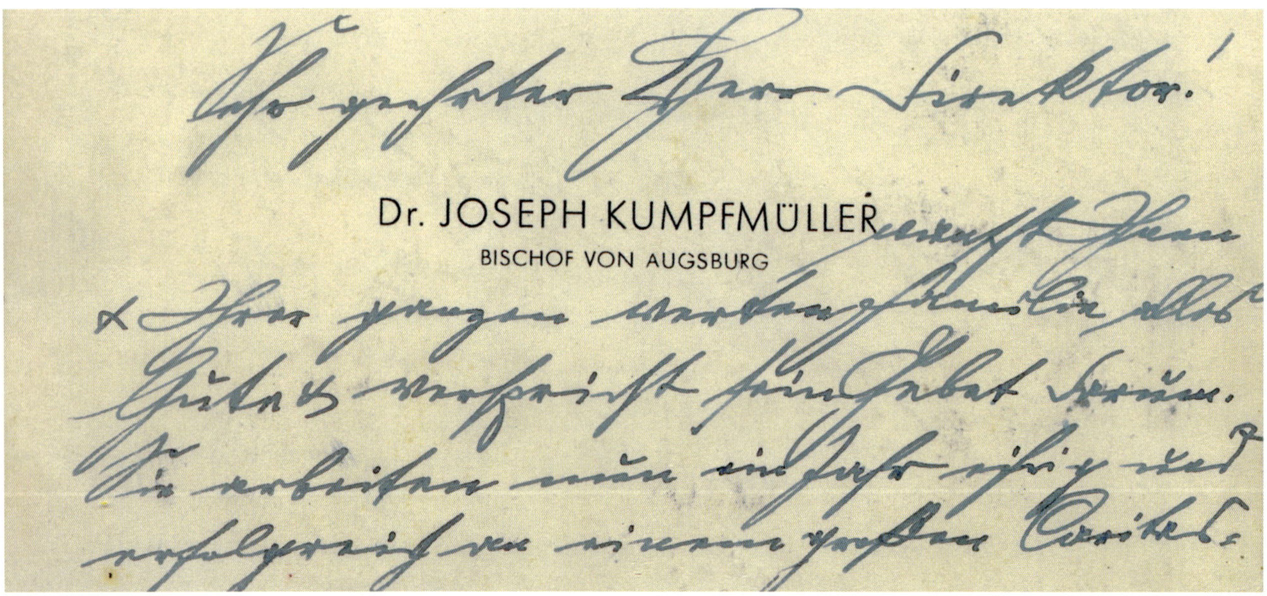

Sehr geehrter Herr Direktor!

Dr. JOSEPH KUMPFMÜLLER
BISCHOF VON AUGSBURG

Die Wohnblöcke an der Wolframstraße wurden nach maßgeblichen Akteuren der Baumaßnahmen benannt: Links steht die sogenannte „Martinszeile" (nach Stadtpfarrer Martin Achter), dahinter ist die Antonszeile (nach Anton Setzer) zu sehen.

(von Amerikanern geleitet oder kontrolliert), um Gutscheine für Baracken zu bekommen. Nach längeren Verhandlungen sollte er einen Gutschein für eine Baracke bekommen. Aber Vater widersprach: ‚Ich brauche nicht nur eine, sondern viele.' Wie es ihm schließlich nach zähen Verhandlungen gelang, insgesamt 35 Baracken zu bekommen, ist unbekannt." [193]

Der Augsburger Bischof bedankte sich sehr herzlich für den enormen Einsatz der „Christlichen Wohnungshilfe". Die Erstellung und Einrichtung der zwei Lager hatte am Ende lediglich ein halbes Jahr in Anspruch genommen. Auch der Regierungskommissar für das Flüchtlingswesen, Vohland, sprach *„für die unermüdliche Arbeit am Regierungslager B"* [194] seinen Dank aus.

Erst danach, im Herbst 1946, konnte die „Christliche Wohnungshilfe" – gemeinsam mit dem ebenfalls von Bischof Dr. Kumpfmüller gegründeten Familienhilfswerk „Christenvolk baut auf" – endlich mit dem Bau neuer Wohnungen beginnen. An der Wolframstraße wurden mehrere Wohnblocks errichtet: Einer davon trägt bis heute den Namen „Antonszeile". Dieser Name soll an den Einsatz des Direktors der Augsburger Blindenanstalt – Anton Setzer – erinnern.

In der Augsburger Blindenanstalt – in der Wohnung des Direktors – liefen in den ersten Jahren alle Fäden zusammen. Ein Privatleben gab es für Familie Setzer lange Zeit so gut wie nicht mehr. Erst im März 1949 stellte die „Christliche Wohnungshilfe", *„das erste Wiederaufbauwerk in der Bundesrepublik",* ihre Bautätigkeit ein, mit der *„bis 1948 rund 1.000 Wohnungen wieder beziehbar gemacht wurden."* [195] Sie wurde von einer Neugründung – vom „St. Ulrichswerk der Diözese Augsburg" – übernommen.

Anton Setzer und die Gründung der CSU

In der Blindenanstalt: Gespräche zur Gründung einer „christlichen Partei" in Augsburg

Anton Setzer gehörte zu den Gründungsmitgliedern der CSU

Beginn der Mitgestaltung des politischen Lebens in Augsburg und erste Parteigründungen

Anton Setzer war in den ersten Nachkriegsjahren stark in die Arbeit der „Christlichen Wohnungshilfe" eingebunden. Als Major Cofran im August 1945 abgelöst und durch den gemäßigten Militärgouverneur Norton ersetzt wurde, konnte langsam auch an eine Mitgestaltung des politischen Lebens durch unbescholtene Augsburger Persönlichkeiten – zunächst auf kommunaler Ebene – gedacht werden.

Schon in der zweiten Jahreshälfte 1945 kam es zu Parteigründungen: *„Bereits im Frühsommer 1945 reorganisierte sich in Augsburg die Sozialdemokratische Partei, die am 2. Oktober von der Militärregierung für den Stadt- und Landkreis zugelassen wurde. Im selben Monat fand eine erste Kundgebung der KPD statt, die von ehemaligen Funktionären ins Leben gerufen worden war."* (196)

Treffen in der Blindenanstalt zwecks Gründung einer „christlichen Partei"

Sowohl Mitglieder der „Augsburger Aufbaugemeinschaft" als auch der „Christlichen Wohnungshilfe" berieten in der Augsburger Blindenanstalt die Gründung einer christlichen Partei. *„Aus einer Gruppe überwiegend katholischer NS-Gegner und Mitgliedern des früheren linken BVP-Flügels entwickelte sich die CSU."* (197)

Am 10. November 1945 wurde diese Partei zunächst unter dem Namen „Christliche Union" gegründet. Anton Setzer, der Direktor der Augsburger

Anton Setzer mit einem seiner blinden Schüler. Der Direktor der Blindenanstalt war wesentlich an der Gründung der CSU in Augsburg beteiligt.

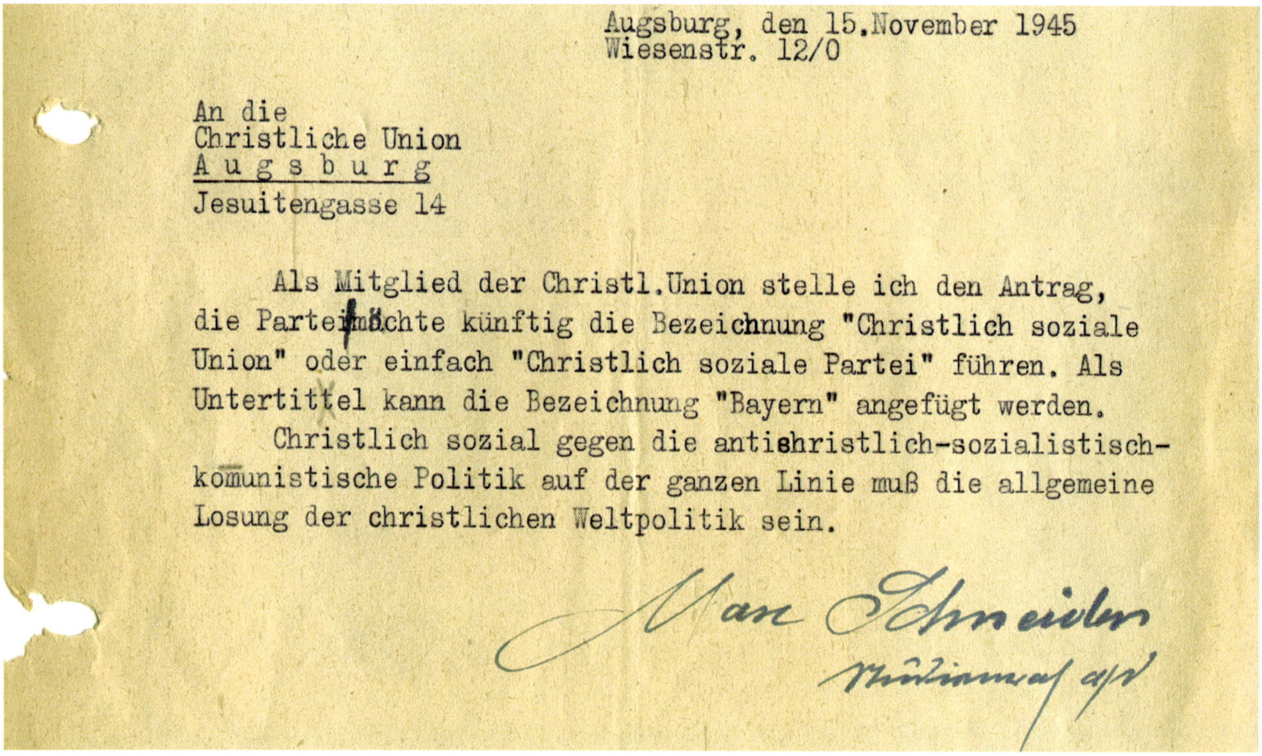

Augsburg, den 15.November 1945
Wiesenstr. 12/0

An die
Christliche Union
A u g s b u r g
Jesuitengasse 14

Als Mitglied der Christl.Union stelle ich den Antrag, die Partei möchte künftig die Bezeichnung "Christlich soziale Union" oder einfach "Christlich soziale Partei" führen. Als Untertittel kann die Bezeichnung "Bayern" angefügt werden.

Christlich sozial gegen die antichristlich-sozialistisch-komunistische Politik auf der ganzen Linie muß die allgemeine Losung der christlichen Weltpolitik sein.

Max Schneider

Mitglieder der „Augsburger Aufbaugemeinschaft" und der „Christlichen Wohnungshilfe" berieten in der Blindenanstalt die Gründung einer christlichen Partei: Ein Antrag vom 15. November 1945 belegt, dass die Jesuitengasse 14 quasi die Geschäftsstelle der „Christlichen Union" beherbergte.

Blindenanstalt, zählte zu den Gründungsmitgliedern. Sein bis heute erhaltener, zerfledderter Mitgliedsausweis trägt die Nummer 622 und vermerkt das Eintrittsdatum 10. Dezember 1945. Stempel auf der Mitgliedskarte überliefern bereits den neuen und endgültigen Namen der Partei: „Christlich Soziale Union" (CSU).

Die Ziele der neu gegründeten politischen Gruppierung waren klar: Man wandte sich zunächst einmal gegen *„die bis an die Wurzeln des Seins greifende Zerrüttung unseres privaten und öffentlichen Lebens, die uns der Nationalsozialismus als Erbe hinterlassen hat [...]"* Die junge Partei wollte in Augsburg *„die politische Gemeinschaft aller christlichen Bekenntnisse in unserer Heimat begründen, um durch geschlossene und ernste Zusammenarbeit jenen Beitrag für den Wiederaufstieg unseres Volkes zu*

Ein Schreiben von Albert Kaifer weist Anton Setzer als Gründungsmitglied der „Christlichen Union" aus.

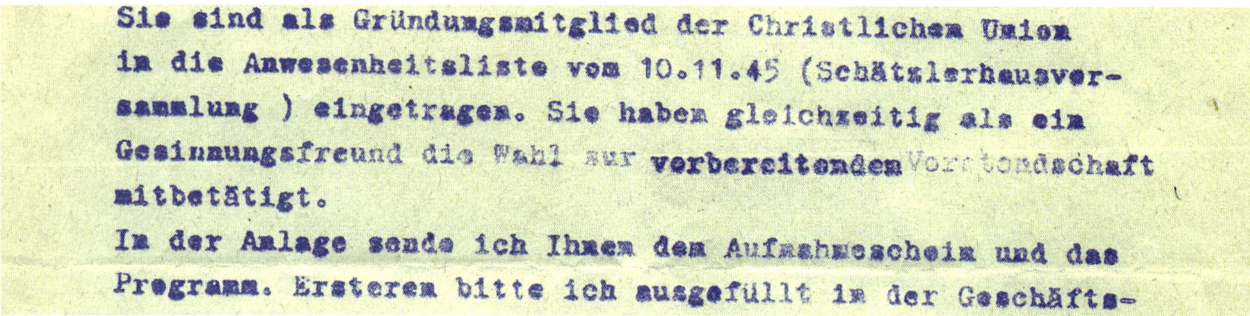

Sie sind als Gründungsmitglied der Christlichen Union in die Anwesenheitsliste vom 10.11.45 (Schätzlerhausversammlung) eingetragen. Sie haben gleichzeitig als ein Gesinnungsfreund die Wahl zur vorbereitenden Vorstandschaft mitbetätigt.
In der Anlage sende ich Ihnen den Aufnahmeschein und das Programm. Ersteren bitte ich ausgefüllt in der Geschäfts-

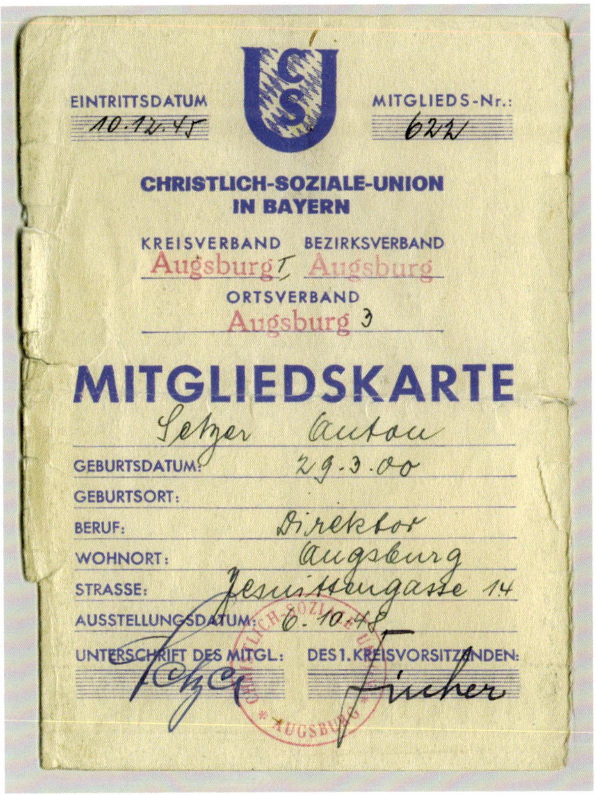

EINTRITTSDATUM 10.12.45
MITGLIEDS-Nr.: 622

CHRISTLICH-SOZIALE-UNION
IN BAYERN

KREISVERBAND Augsburg I
BEZIRKSVERBAND Augsburg
ORTSVERBAND Augsburg 3

MITGLIEDSKARTE

Setzer Anton
GEBURTSDATUM: 29.3.00
GEBURTSORT:
BERUF: Direktor
WOHNORT: Augsburg
STRASSE: Jesuitengasse 14
AUSSTELLUNGSDATUM: 6.10.48
UNTERSCHRIFT DES MITGL.: Setzer
DES 1. KREISVORSITZENDEN: Fischer

Christlich Soziale Union Schwaben

Mitgliedskarte

622

Setzer Anton,
Direktor,
Augsburg, Jesuitengasse

Eintritt 10.12.45

Siegel

Der Vorsitzende
Der Kassier

leisten, der dem christlichen Menschen zukommt." (198) Unter den selbstgestellten Aufgaben waren Ziele, die heute nahezu selbstverständlich erscheinen, wie die *„allgemeine Religions-, Rede- und Vereinigungsfreiheit".* (199)

Oben: Die Mitgliedskarte Anton Setzers für die „Christlich-Soziale-Union" trägt die Nummer 622. Auf dem Dokument ist die Adresse der Blindenanstalt angegeben, wenn auch mit einem kleinen Schreibfehler – als „Jesuittengasse 14".

Franz Josef Strauß – von 1978 bis 1988 bayerischer Ministerpräsident – ehrte Anton Setzer als eines der Gründungsmitglieder der CSU.

Die Augsburger Blindenanstalt und die harten Nachkriegsjahre

Die Arbeit der Augsburger Blindenanstalt in den ersten Nachkriegsjahren

Die „Blindenfamilie“ ist wieder vereint – und erhält viel Besuch

Die Blindenanstalt nach dem Krieg: ein reiches Betätigungsfeld

Nach dem Ende des Zweiten Weltkriegs war Anton Setzer erst durch seinen Anteil an der Arbeit der „Augsburger Aufbaugemeinschaft“, dann durch seinen enormen Einsatz in der „Christlichen Wohnungshilfe“ und nicht zuletzt durch seine intensiven Bemühungen um die Gründung einer christlichen Partei sehr in Anspruch genommen.

In erster Linie war er jedoch der Direktor der Augsburger Blindenanstalt. Und in dieser Funktion fand er nach Kriegsende ein reiches Arbeitsfeld vor.

Zunächst einmal musste die Blindenanstalt wieder baulich instand gesetzt werden. Das Haus als solches stand zwar noch – aber die Schäden waren, wie bereits erwähnt, beträchtlich. Der Arbeitsbetrieb fand durch den Großen Angriff eine kurze Unterbrechung, aber er lief, wie ebenfalls an früherer Stelle berichtet, in den notdürftig wieder hergestellten Werkstätten erstaunlich rasch wieder an.

Fast alle erwachsenen Blinden waren noch vor Kriegsende in ihre (beschädigte) Anstalt zurückgekehrt. Die Blinden auch unterzubringen – vor diese äußerst dringliche Aufgabe sah sich der Direktor

Nach dem Zweiten Weltkrieg wurde die Augsburger Blindenanstalt wieder instand gesetzt. Der Stolz der Blindenanstalt war der damals mit Unterstützung der „Christlichen Wohnungshilfe“ ausgebaute dritte Stock, wo blinde Frauen Platz für Handarbeiten vorfanden.

Blick in den aufwendig ausgebauten dritten Stock der Blindenanstalt. In der Einrichtung wurde gern gefeiert: Ein Höhepunkt war der jährliche Besuch durch den Nikolaus (rechts).

der Augsburger Blindenanstalt gestellt. Die „Christliche Wohnungshilfe" griff ihm hier unter die Arme. Mit ihrer Hilfe konnte schon 1947 das Dachgeschoss der Blindenanstalt ausgebaut werden.

Die Zeit der großen Schlafsäle für die erwachsenen blinden Frauen wurde beendet. Jeweils zwei erwachsene Blinde erhielten ein schönes geräumiges Zimmer. Freundliche Aufenthaltsräume luden zum Verweilen ein.

Die Rückkehr der blinden Kinder aus Ursberg – und die Wiederaufnahme des Schulbetriebs

Endlich konnten auch die blinden Kinder in die Augsburger Blindenanstalt zurückkehren. Ihre Freude darüber war groß. Denn in Ursberg waren sie nie so recht heimisch geworden.

Am 1. September 1947 wurde der Schulbetrieb in der Augsburger Blindenanstalt wieder aufgenommen. Direktor Anton Setzer und Anna Hermann erteilten den Unterricht. Alfred Widmann, ein ehemaliger Schüler der Augsburger Blindenanstalt, hatte sich am Augsburger Konservatorium zum Musiklehrer ausbilden lassen. Er war für den Musikunterricht zuständig.

Feste und Feiern der kleinen Augsburger „Blindenfamilie"

Mit den Kindern kehrte fröhliches Leben in das Haus zurück. Die „Familie" war wieder vereint. Die Augsburger Blindenanstalt war nach wie vor eine kleine Einrichtung, in der jedoch für eine große Familie Platz war. Und diese „Familie" feierte gerne und machte gern Ausflüge, zum Beispiel 1950 nach Rom und später nach Lourdes. Kein Namenstag, kein Geburtstag wurde übersehen. Jedes Jahr war der 6. Dezember ein besonderer Tag, stattete doch der gütige heilige Nikolaus mit seinem weniger gütigen Begleiter, dem Knecht Ruprecht – ge-

spielt von Fritz Hintersberger, langjährigem Stadtrat, Gründungsmitglied der Augsburger CSU und Vater des heutigen Staatssekretärs Johannes Hintersberger –, der Blindenanstalt einen Besuch ab. Die ganze große Familie war im Speisesaal versammelt. Dann öffnete der heilige Nikolaus sein goldenes Buch und teilte Lob und Tadel aus. Zuerst waren die Kinder an der Reihe. Mit den Direktorskindern wurde der Anfang gemacht. Danach mussten die blinden Kinder vortreten und zuletzt lobte und tadelte der Heilige die Erwachsenen.

Die Weihnachtsfeier bildete den Höhepunkt im Jahresfestkreis. Die Vorbereitungen nahmen viel Zeit in Anspruch. Die Hausmutter hatte schon Wochen zuvor überlegt, mit welchen Geschenken sie „ihren" Blinden eine Freude bereiten könnte. Des Öfteren wurden auch Spiele aufgeführt, wovon eines besondere Erwähnung verdient. Anna Hermann hatte ein „Weihespiel" verfasst, welches den Titel trug: „Tag der Besinnung". Das Spiel wollte an die „Große Bombennacht" erinnern. Blinde aus der Blindenanstalt

Blinde aus der Augsburger Blindenanstalt und Schüler des nahen Gymnasiums bei St. Stephan führten auf dem Augsburger Westfriedhof ein „Weihespiel" auf.

führten es zusammen mit Schülern von St. Stephan auf dem Augsburger Westfriedhof auf. Zahlreiche Augsburger – unter ihnen auch Oberbürgermeister Dr. Klaus Müller – waren anwesend.

Es kam auch häufiger vor, dass Kinder aus der Blindenanstalt, die ihre Eltern verloren hatten, von Augsburger Familien für die Festtage eingeladen wurden.

Bischöfe, eine Olympiasiegerin und US-Soldaten zu Besuch in der Blindenanstalt

Hohe Geistliche des Domkapitels weilten häufig zu Besuch in der Blindenanstalt. Besonders große Freude herrschte, wenn der Augsburger Bischof zu Besuch kam. Bischof Dr. Joseph Kumpfmüller stattete der Augsburger Blindenanstalt mehrmals einen Besuch ab. Im Jahr

Besucher in der Augsburger Blindenanstalt: ein US-Soldat der 11. Fallschirmjägerdivison, der Augsburger Bischof Josef Stimpfle und die Augsburger Florettfechterin Heidi Schmid, die bei den Olympischen Sommerspielen in Rom 1960 die Goldmedaille gewonnen hatte.

1964 besuchte der neu ernannte Bischof Dr. Josef Stimpfle die Blindenanstalt.

Auch amerikanische Soldaten, die allgemein als kinderlieb galten, kamen nicht selten in die Blindenanstalt. Die blinden

Kinder waren – besonders in den entbehrungsreichen Jahren der Nachkriegszeit – über die gespendeten Süßigkeiten und Spielsachen hocherfreut. Und auch die erwachsenen Blinden gingen nicht leer aus.

Sogar eine Olympiasiegerin besuchte die Augsburger Blindenanstalt. Große und Kleine freuten sich über den Besuch der Augsburger Florettfechterin Heidi Schmid, die 1960 bei den Olympischen Sommerspielen in Rom Gold gewonnen hatte.

Geteiltes Leid ist halbes Leid

Auch der Tod gehört zum Leben. Die Anstaltsbewohner kannten einander. Man war eine große Familie. Mancher Blinde, manche Blinde hatten vom Schuleintritt an ihr Leben in der Blindenanstalt verbracht. So entstanden Freundschaften, welche die Zeiten überdauerten.

Der Tod riss oft eine schmerzliche Lücke in die „Blindenfamilie". Der blinde Gesangslehrer Alfred Widmann verstarb im Jahr 1959 allzu früh. Zur Zeit seiner schweren Erkrankung machte man sich Gedanken darüber, wie es in Zukunft mit der Augsburger Blindenanstalt wohl weitergehen würde. Drei Wochen vor seinem Tod sagte Widmann zu Anton Setzer, der ihn im Krankenhaus besuchte, dass er nicht mehr sein wolle, wenn die Anstalt nicht mehr sei. Welch eine tiefe Verbundenheit mit „seiner" Blindenanstalt spricht aus diesen Worten.

Mehrere Blinde erinnern sich auch heute noch, wie wichtig der Hausmutter die Begleitung kranker und sterbender Anstaltsbewohner war. Auf ihre Anregung hin betete die „Anstaltsfamilie" für ein sterbendes „Familienmitglied". [200]

Musik spielte in der Blindenanstalt stets eine große Rolle: Alfred Widmann, früherer Schüler der Blindenanstalt, hatte sich am Augsburger Konservatorium zum Musiklehrer ausbilden lassen und gab nun selbst Blinden Unterricht. Unten: Die Augsburger Blindenanstalt organisierte auch Exkursionen – im Jahr 1950 führte eine Fahrt zum Beispiel ins damals offensichtlich winterlich kalte Rom. 1958 wurde eine Gemeinschaftsfahrt nach Lourdes zum Internationalen Blindenkongress unternommen – dort versammelten sich 24 000 Blinde.

Arbeit, Wohnraum und Selbstbestimmung für die Blinden

Neue Aufgaben für Direktor Anton Setzer: Arbeit, Wohnraum und Rechte für Blinde

Der Weg zur Fürsorgefreiheit und zu selbstbestimmtem Leben

Fürsorgefreies Leben für die Anstaltsblinden

Von Beginn seiner Tätigkeit an hatte sich Anton Setzer bemüht, die Blinden von der Fürsorge unabhängig zu machen. Teilerfolge waren ihm hierbei schon in den schwierigen Kriegsjahren beschieden gewesen. Anna Hermann, Blindenlehrerin an der Augsburger Blindenanstalt, bescheinigte dies „ihrem Direktor“ mit den Worten: *„Direktor Setzers Werk ist die Umgestaltung der Beschäftigungsanstalt in einen vorbildlichen Arbeitsbetrieb für Blinde. Die Schwierigkeiten der Materialbeschaffung während des Krieges und nach dem Kriege sowie des Warenabsatzes wurden glänzend gelöst.“* (201)

Sogar in den beiden schweren Nachkriegsjahren 1945/46 betrug der Warenverkauf 62 870,60 Mark. Danach konnte er weiterhin gesteigert werden, und zwar von 96 502,03 Mark in den Jahren 1946/47 auf 178 874,79 Mark in den Jahren 1950/51. Die erwachsenen Blinden der Augsburger Blindenanstalt konnten so entlohnt werden. *„Es ist unserer Anstalt gelungen, die Blinden, deren Unterhalt bisher von der öffentlichen Fürsorge bestritten wurde, so zu beschäftigen, dass sie sich heute ihr Brot ganz oder zum großen Teil selbst verdie-*

Anton Setzer und der hochgradig sehbehinderte Erzieher Konrad Haug in der Verkaufsstelle der Blindenanstalt.

Der langjährige Vorsitzende des Vereins für Blindenerziehung, Prälat Andreas Rampp (rechts), sowie der Neusäßer Bürgermeister und Landtagsabgeordnete Albert Kaifer (links), der sich in seiner Heimatgemeinde für ein „Blindendorf" und überdies für den Aufbau der „Blindenindustrie Neusäß" einsetzte. Albert Kaifer, der 2. Vorsitzende des Vereins, machte sich im Landtag für die Einführung des Blindengelds stark.

nen. Mit dem monatlichen Arbeitslohn bezahlen sie die Anstalt und verfügen darüber hinaus noch über eine größere oder kleinere Summe für ihre privaten Bedürfnisse. Nur durch äußerste Anstrengung konnten wir dieses Ziel erreichen." [202]

Im Jahr 1960 wurde auf das Bestreben von Direktor Setzer hin ein Verein gegründet, der die Blindenarbeit schützen sollte. In der Präambel des Vereins „Arbeitsfürsorge der Blindenanstalt Augsburg e.V." steht geschrieben: *„Getragen von der Verantwortung gegenüber Sehgeschädigten (Blinde und Sehschwache), insbes. gegenüber von solchen, bei denen neben der Sehstörung andere, die Erwerbsfähigkeit auf dem allgemeinen Markt mindernde Gebrechen in zunehmendem Maße vorhanden sind, sehen wir uns veranlasst, im Hinblick auf die Notwendigkeit der Erhaltung der traditionellen Blindenarbeit und die Erkenntnis, dass deren Förderung bestmöglichst in wettbewerbsgeschützten Arbeitsbetrieben gewährleistet ist, zur Erhaltung des Arbeitsplatzes und des Existenzminimus nachstehenden Verein zu gründen."* [203]

Anton Setzer war über die *„Erhaltung der traditionellen Blindenarbeit"* hinaus stets bestrebt, Arbeitsplätze für „seine" Blinden außerhalb der Anstalt zu finden, damit sie ein fürsorgefreies, selbstbestimmtes Leben führen konnten.

In § 2 der Vereinssatzung wird der Zweck so beschrieben: *„[...] dass Blinde und hochgradig Sehschwache von der Inanspruchnahme der öffentlichen Fürsorge möglichst freigestellt bleiben."* [204] So waren mehrere Blinde als Organisten in Augsburger Kirchen tätig. Andere verdienten sich als Stenotypistin oder Telefonistin ihr Brot. Zwei junge Blinde unterstützte der Direktor bei ihrer Ausbildung zu Werklehrern. Ältere Blinde berichten, dass es stets gefeiert wurde, wenn ein Blinder oder eine Blinde eine Stelle außerhalb der Anstalt fanden.

Arbeit für die blinden Flüchtlinge

Unter den ankommenden Flüchtlingstransporten befanden sich auch viele Blinde. In der Augsburger Blindenanstalt wurden blinde Kinder aus der Blindenanstalt Aussig aufgenommen. Zwei Frauen hatten die blinden Kinder begleitet. Die eine, die Direktorin der Aussiger Blindenanstalt (sie war bereits in fortgeschrittenem Alter), nahm der zweite Vorsitzende des Blindenvereins, Albert Kaifer, zunächst bei sich auf und besorgte ihr dann eine Wohnung im „Neusäßer

Kasperletheaterfiguren der „Blindenindustrie Neusäß“ wurden bis ins Ausland verkauft. Der Verein für Blindenerziehung hatte sich mit 49 Prozent an der Firma beteiligt.

Blindendorf“. Die andere, eine Frau Lucha, fand in der Blindenanstalt eine Anstellung als Köchin.

Zu den blinden Vertriebenen zählte ein Herr Imiola, einst Geschäftsführer einer Blindenwerkstatt im Warthegau. Es kam zu einer Begegnung von Direktor Setzer und Herrn Imiola. Letzterer trug Anton Setzer seine Pläne für den Aufbau einer kleinen Blindenindustrie vor. Hier sollten die blinden Flüchtlinge eine Beschäftigung finden. Anton Setzer war von Imiolas Plänen angetan, und er fand Unterstützung bei Albert Kaifer.

Albert Kaifer war damals Bürgermeister der Gemeinde Neusäß, am westlichen Stadtrand von Augsburg gelegen. Kaifer erreichte es bei den vorgesetzten Behörden, dass Neusäß den Charakter eines Blindenaufnahmedorfs erhielt. Ihm schwebte zudem vor, in seiner Gemeinde eine geschlossene Blindenanlage, ein „Blindendorf“ zu errichten. Die „Fa. Hans Deuter“ stellte die benötigten Grundstücke zur Verfügung.

Bereits im März 1946 lief der Betrieb der „Blindenindustrie Neusäß“ an. Hergestellt wurden Matratzen, Polstermöbel und vor allem Spielpuppen. Bis zum Winter 1946/47 arbeiteten 40 Blinde in diesem Betrieb, an dem sich der Verein für Blindenerziehung als Gesellschafter mit 49 Prozent beteiligt hatte. 51 % der Anteile hielt die „Schwäbische Polster- u. Kleinmöbelfabrik GmbH“.

Im Dezember 1947 fanden hier bereits 74 Blinde eine Beschäftigung, darunter 24 Frauen und Mädchen. Die enge Verbindung von Direktor Anton Setzer zum

Flüchtlingskommissar der Regierung von Schwaben (sie rührte aus der Zeit der Errichtung von zwei Lagern für Flüchtlinge her) hatte zur Folge, dass dem Betrieb in Neusäß blinde Flüchtlinge zugewiesen wurden.

In den ersten Nachkriegsjahren war die Materialbeschaffung ein erhebliches Problem. Die Augsburger Textilfabriken wurden zum Beispiel um Spenden von Stoffresten ersucht, die Papierfabrik Haindl um die benötigte Papiermasse zur Herstellung der Spielpuppen für das Kasperletheater. Diese Puppen erwiesen sich übrigens als großer Erfolg – sie wurden sogar bis ins Ausland verkauft.

Die Währungsreform sollte im Jahr 1948 dem Neusäßer Blindenbetrieb großteils die Existenzgrundlage entziehen. Die Produktion wurde eingeschränkt. 1951 musste der Verein für Blindenerziehung seinen Geschäftsanteil veräußern, da er sein eigenes Vermögen durch die Währungsreform verloren hatte und er bei der Zuschussbedürftigkeit der Augsburger Blindenanstalt keine weiteren Risiken eingehen durfte. (205)

Wohnraum für die blinden Flüchtlinge

Die blinden Flüchtlinge benötigten nicht nur einen Arbeitsplatz, sondern auch ein Dach über dem Kopf. In der Augsburger Blindenanstalt herrschte drangvolle Enge – auch beim allerbesten Willen war hier kein Platz für Dutzende neu ankommende blinde Flüchtlinge.

In Neusäß wurden mit Unterstützung durch den Flüchtlingskommissar der Regierung von Schwaben in aller Eile einige Baracken erstellt. Das geplante Flüchtlingsdorf blieb allerdings nur ein Projekt. Es gelang jedoch – mit Direktor Setzer als Organisator – im Jahr 1949 in der Hans-Deuter-Straße in Neusäß einen ersten Wohnblock zu errichten. Zehn Familien von Blinden fanden hier Unterkunft, darunter Alfred Widmann, der blinde Gesangslehrer der Blindenanstalt. Im Jahr darauf folgte ein weiteres Haus mit zwölf Wohnungen. Grund und Boden hatte die Firma Deuter gestiftet. Albert Kaifer, der nun Landtagsabgeordneter war, unterstützte die Errichtung beider Häuser nach besten Kräften. (206)

Endlich: Blinde dürfen heiraten

Das Ende des „Dritten Reichs" brachte auch das Ende seiner Rassenideologie mit sich. Nach nationalsozialistischer Auffassung hatten Ehen der Vermehrung und Erhaltung der arischen Rasse zu dienen. Ein blinder Mensch war mit einem körperlichen Defekt behaftet: Er entsprach nicht dem Bild des „reinen Ariers". Zudem hätte eine Verehelichung Blinder die Vererbung dieses Defekts zur Folge haben können. Deshalb untersagte das „Ehegesundheitsgesetz" vom 18. Oktober 1935 die Eheschließung, wenn einer der Verlobten im Sinne des „Erbgesundheitsgesetzes" erbkrank war.

Für schon verheiratete Blinde, bei denen die Gefahr der Vererbung der Blindheit bestand, war Sterilisation vorgesehen. Diese wurde auch an einem verheirateten Blinden durchgeführt, der an der Augsburger Blindenanstalt zum Korbmacher ausgebildet worden war, sich aber selbstständig gemacht hatte und nicht mehr in der Anstalt lebte. Er soll an den Folgen der Sterilisation gestorben sein.

Das „Bonner Grundgesetz" hingegen lehnt solche Eingriffe in die persönliche Freiheit des Menschen ab; es räumt

Nach dem Ende des „Dritten Reichs" durften endlich auch Blinde heiraten: Die Ehepaare Bergschneider (links) und Widmann hatten sich in der Blindenanstalt kennengelernt.

jedem Menschen das Recht auf ein selbstbestimmtes Leben ein. Er entscheidet, ob er allein oder mit einem Partner durch das Leben gehen will. Direktor Anton Setzer begrüßte es sehr, dass sich nach Ende des Naziregimes Blinde verehelichen konnten. Wer es wünschte, der konnte heiraten. Diesen Wunsch hatten mehrere blinde Frauen und Männer der Blindenanstalt. (207)

Der Kampf um die Einführung des Blindengelds

Für einen blinden Menschen entstanden schon immer und entstehen auch heute noch Kosten, die einem Sehenden erspart bleiben. Schon früh gab es deshalb Vorschläge für eine Unterstützung Blinder von Seiten des Staates. So hatte sich der blinde Friedrich Scherer, von dem an früherer Stelle die Rede war, bereits 1880 zwecks Regelung *„einer permanenten Unterstützung aller Blinden durch den Staat"* (208) an die Regierung des Königreichs Bayern gewandt. Auch auf den seit 1873 stattfindenden Blindenlehrerkongressen wurde wiederholt die Forderung nach Einführung einer Rente für Blinde erhoben.

Die Kriegsblinden des Ersten Weltkriegs wurden umgeschult und wieder in das Arbeitsleben eingegliedert. Der Staat fühlte sich verpflichtet, jenen, die im Dienst für das Vaterland ihr Augenlicht verloren hatten, eine finanzielle „Entschädigung" zu zahlen. Im Gegensatz zu den „Kriegsblinden" hatten die sogenannten „Zivilblinden" allerdings einen schweren Stand. Die Ersteren grenzten sich von den Letzteren ab. Die Blindenorganisationen kämpften in den Zeiten der Weimarer Republik um die Einführung einer Blindenrente auch für die Zivilblinden – ohne Erfolg.

Auch in den zwölf Jahren des „Tausendjährigen Reichs" kam es nicht zu einer Rente für die Zivilblinden. Dem nationalsozialistischen Staat war an arbeitenden Menschen gelegen, nicht an „Rentnern". Nach dem Zweiten Weltkrieg forderte der „Bayerische Blindenbund" mit Nachdruck eine finanzielle Leistung des Staates für alle Blinden. (209)

Im Januar 1952 brach im Dachstuhl der Blindenanstalt ein Feuer aus, das den erst fünf Jahre zuvor ausgebauten dritten Stock mit den neuen Zweibettzimmern und Aufenthaltsräumen vernichtete. Rechts eine Aufnahme der Aufräumarbeiten.

Dem Direktor der Augsburger Blindenanstalt war dieses Blindengeld ein Herzensanliegen. Schon sein von ihm verehrter Onkel Anton Schaidler hatte dieses für äußerst nötig erachtet. *„Auch das zweite Vermächtnis meines Onkels hatte ich nicht vergessen. Gleich nach dem Krieg gingen wir an den Landtag heran [...]“* [210] Anton Setzer und sein Freund, der Landtagsabgeordnete Albert Kaifer, der frühere Bürgermeister von Neusäß, unterstützten den Kampf des Bayerischen Blindenbundes um die Einführung eines Blindengeldes für alle Blinden: *„An dieser Stelle ist zu vermerken, dass der Kampf des Bayerischen Blindenbundes um ein Blindengeld von dem Direktor der Blindenanstalt Augsburg tatkräftige Unterstützung erfuhr. Er setzte sich vor allem bei dem Augsburger CSU-Vorsitzenden und Landtagsabgeordneten Kaifer für ein Blindengeld ein.“* [211]

Am 28. September 1949 stimmte der Bayerische Landtag in einer Plenarsitzung dem „Gesetz über die Gewährung von Blindengeld an Friedensblinde“ zu. Am 1. Oktober 1949 trat das Gesetz in Kraft. Es gilt bis zum heutigen Tag und stellt für jeden Blinden eine nicht zu unterschätzende Grundsicherung dar.

Die Katastrophe des Jahres 1952

Die blinden Kinder waren zurück und hatten Leben ins Haus gebracht. Die Feste wurden gefeiert, wie sie fielen. Man teilte Freud und Leid. Der Arbeitsbetrieb florierte. Die Einnahmen stiegen. Die Bombenschäden waren beseitigt und der neue dritte Stock war aufgesetzt worden.

Die Zukunft der Augsburger Blindenanstalt wirkte gesichert und sie schien guten Zeiten entgegenzugehen. Am

22. Januar 1952 sollte sie jedoch ein harter Schlag treffen, von dem sie sich nicht mehr erholte. Im Dachstuhl der Anstalt brach ein Feuer aus und vernichtete den erst vor fünf Jahren ausgebauten dritten Stock mit den neuen schönen Zweibettzimmern und den behaglichen Aufenthaltsräumen. Der Brand war durch die Fahrlässigkeit eines blinden Jugendlichen entstanden, der heimlich im Speicher geraucht hatte. Die Feuerwehr konnte das Gebäude zwar retten – aber der Wasserschaden war sehr groß.

Bis ins Erdgeschoss tropfte es von der Decke herunter. Sich im Speisesaal zu versammeln, das war gefährlich. Der Putz löste sich nämlich von der Decke und fiel in kleineren und größeren Brocken herunter. Die blinden Hausbewohner hatten zwar den Brand unversehrt überstanden – aber der Stolz des Hauses, der nach modernen Gesichtspunkten ausgebaute dritte Stock, war für immer dahin. Die blinden Frauen wurden notdürftig irgendwie im Haus untergebracht. Die blinden Männer wichen in zwei Baracken aus, die zum Haus gehörten.

Überlegungen, die Hauskapelle in einen großen Schlafsaal umzuwandeln, wurden von den Bewohnern der Blindenanstalt mit Vehemenz zurückgewiesen. Wie in früheren Zeiten herrschte wieder räumliche Enge. Die Anteilnahme der Augsburger war groß. Es kam zu spontanen Hilfsaktionen. Auch Männer und Frauen aus dem öffentlichen Leben boten ihre Hilfe bei der Erstellung eines Neubaus an. Die Stadt Augsburg hatte das Haus nach dem Brand für baufällig erklärt.

Die Regierung von Schwaben genehmigte eine Spendensammlung. Es ging zwar viel Geld ein, aber ein Neubau war eine kostspielige Angelegenheit – und dafür reichte der Spendenertrag nicht aus. Das eigene Anstaltsvermögen hatten ja zwei Inflationen hinweggerafft. [212]

Überlegungen zum Neubau einer Blindenanstalt in Augsburg

Für den Neubau einer Blindenanstalt fehlte das Geld. Außerdem stellte sich zu Beginn der 1950er-Jahre die Frage: War der Neubau einer Blindenanstalt in Augsburg überhaupt sinnvoll? Die Zahl der blinden Kinder nahm nämlich allgemein ab – dank der Fortschritte der Augenmedizin. In Bayern gab es vier Blindenbildungsanstalten: in München, Nürnberg, Würzburg und Augsburg. War vielleicht das Zusammenlegen dieser Anstalten das Gebot der Stunde?

1958 kamen die Direktoren der vier bayerischen Blindenanstalten zusammen und besprachen die Lage. Für die kleine Augsburger Blindenschule bot sich das Aufgehen in der Landesblindenanstalt an. Auch die abnehmende Anzahl der erwachsenen blinden Bewohner der Anstalt war zu bedenken. Zwar florierte der Arbeitsbetrieb der Anstalt, doch für verheiratete Blinde, die wirtschaftlich abgesichert waren, kam das Verbleiben in der Anstalt nach der Verehelichung nicht mehr in Frage. Folglich ging auch die Zahl der erwachsenen Blinden, die in der Anstalt leben wollten, zurück.

War angesichts sowohl des Rückgangs der Zahl blinder Kinder als auch erwachsener Blinder ein Neubau überhaupt noch zu befürworten? Diese Frage erörterte der Direktor der Augsburger Blindenanstalt mit dem Vorsitzenden des Vereins, Prälat Andreas Rampp, und den Mitgliedern des Vereins in zahlreichen Sitzungen. [213]

Direktor Anton Setzer und sein „Augsburger Rechenlehrmittel“

Direktor Anton Setzer und das von ihm entwickelte „Augsburger Rechenlehrmittel“

Im Jahr 1954 wurde das Patent Nummer 1074303 verliehen

Das berühmte Steckbrett

Wie an früherer Stelle bereits erwähnt, galt Anton Setzers besonderes schulisches Interesse dem Rechenunterricht. Mit einem von ihm entwickelten Steckbrett ließen sich schwierige Rechenaufgaben lösen. Dr. Volker Hahn, bis Ende Juli 2014 Schulleiter am Förderzentrum für Blinde und Sehbehinderte in Unterschleißheim, interessierte sich sehr für dieses Steckbrett. Er verfasste seine Dissertation über den Rechenunterricht bei Blinden.

In der Geschichte des Vereins, dessen Historie in diesem Buch nachgezeichnet wird, nimmt das „Augsburger Rechenlehrmittel" eine besondere Rolle ein. Es handelt sich dabei um eine Erfindung des früheren Direktors der Augsburger Blindenschule, Anton Setzer. Er steht damit in einer langen Tradition von Blindenpädagogen, die sich stets um die Verbesserung der anschaulichen Möglichkeiten des Unterrichts bei blinden und sehbeeinträchtigten Schülern bemüht hatten.

Bemerkenswert bei Setzers vor allem für den Mathematikunterricht konzipierten Erfindung ist die Tatsache, dass ihm im Jahr 1954 unter der Nummer 1074303 durch das Deutsche Patentamt ein

Der Direktor der Blindenanstalt, Anton Setzer, war am Rechenunterricht besonders interessiert und entwickelte das sogenannte „Augsburger Rechenlehrmittel", das 1954 patentiert wurde.

Die blinde Erika mit dem von Direktor Anton Setzer entwickelten Meterstab mit Zehnerstäbchen und Steckstiften.

Patent verliehen wurde. Der darin genannte offizielle Titel seiner Erfindung lautete: „Lehrmittel für Kinder, insbesondere für blinde und sehschwache". Wie alle im sonderpädagogischen – im Besonderen blindenpädagogischen – Denken tief verwurzelten Menschen verfolgte auch Anton Setzer die Absicht, ein Lehrmittel zu schaffen, das Lern- und Veranschaulichungsprozesse erleichtern und unterstützen sollte. Bezogen auf den Mathematikunterricht bedeutete dies, Rechenoperationen in größerem Umfang zu ermöglichen, eine anschauliche Darstellung von absoluten Längen- und Flächenmaßen zu gewährleisten und nicht zuletzt auch die Entwicklung der räumlichen Vorstellung zu fördern.

Das Lehrmittel wurde bis weit in die 1970er-Jahre im Mathematikunterricht, aber auch in anderen Fächern wegen seiner vielfältigen Verwendungsmöglichkeiten eingesetzt. Gelegentlich wird Setzers Lehrmittel sogar noch heute, trotz moderner Weiterentwicklungen auf diesem Gebiet, in der Grundschule der Edith-Stein-Schule in Unterschleißheim benutzt.

Das „Augsburger Rechenlehrmittel": ein in sich geschlossenes System

Man kann das „Augsburger Rechenlehrmittel" als ein in sich geschlossenes und systemisch aufbauendes Medium bezeichnen. Die Grundeinheit besteht aus einer zehn mal zehn Zentimeter großen und einen Zentimeter dicken Kunststoffplatte, in die 100 Bohrungen im Abstand von je einem Zentimeter eingelassen wurden. In diese Bohrungen können verschiedenfarbige Stifte gesteckt werden, deren tastbare Kopfformen fünf unterschiedliche Varianten aufweisen. Damit Grundschulkinder sich diese Formen besser einprägen können, erhielten die Stifte Namen alltäglicher Gegenstände:

- Stiftkopf rund, vertieft („Schüsselchen")
- Stiftkopf rund, mit Rand („Rädchen")
- Stiftkopf quadratisch („Tischchen")
- Stiftkopf nach oben gewölbt („Apfelbäumchen")
- Stiftkopf kegelförmig („Tannenbäumchen")

Einige der quadratischen Stifte sind mit Punktschriftzeichen versehen, für Schüler mit Sehrest sind sie farblich markiert. Über die beschriebene Grundeinheit hinaus gab es weitere Zusatzmaterialien wie beispielsweise:

- den Zehnerstab (10 cm x 1 cm)
- das Neunerquadrat (3 cm x 3 cm, mit 9 Zapfen bzw. 9 Löchern)
- das Dreieck (Neunerquadrat, mit 3 Zapfen)

Lerntechniken mit dem „Augsburger Rechenlehrmittel": Vorbereitung auf das Erlernen der Brailleschrift (links) und das Einmaleins-Rechnen am Hunderter-Brett.

- den Dreiecksstift (halbes Quadrat)
- Gummiringe in verschiedenen Größen und Farben
- den „Meterstab" (mit drei Lochreihen zu je 100 Bohrungen)

Der zuletzt genannte Meterstab spielte in der Augsburger Blindenanstalt eine herausragende Rolle, diente er doch den Lehrern bei jedweder Gelegenheit dazu, die Schüler zu Schätzübungen im Alltag anzuregen. Mit Hilfe der drei Reihen von je 100 Bohrungen konnten die Schüler unmittelbar ihre Schätzung (abgesteckt auf der ersten Bohrreihe) mit dem tatsächlichen Messergebnis (abgesteckt auf der zweiten Bohrreihe) vergleichen und somit Anschauung und Weltbezug erfahren. Nicht unerwähnt soll bleiben, dass dieser besondere, von Direktor Anton Setzer entwickelte Meterstab natürlich auch die Hinführung zum Erlernen der Brailleschrift erleichterte.

Im Mathematikunterricht konnte das Lehrmittel Anton Setzers auf vielfältige Weise verwendet werden. Eine Auswahl unterschiedlicher Themen sei hier kurz genannt, ohne vollständig zu sein.

- Im Bereich der Grundrechenarten beispielsweise erste Mengenerfahrungen
- Sortieren der unterschiedlichen Stifte nach ihren Eigenschaften (nach Farbe oder Form)
- Reihenbildung und Mengenvergleich
- Darstellung von Zahlbildern
- Zuordnung entsprechender Ziffern
- Einmaleinsreihen-Bildung
- Multiplikationsfelder
- Verteilen/Aufteilen bei der Division
- Brüche (Darstellung mit Hilfe entsprechend durchgebrochener Zehner-, Achterstäbe etc.)
- Grundbegriffe der Kombinatorik (Wie viele mögliche Stellungen gibt es mit zwei, drei, vier Stiften?)

Das „Augsburger Rechenlehrmittel" kam nicht nur im Mathematikunterricht (rechts: zum Beispiel beim „Satz des Pythagoras") zum Einsatz, es veranschaulicht auch Lehrstoff anderer Unterrichtsfelder, wie zum Beispiel die Dimensionen der Erdteile.

- Darstellung der Quadratzahlen
- Veranschaulichung der binomischen Formeln.

Auch für den Bereich der geometrischen Bildung bot das Augsburger Lehrmittel mannigfaltige Einsatzmöglichkeiten:

- Parkettierungen
- Entwicklung der Flächenberechnung
- Formen- und Figurenlehre
- Darstellung geometrischer Figuren mit Steckstiften und Gummiringen
- Erarbeitung verschiedener Arten von Symmetrie
- Berechnung der Kreisfläche
- Satz des Pythagoras
- Förderung räumlicher Vorstellung
- Berechnung von Volumina üblicher Grundkörper

Über den reinen Rechen- und Mathematikunterricht hinaus konnte das Augsburger Lehrmittel aber auch in anderen Unterrichtsfeldern zum Einsatz kommen, wie bereits weiter oben angedeutet wurde. So war es etwa im Fach Erdkunde sehr anschaulich möglich, Darstellung und Vergleich von Größe und Einwohnerzahlen von Städten, Regionen, Ländern, Staaten (zum Beispiel durch Bau von Säulen) von den Schülern selbstständig durchführen zu lassen. Eine ausgezeichnete Möglichkeit, die Herstellung von Diagrammen und Schau-/Tastbildern zu üben.

Die soeben aufgeführte Themenliste macht deutlich, welch wunderbare Idee hinter Anton Setzers Erfindung steckte: Mit seinem Lehrmittel konnten Schüler im Grunde vom Beginn ihrer Schulzeit bis zu ihrem Abschluss mit ein und demselben, dem vertrauten Hilfsmittel arbeiten und lernen, ohne dass dabei in Augsburg auf andere, auch geeignete Lehrmittel und Unterrichtsmedien verzichtet worden wäre.

Die Tradition blindenpädagogischer Entwicklungen wird fortgeführt

In gewisser Weise scheint es Fügung gewesen zu sein, dass im Jahr 2006 ein nicht minder engagierter Blindenpädagoge, als es Anton Setzer gewesen war, als neuer Schulleiter in das Sehbehinderten- und Blindenzentrum (SBZ) nach Unterschleißheim berufen wurde. Dr. Volker Hahn war zu diesem Zeitpunkt bereits weit über die Grenzen Bayerns hinaus unter anderem als versierter Erfinder und Entwickler von Lehrmitteln für blinde Schüler bekannt. Die Übernahme der Schulleitung im SBZ 2006 durch Dr. Hahn war für die schulische Weiterentwicklung äußerst segensreich. Wie Setzer widmete sich auch Hahn bei seinen Erfindungen spezieller Unterrichtsmedien besonders dem Fach Mathematik – weiß man doch, dass gerade dieses Unterrichtsgebiet blinden Schülern im Vergleich mit sehenden deutlich mehr abverlangt.

Noch vor seinem Amtsantritt im SBZ hatte Dr. Volker Hahn sich einen Namen als Erfinder der GALLUS-Zeichenplatte für Blinde, der Spezialzeichenstifte GALLINO und des „Geometrie-Atlas für blinde und sehende Schülerinnen und Schüler" gemacht. Diese Lehrmittel fanden nicht nur im Unterricht an den Blinden- und Sehbehindertenschulen, sondern vor allem auch bei der Integration/Inklusion an allgemeinen Schulen woito Vorbroitung.

Während seiner Amtszeit an der Edith-Stein-Schule entwickelte und verwirklichte Volker Hahn in den Jahren 2010 und 2011 zusammen mit Hermann Küblbeck, einem langjährigen Freund und Förderer der Einrichtung, das „Unterschleißheimer Messtableau" und das „Dynamische Sehnen-Sekanten-Modell".

Der Verein für Sehgeschädigtenerziehung und seine Nachfolger als Träger der schulischen Bildung für blinde und sehbehinderte Menschen – zunächst in Augsburg, dann in Unterschleißheim – kann mit Stolz auf die Tradition blindenpädagogischer Entwicklungen innerhalb seiner Einrichtungen zurückblicken.

Fünf verschiedene Kopfformen erleichtern Blinden die Arbeit mit Setzers Rechenlehrmittel. Für Schüler mit Sehrest sind diese Steckstifte zudem farbig markiert.

Das von Anton Setzer entwickelte Steckbrett hilft auch bei der Bewältigung des beruflichen Alltags: Die blinde Wally Kirchhauser organisierte damit die Bettenbelegung ihres Hotels.

Eine neue Aufgabe: die Beschulung „sehschwacher“ Kinder

Ein neuer Direktor, geänderte Anforderungen: die Beschulung „sehschwacher" Kinder

1968 übergab Anton Setzer an seinen Sohn – Pater Friedrich Setzer

Die Fehlbeschulung „sehschwacher" Kinder

Schon immer gab es Kinder, die Probleme mit dem Sehen hatten. Sie waren nicht blind, aber ihr Sehvermögen war mehr oder weniger eingeschränkt. Man bezeichnete solche Kinder als „sehschwach" oder „sehbehindert". Manche von ihnen besuchten die Schulen für Normalsichtige. Das lief meist nicht ohne Schwierigkeiten ab. Besonders das Lesen und Abschreiben von der großen Tafel, auch das Lesen kleingedruckter Texte und nicht selten das Unterscheiden von Farben machten ihnen zu schaffen.

Oft besuchten sie wegen ihres schlechten Sehvermögens die damals sogenannte „Hilfsschule". Doch dort gehörten sie eigentlich nicht hin, denn nur einige wenige waren lernbehindert.

Am häufigsten kam für sie der Besuch einer Blindenschule in Frage. Methodik und Didaktik des Unterrichts waren hier allerdings schwerpunktmäßig auf blinde Kinder und nicht auf sehschwache ausgerichtet. Auch die Blindenpädagogik konnte ihren speziellen Bedürfnissen kaum Rechnung tragen. Die Blindenschule war für sie also ebenfalls nicht der richtige Ort. Den Leitern der Blindenschulen war diese Problematik längst bekannt. Unter ihren Schülern waren häufig einige „Sehschwache" oder „Sehbehinderte".

Die Blindenlehrer versuchten zwar, dieser Gruppe – so gut es eben ging – gerecht zu werden. Doch Unterricht und ihre Pädagogik waren letztlich auf blinde Schüler ausgerichtet. Für sehbehinderte Kinder wären also spezielle Unterrichtsmethoden und eine ihnen gemäße Seh-

Sehbehinderte Kinder bemalten im Jahr 1968 die triste Hauswand der Augsburger Blindenanstalt.

Pater Friedrich Michael Setzer wurde 1956 zum Priester geweiht, zwölf Jahre später übernahm er die Leitung des Augsburger Sehbehindertenzentrums. Um diese Einrichtung zu ermöglichen, wurde der Verein für Blindenerziehung in Schwaben 1960 zum Verein für Sehgeschädigtenerziehung in Schwaben e.V.

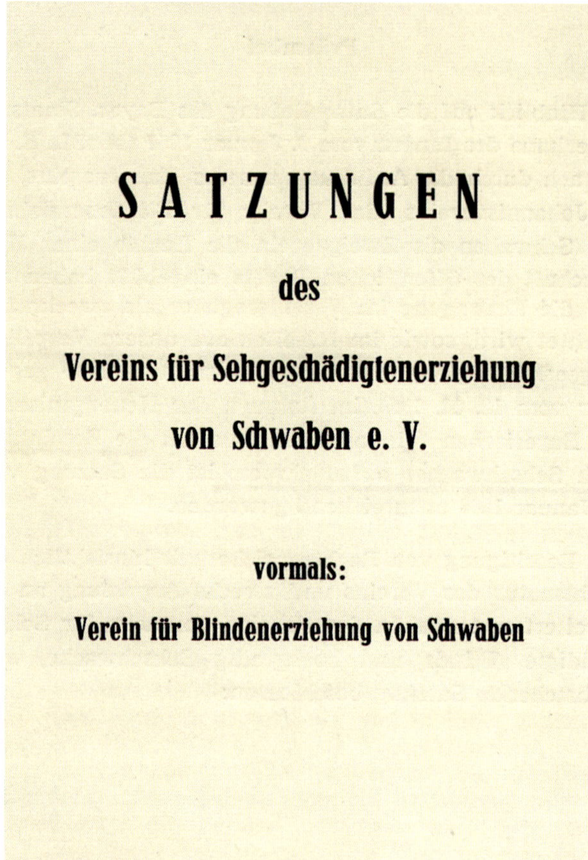

SATZUNGEN

des

Vereins für Sehgeschädigtenerziehung

von Schwaben e. V.

vormals:

Verein für Blindenerziehung von Schwaben

behindertenpädagogik vonnöten gewesen. Direktor Anton Setzer erzählte des Öfteren, dass ihn sein Onkel, Anton Schaidler, Direktor der Landesblindenanstalt, schon früh darauf hingewiesen habe, dass die „sehschwachen Schüler" in einer Blindenanstalt fehl am Platz seien und dass sie einer besonderen Beschulung bedurften.

Als es nun um den Neubau der Augsburger Blindenanstalt ging, erinnerte sich Anton Setzer an die Worte seines Onkels. Wenn die Zahl der blinden Kinder abnahm, und die Zahl der erwachsenen Blinden, die außerhalb der Anstalt ein selbstbestimmtes Leben führen wollten, zunahm – war es dann nicht sinnvoll, sich einer neuen Aufgabe zuzuwenden? Beschulung und Erziehung sehbehinderter Kinder – hier war Neuland zu betreten. (214)

Vom Verein für Blindenerziehung zum neuen Verein für Sehgeschädigtenerziehung

Der Verein für Blindenerziehung in Schwaben war gewillt, dieses Neuland zu betreten. Bereits am 12. Dezember 1958 verpflichtete er sich in einem Schreiben, das sowohl an die Regierung von Schwaben als auch ans bayerische Kultusministerium ging, zur Errichtung einer „Sehschwachenschule". Da aber die Vereinssatzung aus dem Jahr 1885 *„die Gründung und Erhaltung einer*

Lehr= und Erziehungsanstalt für bildungsfähige Blinde" (215) als Hauptaufgabe betrachtete (§1), musste diese Satzung geändert werden, und der Verein für Blindenerziehung in Schwaben wurde am 13. Mai 1960 zum Verein für Sehgeschädigtenerziehung in Schwaben e.V. Die Notwendigkeit der Eintragung des „e.V." ins Vereinsregister hatte sich durch die Auflösung des St.-Johannis-Vereins ergeben. Dem Verein für Sehgeschädigtenerziehung musste eine Rechtsgrundlage gegeben werden.

Der § 2b beschreibt die Aufgabe des neuen Vereins: *„Zweck des Vereins ist die Förderung der Sehgeschädigtenfürsorge im Regierungsbezirk Schwaben [...]"* (216) Der Oberbegriff „sehgeschädigt" deckt sowohl die Gruppe blinder als auch sehbehinderter Kinder ab. Der Verein für Sehgeschädigtenerziehung hatte damit sein Aufgabengebiet erweitert.

Er konnte zwar seiner bisherigen Aufgabe – der Beschulung und Erziehung von blinden Kindern – weiterhin gerecht werden. Doch war eine neue Aufgabe hinzugekommen, nämlich die Aufnahme „hochgradig sehschwacher Schüler" in die Augsburger Blindenanstalt. Das alte Haus in der Jesuitengasse 14 konnte für diese neue Aufgabe nicht mehr als eine Übergangslösung sein. (217)

Der wichtige § 5 des Sonderschulgesetzes von 1967

Im Jahr 1967 schuf der Bayerische Landtag die gesetzliche Grundlage für die Errichtung von speziellen Sehbehinderten- oder Sehschwachenschulen. Sehbehindertenschulen sollten nach § 5 solche Schüler besuchen, die *„ihr Weltbild vorwiegend optisch aufbauen, deren Sehvermögen jedoch sehr eingeschränkt ist."*

Im Jahr 1968 gewann Direktor Anton Setzer die Volksschullehrerin Marianne Schuber als sehende Lehrkraft für die zu gründende Sehbehindertenschule.

Die Einschränkung des Sehvermögens liegt zwischen 1/4 und 1/20 der Norm.

Ihre starke Einschränkung bewirkt, dass Sehbehinderte und Sehschwache *„dem allgemeinen Bildungsweg der Volksschule nicht oder nicht mit genügendem Erfolg zu folgen vermögen."* (218)

Ein schwerwiegender Entschluss

Direktor Anton Setzer fasste nach zahlreichen Besprechungen mit dem Vorstand des Vereins, mit den Vereinsmitgliedern, mit seiner Familie und mit den Direktoren der bayerischen Blindenanstalten den schwerwiegenden Entschluss, die blinden Schüler der Augs-

Der Augsburger Grafiker Günther Fritsch zeichnete diese Ansicht der Blindenschule: Rechts: Die Geschwister Friedrich und Elisabeth Setzer unter dem Porträt ihres Vaters.

burger Blindenschule an die Landesblindenanstalt München abzugeben und im Haus in der Jesuitengasse 14 eine Heimschule für sehbehinderte Schüler zu errichten.

Im Gegenzug verpflichtete sich die Landesblindenschule München, sehbehinderte Schüler an die neue Sehbehindertenschule in Augsburg abzugeben. (219)

Doch die Pläne des Bayerischen Kultusministeriums gingen über die Umwandlung der Blindenschule in Augsburg in eine Sehbehindertenschule weit hinaus. Es plante ein Sehbehindertenzentrum für ganz Südbayern. (220)

Eine Mammutaufgabe für Pater Friedrich Setzer SJ

Anton Setzer ging auf die Siebzig zu. Die neue große Aufgabe wollte er nicht mehr schultern, sondern sie in jüngere Hände legen, nämlich in die seines ältesten Sohnes Friedrich. Friedrich Setzer war am 17. Mai 1926 in Nabburg zur Welt gekommen. Nach der Übersiedlung der Familie nach München besuchte er zunächst dort die Volksschule, dann das Maximiliansgymnasium. Als sein Vater 1940 Direktor der Blindenanstalt in Augsburg wurde, bot sich für ihn dort der Besuch des humanistischen Benediktinergymnasiums St. Stephan an. Mit 17 Jahren wurde Fritz Setzer eingezogen – zunächst als Luftwaffenhelfer, danach wurde er der Infanterie zugeteilt. Kurz vor Kriegsende geriet er in amerikanische Gefangenschaft. 1946 studierte er zunächst einige Monate Philosophie in München, im September desselben Jahres trat er in Dillingen in das dortige Priesterseminar ein. Ab dem Jahr 1948 war er Novize des Jesuitenordens in Pullach.

Auf das Philosophiestudium in Pullach und das Theologiestudium in Frankfurt am Main folgte das Studium der Psychologie in München. 1956 war Friedrich Setzer zum Priester geweiht worden. Zwölf Jahre später übernahm er die Leitung des zunächst provisorischen Sehbehindertenzentrums in Augsburg. Pater Friedrich Michael Setzer SJ war gewillt, seine ganze Kraft für den Aufbau eines geplanten größeren Sehbehindertenzentrums einzusetzen. Sein Orden stellte den Diplompsychologen großzügigerweise für diese schwierige Aufgabe frei. (221)

Pionierarbeit zweier junger Lehrerinnen

Anton Setzers Tochter Elisabeth war bereits ausgebildete Blinden- und Sehbehindertenlehrerin und unterrichtete seit dem Jahr 1964 an der Augsburger Blindenschule, zusammen mit ihrem Vater und der Blindenoberlehrerin Anna Hermann. Für Anna Hermann wäre die Umstellung, als (nahezu) Blinde in einer Sehbehindertenschule Unterricht zu erteilen, äußerst schwierig gewesen. Da ihr Gesundheitszustand seit Langem nicht mehr der beste war, ging sie in den wohlverdienten Ruhestand.

Nun musste Ersatz für Anna Hermann gesucht werden. Diese Suche erwies sich als äußerst schwierig, denn in einer Sehbehindertenschule mussten hinsichtlich des Unterrichts und der Erziehung völlig neue Wege beschritten werden.

Die ausgebildete Blinden- und Sehbehindertenlehrerin Elisabeth Setzer (links) und die Volksschullehrerin Marianne Schuber (rechts, in der Mitte eine sehbehinderte Schülerin) betraten zu Beginn des Schuljahrs 1968 in der ehemaligen Blindenschule pädagogisches Neuland.

Marianne Schuber (die junge Volksschullehrerin war mit Elisabeth Setzer befreundet) erklärte sich schließlich bereit, zunächst aushilfsweise einzuspringen. Mit Beginn des neuen Schuljahrs begann im September 1968 in der ehemaligen Blindenschule der Unterricht. Die jungen Lehrerinnen fassten die sehbehinderten Schüler in zwei Klassen zusammen: die Klasse 1–4 und die Klasse 5–8.

Die verschiedenen Standorte der Sehbehindertenschule mit Heim in Augsburg

1889
Blindenanstalt in der Jesuitengasse 14

1968 – 1983
Stammhaus in der Jesuitengasse 14

1968 – 1977
Sehbehindertenschule mit Heim in der Jesuitengasse 14

1968 – 1983
Internat (Grundschüler)

1972 – 1976
Internat (Mädchen)
zwei Wohnungen, Frauentorstraße 2

1973 – 1977
Internat (Knaben)
Lehrlingsheim
Georgenstraße, Frauentorstraße 29

1973 – 1983
Verwaltung, Reinöhlstraße 54

1975 – 1977
Realschule,
Philippine-Welser-Straße 28

1975 – 1977
Teil der Volksschule,
Siebenbrunner Straße 22

1976 – 1983
Internat (Mädchen),
Friedberger Straße 123 a

1977 – 1983
Felsensteinschule: Realschule und Volksschule, Felsensteinstraße 6

1977 – 1983
Internat (Knaben), Butzstraße 18

1979 – 1983
Tagesheim (Knaben und Mädchen),
Habsburgerstraße

Die beiden Frauen betraten völliges Neuland – zunächst existierte nicht einmal ein Lehrplan. Elisabeth Setzer erstellte in einer Lehrplankommission (gemeinsam mit Margarete Tanner und Marianne Huber aus Nürnberg) zuerst einen Lehrplan für Bayern. Danach war sie Mitglied einer bundesweiten Arbeitsgruppe, die unter Federführung des Bayerischen Ministeriums für Unterricht und Kultus (Ministerialrat Köppl) Richtlinien für eine Sonderschule für Sehbehinderte erstellte.

Es gab keine Bücher in Großdruck und – außer Lupen – so gut wie keine Hilfsmittel. Alle Texte mussten vergrößert von Hand geschrieben und danach mittels Blaupausen (es gab noch keine Kopiergeräte) vervielfältigt werden. Es war wirkliche Pionierarbeit, welche die beiden Lehrerinnen hier leisteten. [222]

Die ständige Suche nach zusätzlichen Räumen

Einige wenige Schüler aus Augsburg und der näheren Umgebung besuchten nur den Unterricht und wohnten zuhause. Schüler von auswärts konnten nur notdürftig in der alten Blindenanstalt untergebracht werden. Doch die Räume reichten hier nicht aus. So begann die mühevolle Suche nach zusätzlichen geeigneten Räumlichkeiten – zunächst in und um Augsburg.

Wo immer leer stehende Gebäude oder Räume angeboten wurden – Pater Friedrich Setzer, seine Schwester und deren Freundin nahmen sie in Augenschein und mieteten sie an.

Gleichzeitig begann man nach Bauplätzen oder Räumlichkeiten für das geplante neue Zentrum Ausschau zu halten:

- in Augsburg in der Centerville-Siedlung (die von den Amerikanern aufgegeben worden war)
- in Augsburg auf dem ehemaligen Flugplatz an der Haunstetter Straße
- in Augsburg an der Peter-Henlein-Straße
- in Göggingen in der Uhrenfabrik Hörl
- in Augsburg in der Hermanstraße 2.

Ein leer stehendes Schlösschen in Hainhofen, einem Dorf westlich von Augsburg, schien ein Volltreffer zu sein. Es hatte einst den Augsburger Patrizierfamilien Fugger und Rehlingen gehört. Dieses wunderschöne Schlösschen wurde besichtigt, für geeignet befunden und ein Plan für Schule und Heim wurde erstellt. Doch dann stellte sich heraus, dass die am Schloss vorbeifließende Schmutter häufig den Schlosspark überflutete. Ausgeträumt war der Traum von Schloss und Schlosspark.

Das einstige Fuggerschloss in Hainhofen, heute ein Stadtteil von Neusäß, wäre als Sehbehindertenzentrum in Frage gekommen: Doch die nahe Schmutter machte alle Pläne zunichte – die Standortsuche im Raum Augsburg wurde aufgegeben.

Sowohl die Besichtigungen und Nachbesprechungen als auch das Zeichnen der Pläne nahm viel Zeit in Anspruch. Doch letzten Endes musste die ganze Suche ergebnislos abgebrochen werden. Die Räumlichkeiten und auch die Bauplätze waren entweder zu klein oder zu groß, zu abgelegen oder nicht geeignet, manchmal auch zu teuer.

Der Direktor der Augsburger Anstalt, Pater Friedrich Setzer, rückte nun – im Einvernehmen mit dem bayerischen Kultusministerium – vom bisherigen Plan ab, das Sehbehindertenzentrum in Augsburg zu errichten. (223)

Der lange Weg zum Sehbehindertenzentrum für Südbayern

Hürden und Hilfe vor der Errichtung des Sehbehindertenzentrums für Südbayern

Im Mai 1984 wurde in Unterschleißheim die Einweihung gefeiert

Die mühevolle Suche nach einem Standort für das geplante Zentrum im Raum München

Als Standort für ein Sehbehindertenzentrum wurden die Landeshauptstadt und die nähere Umgebung Münchens ins Visier genommen – dies vor allem mit der Begründung, dass auf diese Weise viele sehbehinderte Kinder in ihren Familien und in ihrem sozialen Umfeld hätten verbleiben können. Die Bezirke Oberbayern, Niederbayern und Schwaben erklärten ihre Bereitschaft, die Errichtung eines Sehbehindertenzentrums in Südbayern finanziell mitzutragen, weil dem Verein (wegen der beiden vorangegangenen Inflationen) die nötigen Mittel fehlten.

Nun begann eine erneute Suche nach einem geeigneten Standort für das geplante Sehbehindertenzentrum – die Hauptaufgabe für den neuen Direktor, Pater Friedrich Setzer. Seine Schwester Elisabeth unterstützte ihn bei dieser Suche. Was wurde da nicht alles an Gebäuden und Grundstücken besichtigt. Einige Grundstücke lagen in München:

- an der Landsberger Straße 439 – 441
- am Stiglmaierplatz
- an der Knorrstraße
- in Sendling, Thalkirchner Straße 125.

Doch auch verschiedene Grundstücke in der Nähe von München wurden geprüft:

- in Feldkirchen-Westerham
- in Pullach im Isartal
- in Haar-Weißenfeld
- und erneut ein Schloss, nämlich das in Sulzemoos.

Doch auch in und um München blieb die Suche zunächst ergebnislos. [224]

Ein Lichtstreifen am Horizont – die Rottmannshöhe am Starnberger See steht zum Kauf

Die Jesuiten besaßen ein ehemaliges Exerzitienhaus auf der Rottmannshöhe, wunderschön hoch über dem Starnberger See gelegen, das nicht mehr in Betrieb war. Pater Friedrich Setzer fragte bei seinem Provinzial nach, ob das Grundstück samt Haus zu kaufen wäre. Der Provinzial war nicht abgeneigt.

Der dortige Gemeinderat und auch das Landratsamt erteilten die Zustimmung zur Errichtung eines Sehbehindertenzentrums für Südbayern auf der Rottmannshöhe. Die drei Bezirke erwarben unter der Führung Oberbayerns dieses Grundstück. Ein Bauwettbewerb wurde ausgeschrieben. Den Wettbewerb gewann der Münchner Architekt Alexander

Auf dem Gelände dieses ehemaligen Exerzitienhauses der Jesuiten auf der Rottmannshöhe am Starnberger See plante der Verein für Sehgeschädigtenerziehung den Neubau eines Sehbehindertenzentrums. Das Projekt scheiterte jedoch am Widerstand der Nachbarn.

Pagenstecher: Er fertigte einen Bebauungsplan an. Der fand nicht überall Gefallen – die Häuser am Berg seien zu klobig und würden nicht in die Landschaft passen, wurde von Kritikern moniert. (225)

Das Scheitern des „Projekts Rottmannshöhe"

Doch letztlich schien die Errichtung des Sehbehindertenzentrums auf der Rottmannshöhe in greifbare Nähe gerückt – bis das inzwischen schon weit fortgeschrittene Projekt am Widerstand einiger Nachbarn scheiterte. Mehrere Anlieger befürchteten, dass es künftig mit ihrer Ruhe vorbei sei. Andere brachten mehr oder weniger versteckt zum Ausdruck, dass sie der Anblick sehbehinderter Kinder stören würde. 1975 rückte der Verein für Sehgeschädigtenerziehung schließlich vom Bau eines Sehbehindertenzentrums auf der Rottmannshöhe ab.

Kostbare Jahre waren verloren. Der Verein für Sehgeschädigtenerziehung war im Zeitverzug. Eltern sehbehinderter Kinder ging die Geduld aus. Sie wollten nicht länger warten. Auf ihr Drängen hin war bereits 1974 eine Realschule für Sehbehinderte unter der Leitung von Marianne Schuber (sie hatte sich inzwischen zur Realschul-, Blinden- und Sehbehindertenlehrerin ausbilden lassen) in der ehemaligen Augsburger Blindenanstalt eröffnet worden. In München wurde Helmut Schuster vom Verein für Sehgeschädigtenerziehung beauftragt, eine Grundschule für sehbehinderte Kinder zu eröffnen. Dies war ebenfalls 1974.

Die Suche begann nun von Neuem. Wo konnte das geplante Sehbehindertenzentrum für Südbayern errichtet werden? (226)

Land in Sicht – die schulfreundliche Gemeinde Unterschleißheim

Die Antwort auf diese Frage kam aus Unterschleißheim. Die Gemeinde galt als besonders schulfreundlich, was nach der Enttäuschung mit der Rottmannshöhe nicht eben unwichtig war. Bürgermeister Hans Bayer schlug in der Sitzung vom 13. August 1975 den Mitgliedern des Gemeinderates (anwesend war nur

Helmut Schuster wurde vom Verein für Sehgeschädigtenerziehung beauftragt, 1974 eine Grundschule für sehbehinderte Kinder in München zu eröffnen. Im selben Jahr nahm in Augsburg die von Marianne Schuber gegründete Realschule für Sehbehinderte in der ehemaligen Augsburger Blindenanstalt den Lehrbetrieb auf.

der Ferienausschuss) vor, *„Unterschleißheim als möglichen Standort“* (227) ins Gespräch zu bringen. Das Ratsgremium stimmte diesem Plan in seiner Sitzung vom 5. November 1975 zu, ebenso später eine Bürgerversammlung.

Die bereits erschlossenen großen Grundstücke (insgesamt 34 780 Quadratmeter) konnte die Gemeinde zur Verfügung stellen. Die Lage war durch die Nähe zur geplanten S-Bahn verkehrsgünstig. Außerdem sollten in Kürze zwei weiterführende Schulen errichtet werden.

Alles sprach folglich für den Standort Unterschleißheim. Der Verein für Sehgeschädigtenerziehung erteilte seine Zustimmung. Die Bezirke Oberbayern, Niederbayern und Schwaben entschieden sich ebenfalls für den neuen Standort.

Alexander Pagenstechers beeindruckender Bebauungsplan

Nun war Architekt Alexander Pagenstecher wiederum gefordert. Es begann die Phase erneuter Planung. Das geplante Sehbehindertenzentrum Südbayern sollte Raum bieten für:

- die staatlich anerkannte Grund- und Hauptschule
- eine schulvorbereitende Einrichtung
- die staatlich anerkannte Realschule
- die heilpädagogische Tagesstätte
- das heilpädagogische Heim
- eine interdisziplinäre Frühförderstelle
- Räume für verschiedene Fachdienste (Psychologie, Heilpädagogik sowie Mobilitätstraining)
- mobile Dienste
- den Wirtschaftsbetrieb
- die Verwaltung
- das Gemeinschaftshaus (mit Kapelle).

Die Verträge der Bezirke mit dem Verein mussten ausgearbeitet und das Raum-

Im August 1980 erfolgte durch Anton Setzer, den ehemaligen Direktor der Augsburger Blindenanstalt, der erste Spatenstich für das Sehbehindertenzentrum in Unterschleißheim.

programm musste erstellt werden. Der Bezirk Oberbayern bot den Bauherrnbetreuer an. Alexander Pagenstechers preisgekrönter Entwurf konnte nunmehr in die Wirklichkeit umgesetzt werden. 1980 wurde mit dem Bau begonnen. [228]

Erster Spatenstich im Jahr 1980 und baldige Grundsteinlegung

Im August 1980 erfolgte der erste Spatenstich durch Anton Setzer, einstmals Direktor der Augsburger Blindenanstalt, und seinen Sohn Pater Friedrich Setzer. Um die historische Verbindung zur Augsburger Blindenanstalt zu dokumentieren, legten Wally Kirchhauser und Otto Riß zwei Ziegelsteine aus dem Luftschutzkeller der Augsburger Blindenanstalt in den Grundstein.

Die Einweihung im Jahr 1984

Am 22. Mai 1984 vollzogen Vertreter der katholischen und evangelischen Kirche, darunter der Regionalbischof Ernst Tewes der Erzdiözese München-Freising, die Einweihung. Die Festansprache hielt der damalige bayerische Kultusminister Prof. Hans Maier. Der Minister verlieh

Bei der Grundsteinlegung für das SBZ im Jahr 1980 (von links): der Blinde Otto Riß, Pater Friedrich Setzer, Manfred Müller (damals Weihbischof von Augsburg), Baudirektor Fries sowie Bezirkstagspräsident Georg Klimm.

Im Mai 1984 wurde das Sehbehinderten-zentrum in Unterschleißheim eingeweiht. Hier der Blick in den Schulhof.

seiner Freude darüber Ausdruck, dass es dem Verein für Sehgeschädigtenerziehung gelungen sei, sich in seiner annähernd 100-jährigen Geschichte stets für Kinder mit Sehproblemen einzusetzen. Durch alle Wirrnisse der Zeit konnten dabei christliche Erziehungswerte gewahrt werden. Hans Maier betonte aber auch die Wichtigkeit der Zusammenarbeit mit den Eltern sehbehinderter Kinder. Das Sehbehindertenzentrum biete ein sehr gutes Bildungsangebot und bereite die Schüler dadurch bestmöglich auf ihr Leben unter Normalsehenden vor. Für das Sehbehindertenzentrum Südbayern sei, so Maier, ganz bewusst der Name einer großen Frau gewählt worden – Edith Stein.

Die Inbetriebnahme des Zentrums mit Beginn des Schuljahres 1983

Im September 1983 konnte der Unterrichtsbetrieb aufgenommen werden. Die Schüler der Grund- und Hauptschule kamen (und kommen) aus den drei

Bei der Einweihung des Sehbehinderten-zentrums konnte Pater Friedrich Setzer SJ den damaligen bayerischen Kultusminister Dr. Hans Maier sowie Joachim Gillessen, den Landrat des Landkreises München, und Regionalbischof Ernst Tewes (von rechts nach links) begrüßen.

Eine Aufnahme aus der Luft verdeutlicht die Dimensionen des 1984 eingeweihten Sehbehindertenzentrums in Unterschleißheim.

Regierungsbezirken Oberbayern, Niederbayern und Schwaben. Das Einzugsgebiet der Realschule war (und ist) dagegen ganz Bayern. So sollten jungen Menschen mit Sehschwierigkeiten Entwicklungschancen für ein selbstbestimmtes Leben gegeben werden. (229)

Anton Setzer wird für sein Lebenswerk geehrt

Anton Setzer, der ehemalige Direktor der Augsburger Blindenanstalt, wird die Inbetriebnahme des Schulbetriebs in Unterschleißheim und die nachfolgende Einweihung des dortigen Sehbehindertenzentrums wohl als Abschluss und Höhepunkt seiner Arbeit empfunden haben, auch wenn er die Leitungsaufgabe 1968 an seinen Sohn Friedrich übergeben hatte. Sein Lebenswerk hatte Bestand, wuchs und gedieh.

Für dieses Lebenswerk war Anton Setzer schon in den Jahren vor 1984 geehrt worden. Bereits 1952 wurde ihm das Bundesverdienstkreuz am Bande verliehen. Und am 13. Juli 1981 wurde *„Herrn Anton Setzer, Direktor (a.D.) der Privaten Augsburger Blindenschule“* (230) vom damaligen Bundespräsidenten Karl Carstens das Bundesverdienstkreuz 1. Klasse verliehen. Überreicht wurde Anton Setzer dieser Orden durch den damaligen bayerischen Kultusminister Dr. Hans Maier. In seiner Laudatio betonte Maier, dass die Auszeichnung neben Setzers Leistungen *„für die Integration der Blinden in Arbeitswelt und Gesellschaft“* (231) nicht zuletzt auch seinem Engagement in der Widerstandsbewegung sowie für die „Christliche Wohnungshilfe“ und bei der Neugründung des Vereins für Sehgeschädigtenerziehung galt.

Ein Wechsel der Generationen

Anton und Maria Setzer waren von Augsburg mit nach Unterschleißheim gezogen. Dort verstarb Anton Setzer – wenige Wochen nach seinem 87. Geburtstag – am 7. Mai 1987. Seine Ehefrau Maria starb im Alter von knapp 92 Jahren am 2. September 1994 in Tegernsee.

Am 13. Juli 1981 überreichte der bayerische Kultusminister Dr. Hans Maier Anton Setzer das Bundesverdienstkreuz 1. Klasse. Die erste Gratulantin war Setzers Ehefrau Maria.

Am 17. Juli 2003 feierte das Edith-Stein-Zentrum in Unterschleißheim sein 20-jähriges Bestehen. Dies war wohl der Höhepunkt im beruflichen Leben Pater Friedrich Setzers SJ. Beinahe genau ein Jahr später, am 31. Juli 2004 – am Tag des Festes seines Ordensgründers und am Jahrestag seiner eigenen Priesterweihe, verstarb er nach schwerer Krankheit im Alter von 78 Jahren.

Das SBZ unter neuer Leitung

1998 hatte Pater Friedrich Setzers Schwester Elisabeth die Gesamtleitung des Sehbehindertenzentrums übernommen. Bis November 2005 wirkte sie als Direktorin und bis 2014 als Vereinsvorsitzende. 2014 wurde sie Ehrenvorsitzende des Vereins.

Ende 2005 wurde Michael Hohlmeier, der seit 2003 für das SBZ tätig war, neuer Direktor. 2009 übernahm Hildegard Mayr (zuvor die erste Behindertenbeauftragte des Bezirks Oberbayern) die Stelle als Direktorin. 2014 trat Maria Setzer, eine Enkelin von Anton Setzer, als Schulleiterin die Nachfolge von Dr. Volker Hahn an. Sie schildert auf den folgenden Seiten die weitere Entwicklung des SBZ.

Das Sehbehindertenzentrum in Unterschleißheim bis heute

Die Entwicklung des Sehbehindertenzentrums in Unterschleißheim bis zum heutigen Tag

Seit dem Jahr 2000 werden hier auch blinde Schüler aufgenommen

Ein vielfältiges Angebot für sehbehinderte Kinder

Im neu errichteten Sehbehindertenzentrum gab (und gibt) es seit 1983 ein umfassendes, vielfältiges Angebot für die Bildung und Erziehung von Kindern und Jugendlichen mit Sehschwierigkeiten: Das schulische Angebot wird durch die pädagogische Betreuung in der Heilpädagogischen Tagesstätte und im Heilpädagogischen Internat sowie durch zahlreiche Fachdienste ergänzt und erweitert, die die Schüler entsprechend ihren individuellen Bedürfnissen betreuen und fördern. So ist auf dem großen Gelände eine Schul- und Wohnwelt entstanden, in der die Kinder und Jugendlichen sich wohlfühlen können. Die aufgelockerte, freundliche Architektur mit den Ziegel- und Holzbauten, die großzügigen Grünflächen und Wege vermitteln eine Atmosphäre der Geborgenheit.

Die Edith-Stein-Schulen (Förderzentrum und Realschule) waren von Anfang an allgemeinbildend. Im Förderzentrum werden die Schüler nach dem Lehrplan der Grund- und Mittelschule in Adaption an den Förderschwerpunkt Sehen, bei Bedarf auch in kleinen Lerngruppen nach dem Lehrplan des Förderschwerpunkts Lernen, unterrichtet. Die Schüler können den Mittelschulabschluss oder den qualifizierenden Mittelschulabschluss erwerben.

Die Realschule weist das übliche breite Fächerangebot auf und strebt die gleichen Lernziele wie allgemeine Realschulen an. Alle Schüler werden entsprechend dem Lehrplan für Bayerische Realschulen (ebenfalls in Adaption an den Förderschwerpunkt Sehen) unterrichtet. Die Schule schließt mit der mittleren Reife ab, die unter anderem zum Besuch einer Fachoberschule oder eines Gymnasiums berechtigt.

Licht, Kontrast und gegebenenfalls taktile Unterstützung erleichtern das Lernen mit einer Sehbehinderung.

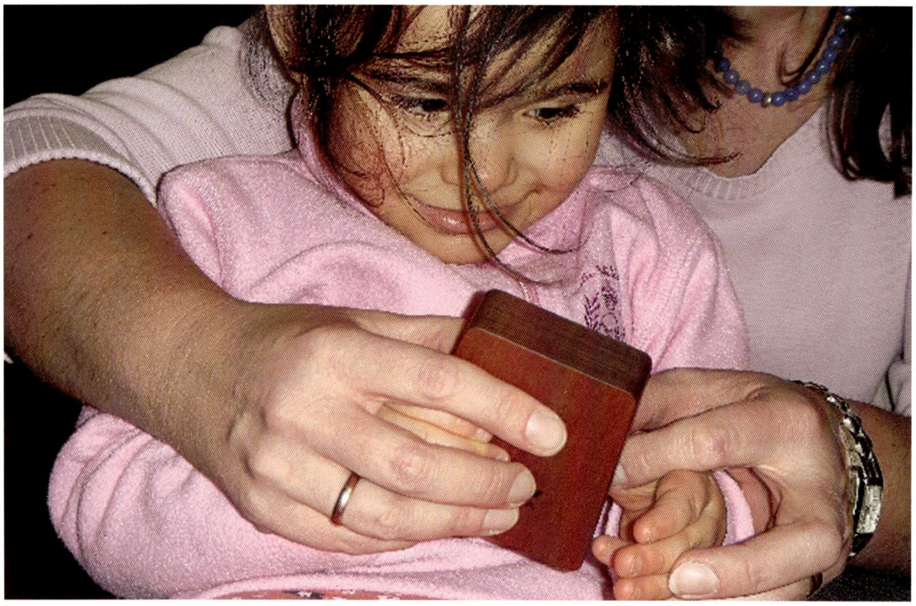

In der Schulvorbereitenden Einrichtung im SBZ können Kinder schon ab dem Alter von drei Jahren ebenso intensiv wie individuell gefördert werden.

Die Lehrkräfte im Förderzentrum und in der Realschule sind in der Regel sonderpädagogisch qualifiziert und bilden sich ständig fort, um auf dem aktuellen Stand sehgeschädigtenspezifischer Methodik und Didaktik zu bleiben. Bereits vor dem Schuleintritt können Kinder ab drei Jahren in der Schulvorbereitenden Einrichtung (SVE) intensiv und individuell gefördert und für einen guten Schulstart präpariert werden. Hier werden lebenspraktische Fertigkeiten erworben und ständig geübt, das Sehvermögen – soweit vorhanden – trainiert und die übrigen Sinne sowie die Koordination und Motorik ständig spielerisch gefördert. Im Lauf der Zeit hat sich diese vorschulische Förderung bewährt: Sie ermöglicht Kindern einen erfolgreichen Übergang in das Schulleben.

Im heilpädagogischen Heim wohnen die Schüler, deren Fahrtweg zu lang für eine tägliche Heimfahrt wäre, von Montag bis Freitag. Die Kinder und Jugendlichen leben in Gruppen mit ihren Erziehern zusammen und haben – neben den unvermeidlichen Hausaufgaben und Lernzeiten – auch viel Zeit für gemeinsame Aktivitäten und Unternehmungen.

Die heilpädagogische Tagesstätte bietet Schülern, die täglich heimfahren können, am Nachmittag Betreuung bei den Hausaufgaben sowie gemeinsame Spiel- und Förderangebote.

In allen Internats- und Tagesheimgruppen wird gemeinsam an der Stärkung der Persönlichkeit jedes einzelnen Kindes und Jugendlichen gearbeitet. Probleme werden gemeinsam angegangen nach dem Motto des „Brunnengedichtes“: *„Jede[r] nimmt und gibt zugleich.“* Die Vielfalt der Sehbeeinträchtigungen macht Einzelbetreuung und oft spezielle Maßnahmen notwendig. So soll jeder einzelne lernen, seine Sehbehinderung individuell zu bewältigen, eigene Ressourcen zu entdecken und seine Stärken und Fähigkeiten zu entwickeln.

Unterstützt werden die Erzieher in ihrer Arbeit durch die Fachdienste:

- Low-Vision-Beratung und -Training
- Orientierungs- und Mobilitätstraining (O&M)
- Lebenspraktische Fertigkeiten (LPF)
- Berufswahlbegleitung
- Psychologie

Der Brunnen im Schulhof des SBZ steht symbolisch für eine Textzeile aus Conrad Ferdinand Meyers Gedicht „Der römische Brunnen“: „Jede[r] nimmt und gibt zugleich.“

- Kinder- und Jugendlichenpsychotherapie
- Heilpädagogik

Darüber hinaus gibt es therapeutische Angebote auf ärztliche Verordnung:

- Logopädie
- Ergotherapie
- Physiotherapie

Diese Dienste und Angebote sind der Aufgabe verpflichtet, sehbehinderten und blinden Kindern und Jugendlichen optimale Entwicklungschancen für ein späteres selbstbestimmtes Leben zu eröffnen. Gemeinschaft, Leistung und Selbstständigkeit sind seit jeher zentrale Ziele der pädagogischen Arbeit.

Die Angebotsvielfalt und Organisationsmöglichkeiten „unter einem Dach“ im SBZ bieten den Schülern generell ein Mehr an Zeit (unter anderem durch ein zusätzliches 5. Grundschuljahr) für alle Formen des Lernens und Arbeitens, ohne dass darunter ausschließlich schulisches Lernen zu verstehen ist.

Einen wichtigen Bestandteil des Gemeinschaftslebens stellen die zahlreichen Feste und Feiern dar, die den Schülern immer wieder ermöglichen, ihr Können und ihre Fähigkeiten auch im musischen

Eventuelle Probleme in Internats- und Tagesheimgruppen werden gemeinsam nach dem Motto aus dem Brunnengedicht „Jede[r] nimmt und gibt zugleich“ gelöst.

Der römische Brunnen

Aufsteigt der Strahl und fallend gießt
Er voll der Marmorschale Rund,
die, sich verschleiernd, überfließt
in einer zweiten Schale Grund.
Die zweite gibt, sie wird zu reich,
der dritten wallend ihre Flut, und jede
nimmt und gibt zugleich
und strömt und ruht.

(Conrad Ferdinand Meyer)

Der gemeinsame Unterricht für sehbehinderte und blinde Schüler erfordert gemeinsames Lernen mit unterschiedlichen Arbeitstechniken – wie zum Beispiel mit Schwarzschrift und Brailleschrift.

und sportlichen Bereich zu zeigen. Dafür bieten sich folgende Veranstaltungen an:

- das jährliche „Frühjahrskonzert", bei dem nicht nur die Schüler, sondern auch die Mitarbeiter ihe Fähigkeiten auf verschiedenen Instrumenten solistisch und im Ensemble unter Beweis stellen können
- das alljährliche Landesschulsportfest, das bundeslandübergreifend mit Sehbehinderten- und Blindenschulen aus Baden-Württemberg an wechselnden schulischen Austragungsorten veranstaltet wird
- die gemeinsame Weihnachtsfeier von Förderzentrum und Realschule
- Sommerfeste unter verschiedenen Mottos, abwechselnd gestaltet von den Schulen und den Heimen
- Sport- und Spielfeste (Bundesjugendspiele im jährlichen Wechsel mit einer „Spaß-Olympiade")
- gemeinsame Abschlussfeier der Entlassschüler
- verschiedenste Geburtstags-, Jubiläums- und Ernennungsfeiern
- jahreszeitliche Feste und Feiern wie der Martinsumzug der Tagesstätte, Nikolaus- und Weihnachtsfeiern, Maibaumaufstellen und viele mehr

Diese Feste und Feiern dienen dabei durchaus nicht nur der Unterhaltung, sondern tragen ganz wesentlich zu einem guten Klima des Miteinanders bei, das den Schülern hilft, sich im SBZ wohlzufühlen – auch wenn diese Schule nicht im Heimatort liegt.

Aufnahme blinder Schüler der ehemaligen Bayerischen Landesschule für Blinde

Im Jahr 2000 musste die altehrwürdige Bayerische Landesschule für Blinde in München geschlossen werden, da die Zahl der blinden Schüler in den Jahren zuvor kontinuierlich zurückgegangen war und die Aufrechterhaltung des Schulbetriebs mit nur wenigen Schülern auf die Dauer zu kostspielig wurde. Wohin aber mit den blinden Schülern, die immerhin noch da waren und ein Anrecht auf blindenspezifischen Unterricht hatten?

Zahlreiche Konferenzen mit dem Kultusministerium und der Regierung von Oberbayern sowie mit dem Direktor der Blindenschule, Helmut Biber, seinem Vertreter, Günter Wolf, und dem SBZ (Pater Friedrich Setzer, 1. Vorsitzender,

Elisabeth Setzer, Direktorin, und Helmut Schuster, Schulleiter) führten am Ende zu der Lösung, diese blinden Schüler ins Sehbehindertenzentrum in Unterschleißheim aufzunehmen, das nachfolgend in „Sehbehinderten- und Blindenzentrum" umbenannt wurde.

Schweren Herzens, aber dennoch äußerst kooperativ, wurde von Seiten der Landesschule der Übergang vorbereitet und begleitet. So wurden von Anfang an durch langjährige Mitarbeiter der Landesschule für Blinde Fortbildungen für die Lehrkräfte und Erzieher des SBZ angeboten, um sie möglichst gut auf die neuen Herausforderungen vorzubereiten. Die Übernahme der blinden Schüler sowie die Ausweitung der Realschule von 4-stufig auf 6-stufig machte einen Um- beziehungsweise Erweiterungsbau des Schulhauses und eine Umgestaltung des Geländes unter blindenspezifischen Aspekten notwendig.

Nachdem im SBZ seit dem Jahr 2000 auch blinde und hochgradig sehbehinderte Schüler aufgenommen werden, wurden Bodenbeläge und Wege umgestaltet, um ihnen ein sehr weitgehend selbstständiges Bewegen auf dem Gelände und in den Räumen zu ermöglichen. Unterstützt wird dies zudem durch Mobilitätstraining mit dem Langstock.

Umgestaltung von Schulräumen und Freiflächen

Das Gelände des Sehbehindertenzentrums war zunächst auf die Bedürfnisse von sehbehinderten Schülern hin angelegt worden: Die Schüler sollen vor allem zum Sehen angeregt werden, daher gibt es verschlungene Wege und immer wieder freie Flächen, die sich zu den Gebäuden hin öffnen (der Schulhof, der Platz vor dem Pater-Alfred-Delp-Haus, der Platz am Brunnen). Für blinde Schüler ist eine solche Anlage jedoch zunächst aus Sicht der Mobilitätserziehung nur schwer zu bewältigen. Um den neu aufgenommenen blinden Schülern dennoch das weitestgehend selbstständige Bewegen auf dem Gelände und in den Räumen zu ermöglichen, mussten einige Umgestaltungen vorgenommen werden:

- taktile Bodenbeläge (Teppiche) an Abzweigungen und „Wegkreuzungen" im Schulhaus
- Beschriftung von Türen in Brailleschrift
- Anlegen von „Leitlinien" entlang der Hauptwege, indem schräge Kanten gemauert wurden
- Schutzränder um Baumstämme und Laternenmasten herum (ebenfalls durch abgeschrägte Fliesenkanten)
- kleine Erhebungen auf Wegen an Kreuzungspunkten

Die Umgestaltung erfolgte in enger Zusammenarbeit mit Direktion, Lehrkräften und Fachdiensten der Landesschule für

Das Ertasten der Hohlkörper fördert die Begriffsbildung (links). Rechts: Langstock und kleines Fernglas (Monokular) sind wichtige Hilfsmittel für die Orientierung.

Blinde. Außerdem erhielten die blinden Schüler ein intensives Mobilitätstraining, um die Wege auf dem SBZ-Gelände kennenzulernen und sicher zurücklegen zu können.

Gemeinsame Unterrichtung sehbehinderter und blinder Schüler

Nun waren also die beiden Gruppen – Blinde und Sehbehinderte – wieder in einer gemeinsamen Schule vereint. Bedeutete dies einen Rückschritt in der Geschichte?

Die Entwicklung der Blindenpädagogik im vergangenen Jahrhundert hatte doch zur Erkenntnis geführt, dass Sehbehinderte nicht in der gleichen Weise wie Blinde unterrichtet werden können, sondern einer eigenen Unterrichtsmethodik bedürfen. Ab Ende der 1960er-Jahre wurde durch eine neue Gesetzgebung endlich die Beschulung sehbehinderter Schüler ermöglicht.

So war – wie berichtet – aus der Augsburger Blindenanstalt die neue Sehbehindertenschule mit ihrem späteren Standort in Unterschleißheim geworden.

Die große Herausforderung des Jahres 2000 – und der folgenden – war also, scheinbar nicht zusammenpassende

Eine blinde Schülerin arbeitet am Laptop mit Braillezeile und Sprachausgabe.

Schülergruppen wieder so zu vereinen, dass gemeinsamer Unterricht doch möglich war. Wie konnte dieser pädagogische Spagat gelingen?

Sowohl Sehbehinderung als auch Blindheit haben grundsätzlich ihre je eigene Pädagogik, die sich an den Bedingungen und Erfordernissen der jeweiligen Beeinträchtigung orientiert. In aller Kürze und ohne Anspruch auf Vollständigkeit sollen einige davon genannt werden, um die Verschiedenheit – in einigen Punkten geradezu Gegensätzlichkeit – beider Gruppen zu veranschaulichen:

- Sehbehinderung: Betonung der Schwarzschrift, Zugang zu Bildern und visuellem Material (individuell angepasst hinsichtlich Vergrößerung, Kontrast, Farbe, Helligkeit), Zeit zum genauen Betrachten, Schreiben, Malen, gezieltes Sehtraining, Umgang mit Hilfsmitteln (verschiedene Brillen, Lupen, Monokular, Bildschirmlesegerät etc.)
- Blindheit: Betonung der Punktschrift und taktiler Materialien, Zugang zu Modellen/Hörbildern, viel Zeit zum Abtasten und Versprachlichen, teilweise Handführung, stärkere Betonung des auditiven Lernens, Umgang mit technischen Medien (Punktschriftmaschine, Streifenschreiber, Daisy-Gerät, Laptop mit Braillezeile etc.)

Beide Gruppen benötigen schon an sich sehr viel Zeit und intensive (teils Eins-zu-eins-)Betreuung durch den Lehrer – dies erst recht, wenn blinde und sehbehinderte Schüler in der Klasse gemischt sind. Dies muss bei einer gemeinsamen Unterrichtung strikt beachtet werden. Ein konkretes Beispiel: Im Anfangsunterricht ist oft zu beobachten, dass Blinde zwar wesentlich schneller Blindenschrift auf der Punktschriftmaschine schreiben lernen als die sehbehinderten Schüler die Schwarzschrift, dafür aber deutlich mehr Zeit brauchen, um die Punktschrift zu ertasten. Beim Lesenlernen sind sehbehinderte Erstklässler oft schneller.

Aspekte des gemeinsamen Lehrens und Lernens

Ein wesentlicher Punkt bei der gemeinsamen Unterrichtung sehbehinderter und blinder Kinder ist die Bereitstellung und

Sehbehinderung erfordert oft ein nahes Herangehen an die Gegenstände und Materialien (Bild links). Bild rechts: Der Chemieunterricht für blinde und sehbehinderte Kinder und Jugendliche wird möglichst anschaulich und „anfassbar" gestaltet.

Beschaffung (und das heißt auch: eigene Herstellung) von geeignetem Unterrichtsmaterial.

Dieses muss so beschaffen sein, dass möglichst sowohl die sehbehinderten als auch die blinden Kinder es gleichermaßen benutzen und damit umgehen können. Tatsächlich ist der Aufwand der Materialherstellung beziehungsweise -adaption enorm und macht einen großen Teil der Unterrichtsvorbereitung aus.

Im gemeinsamen Unterricht spielen auch soziale Aspekte eine wichtige Rolle: Die Kinder müssen lernen, aufeinander zu warten beziehungsweise Geduld zu haben, wenn beispielsweise für die verschiedenen Lerngruppen Arbeitsanweisungen gegeben werden. Dabei ist sowohl bei den sehbehinderten als auch bei den blinden Kindern teilweise eine große Hilfsbereitschaft zu beobachten. Es muss jedoch sehr darauf geachtet werden, dass die sehbehinderten Kinder nicht immer nur die Helfer für die blinden Kinder sind (zum Beispiel in der Pause). Auch die sehbehinderten Kinder haben das Bedürfnis nach und ein Recht auf Zuwendung und Hilfe.

Erschwerend kommt in den letzten Jahren hinzu, dass die Kinder zunehmend auch weitere Beeinträchtigungen aufweisen, häufig in Form von Syndromen. Daher müssen vermehrt Kenntnisse auch aus anderen Gebieten (Medizin, Psychologie) erworben werden und in die Förderung einfließen.

Außerhalb der eigentlichen Unterrichtsplanung ist eine enge Zusammenarbeit zwischen den Kollegen, aber ebenso zwischen allen Abteilungen (Tagesstätte, Internat, Fachdienste) und den Eltern wichtig und unbedingt notwendig. Nur dann kann das blinde oder sehbehinderte Kind bestmöglich in seiner Persönlichkeit gefördert werden.

Vorteile und Schwierigkeiten des gemeinsamen Unterrichts

Grundsätzlich lässt sich feststellen, dass die gemeinsame Unterrichtung für beide Gruppen – sehbehinderte und blinde Schüler – durchaus Vorteile bringen kann. Blinde Kinder erhalten durch die sehbehinderten sicherlich mehr Anregungen (bei gemeinsamen Spielen, in der Bewegung, aber auch durch die Gespräche und Erklärungen untereinander und das Miteinander-Umgehen) als wenn sie nur unter sich wären. Auf der anderen Seite lernen sehbehinderte Schüler ganz selbstverständlich blindenspezifische Hilfsmittel kennen und zum Teil auch benutzen.

So zeigte sich bei den sehbehinderten Kindern ein großes Interesse an der Blindenschrift, was insbesondere bei hochgradig sehbehinderten Kindern und Jugendlichen einen (später eventuell erforderlichen) Wechsel der Arbeitstechnik erleichtern kann. Ebenso ist der ständige Einbezug von tastbaren und hörbaren Unterrichtsmitteln auch für die sehbehinderten Kinder ein Vorteil.

Gleichzeitig lassen sich jedoch auch erhebliche Probleme im gemeinsamen Unterricht feststellen – oft zu große Klassenstärken, zunehmend extreme Unterschiede in den individuellen Lernvoraussetzungen und -fähigkeiten der Schüler, organisatorische Zwänge (durch zu geringe personelle Ressourcen im Unterricht) und den enormen Aufwand bei der Beschaffung sowie Herstellung von geeignetem Material.

Seitdem das Sehbehindertenzentrum in Unterschleißheim durch die Aufnahme blinder Schüler der Bayerischen Landesschule für Blinde in München zum Sehbehinderten- und Blindenzentrum Südbayern wurde, werden dort sehbehinderte und blinde Kinder gemeinsam unterrichtet.

Nur wenn alle Rahmenbedingungen stimmen, kann die gemeinsame Unterrichtung sehbehinderter und blinder Schüler für beide Gruppen befruchtend und gewinnbringend sein. Für den Lehrer stellt sie eine erhebliche arbeitsmäßige Mehrbelastung dar – aber auch eine Herausforderung an das pädagogische und methodische Geschick.

Gemeinsamer Unterricht muss stets darauf ausgerichtet sein, den Schülern größtmögliche Förderung in den jeweiligen spezifischen Techniken und Arbeitsweisen zu vermitteln. Nur dann werden sie Freude am Lernen finden und nicht frustriert sein, und nur dann wird es ihnen später gelingen können, ein selbstbestimmtes und selbstverantwortetes Leben in der Gemeinschaft mit anderen

Nächste Doppelseite: Impressionen vom gemeinsamen Leben und Lernen im Sehbehinderten- und Blindenzentrum.

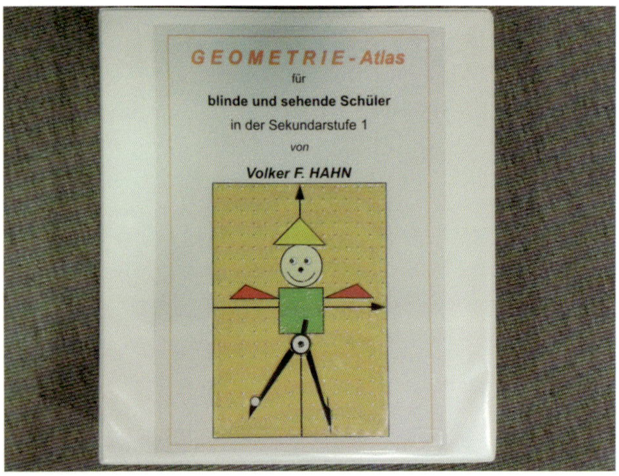
GEOMETRIE-Atlas
für
blinde und sehende Schüler
in der Sekundarstufe 1
von
Volker F. HAHN

Die Übungen mit dem Rhönrad erfordern ein hohes Maß an Körperbeherrschung, Konzentration und auch Mut.

zu führen. Diesem Ziel hat sich das SBZ seit Jahren mit großem Engagement verpflichtet.

Mobile Betreuung sehbehinderter und blinder Schüler

War in der frühen Zeit der Blindenschulen die Aufnahme noch den Schulkindern vorbehalten, so setzte sich sehr bald die Erkenntnis durch, dass die Förderung und Unterstützung blinder – und später auch sehbehinderter – Kinder so früh wie möglich beginnen muss, um ihnen bestmögliche Entwicklungschancen zu bieten. Hier setzt die Frühförderung an, die sehgeschädigte Kinder von Geburt an betreut – oder so bald wie möglich nach dem Bekanntwerden einer entsprechenden Diagnose.

Waren es zunächst Blinden- und später dann Sehbehindertenpädagogen, die diese Aufgaben übernahmen, so wurde dieser Bereich im Jahr 2003 durch die Gesetzgebung vom Kultus- auf das Sozialministerium übertragen. Seit dieser Zeit wurde die Frühförderung von Erziehern und Sozialpädagogen durchgeführt. Das sonderpädagogische Fachwissen eigneten sie sich durch Fortbildungen und Hospitationen sowie regelmäßige Teamsitzungen an. Mittlerweile wurde das Team der Frühförderung am SBZ durch eine Psychologin und eine Orthoptistin ergänzt, die einen wesentlichen Beitrag für die Diagnostik und damit für eine zielorientierte, individuelle Förderung leisten.

Der Mobile Sonderpädagogische Dienst (MSD) im Förderschwerpunkt Sehen

Lange bevor der Begriff „Inklusion" seinen Weg in den Sprachgebrauch fand, wurde überlegt, ob und wie sehbehinderte und (früher vereinzelt) auch blinde Kinder in ihrer wohnortnahen Schule angemessen unterrichtet und gefördert werden können. Das Problem ergab sich vor allem bei begabten Schülern mit Sehbehinderung, die auf ein Gymnasium gehen sollten.

Elisabeth Hauf und Hubert Meister sind als Sehbehindertenpädagogen für den Mobilen Sonderpädagogischen Dienst im Einsatz – hier bei einer Infoveranstaltung. Ihre Arbeit trägt dazu bei, dass sehbehinderte und blinde Schüler ihre wohnortnahe Schule besuchen können.

Diese Situation führte zur „Geburt" des Mobilen Sonderpädagogischen Dienstes, der damals noch gar keinen Namen hatte und für den es zu jener Zeit auch noch keine Lehrerstunden gab. Die Pioniere dieser ersten „mobilen Sehbehindertenhilfe" – unter anderen Monika Andre, Helmut Schuster und Marianne Schuber – setzten sich anfangs in ihrer Freizeit (!) für die sehbehinderten Schüler ein, um ihnen unter anderem auch den Weg zum Abitur zu ermöglichen. Der Erfolg dieser Arbeit führte dazu, dass immer mehr sehbehinderte Schüler bei entsprechenden Rahmenbedingungen und Unterstützungsmöglichkeiten ihre wohnortnahe Schule (auch Grundschulen) besuchen konnten. Erst allmählich wurden auch die anderen Förderschwerpunkte auf diese Form schulischer Unterstützung aufmerksam und bauten ebenfalls solche mobilen Systeme auf.

Das MSD-Team unter derzeitiger Leitung von Maria Gerber setzt sich aus erfahrenen Sonderpädagogen der Edith-Stein-Schulen zusammen.

Im Lauf der Jahre entwickelte sich als Pendant zur mobilen Betreuung in der Schule – parallel zur Frühförderung – die Mobile Sonderpädagogische Hilfe (MSH) für sehgeschädigte Kinder im Kindergartenalter, das heißt zwischen drei Jahren und dem Schuleintritt. Hier lag und liegt der Schwerpunkt auf der Förderung solcher Fähigkeiten und Fertigkeiten, wie sie für einen erfolgreichen Schuleintritt benötigt werden. Gerade im frühen Kindesalter ist es wichtig, einen verbliebenen Sehrest so gut wie möglich auszunutzen und jede Gelegenheit zu nutzen, um das Kind in seiner Entwicklung bestmöglich zu fördern. Insbesondere die Begriffsbildung spielt hier eine große Rolle.

Pilotprojekt für inklusiv beschulte Kinder

Erstmals im Schuljahr 2014/15 startete ein Pilotprojekt des MSD, das in Zusammenarbeit mit dem Kultusministerium, der Regierung von Oberbayern und den Bezirken lange Zeit in Planung und Vorbereitung war – eine Intensivwoche für MSD-Schüler. Was ist darunter zu verstehen? Vom MSD-Sehen betreute Kinder sind in ihren Schulen am Wohnort oft Einzelkämpfer und erhalten sehgeschädigtenspezifische Förderung

Elisabeth Setzer, Direktorin des SBZ, mit ihren Stellvertretern Michael Hohlmeier (links) und Michael Setzer. Ende des Jahres 2005 wurde Michael Hohlmeier Direktor.

nicht in dem Maß, wie es sinnvoll und notwendig wäre.

Deshalb hatten einige blinde und sehbehinderte Kinder die Gelegenheit, eine Woche im SBZ zu verbringen und an einem individuell gestalteten Förderangebot teilzunehmen. Dazu wurde für jedes Kind ein individueller Wochenförderplan erarbeitet, der sowohl Vormittags- als auch Nachmittagsangebote beinhaltete.

Ein Schwerpunkt der Förderung lag auf den Bereichen „Orientierung und Mobilität" und auf „Lebenspraktischen Fertigkeiten", welche in den wohnortnahen Schulen zu kurz kommen und für sehbehinderte Schüler auch gar nicht angeboten werden. Der andere Schwerpunkt umfasste spezifische schulische Fertigkeiten, zum Beispiel im geometrischen Zeichnen, im Arbeiten mit dem Laptop mit der Braillezeile etc.

Die Schüler nahmen außerdem am Unterricht in den bestehenden Klassen des SBZ teil und wohnten im Internat. Auf diese Weise konnten sie Kontakte mit anderen sehbehinderten und blinden Schülern knüpfen und gemeinsam mit ihnen die Freizeit gestalten. Die Resonanz von Schülern und Eltern am Ende der Woche war dann auch ausnahmslos positiv.

Nach dem Erfolg der ersten Runde wird es sicherlich weitere Intensivwochen für inklusiv beschulte sehbehinderte und blinde Schüler geben – und damit eine wertvolle Ergänzung des inklusiven Angebots des Kompetenzzentrums im Förderschwerpunkt Sehen.

„Erlebnisgarten" für blinde Kinder

Der auf dem Gelände des SBZ bestehende Spielplatz erwies sich als für blinde Kinder nicht unbedingt geeignet, vor allem dann, wenn diese sich ein wenig ruhiger betätigen wollten. Also wurde ein Arbeitskreis gegründet, der es sich zur Aufgabe machte, einen speziellen „Erlebnisgarten" für blinde Kinder zu entwerfen. Federführend war hier die Sehbehinderten- und Blindenlehrerin

Karin Aßhoff mit vielen kreativen Ideen tätig. Die Grundidee war, den zur Verfügung gestellten Platz zwischen Brunnen, Beratungshaus und SVE so zu gestalten, dass sich blinde Kinder hier einerseits selbstständig, ohne fremde Hilfe, bewegen und aufhalten konnten, andererseits gut „bedienbare" Spielgeräte zur Verfügung gestellt werden.

So entstanden mehrere geradlinig abgeteilte Bereiche, sogenannte „Zimmer", die nach den enthaltenen Geräten oder Spielmöglichkeiten benannt wurden: ein „Wasserspielzimmer" mit Pumpe und Sand, ein „Balancierzimmer" mit Holzstämmen, ein „Klangzimmer" mit Gongscheiben, ein „Wippzimmer" mit einer großen Mehrpersonenwippe – um nur einige zu nennen. Dieser Erlebnisgarten wurde im Jahr 2004 unter der Schirmherrschaft von Karin Stoiber, der Gattin des damaligen bayerischen Ministerpräsidenten, feierlich eingeweiht und wird seither von den blinden, aber auch von sehbehinderten Kindern gern und vielfältig genutzt.

Erweiterungsbau der Schule

Die Erweiterung der Realschule und die Aufnahme der blinden Schüler machte aber nicht nur eine Neugestaltung von Wegen und Spielplätzen erforderlich, sondern es war ganz einfach mehr Platz notwendig. Zum einen wurden mehr Klassenzimmer und Fachräume benötigt, zum anderen auch Räume zur

Zur feierlichen Einweihung des Neubaus im Sehbehinderten- und Blindenzentrum in Unterschleißheim gehörte selbstverständlich auch der Gottesdienst, der im Schulhof begangen wurde.

Schlüsselübergabe durch Architekt Alexander Pagenstecher an die damalige Vorsitzende des Vereins für Sehgeschädigtenerziehung e.V. Unterschleißheim Elisabeth Setzer.

Aufbewahrung der zahlreichen und sehr platzbedürftigen blindenspezifischen Materialien. Allein ein gängiges Lesebuch umfasst in Blindenvollschrift zwei bis drei Leitz-Ordner. Es ist also gut vorstellbar, dass ein Neu- beziehungsweise Erweiterungsbau unumgänglich war.

So groß war der Platzmangel, dass einige Klassen vorübergehend in einen Container im benachbarten Meschendörfer Weg umziehen mussten. Der Stellplatz dafür wurde von der Stadt Unterschleißheim großzügig zur Verfügung gestellt. Dieser Umzug stieß anfangs nicht auf große Freude – bis Schüler und auch Lehrkräfte feststellten, dass sie im Container eine gewisse „Freiheit" hatten.

Es folgten wieder einmal zahlreiche Verhandlungen mit den beteiligten Behörden – Kultusministerium, Regierung – und die Suche nach einer Baulösung, die sowohl den technischen Möglichkeiten einer Vergrößerung des Schulhauses Rechnung trug als auch dem Wunsch, die vorhandenen Freiflächen nach Möglichkeit nicht zu verringern.

Welch ein Glück, dass der Architekt Alexander Pagenstecher zum zweiten Mal für dieses Vorhaben gewonnen werden konnte. Ihm gelang es auf vorbildliche Weise, mit den beiden Türmen die Neubauteile so in den bestehenden Schulbau zu integrieren respektive anzubinden, dass es dem Betrachter so erschien, als sei der gesamte Schulbau von vornherein aus einem Guss geplant gewesen.

Er konnte nicht zuletzt durch den Einsatz von Bürgermeister Rolf Zeitler (ab 2014 erster Vorsitzender des Vereins Sehbehinderten- und Blindenzentrum e.V. Unterschleißheim) entstehen. Zeitler setzte sich trotz mancher Widerstände aus der Bürgerschaft (es gab unter anderem Befürchtungen wegen der „Beschattung" der umliegenden Nachbarhäuser) massiv für die „Turmlösung" ein.

Baubeginn war im Jahr 2004. Die Baumaßnahmen zogen sich bis 2006 hin. Außer den Umbauten von bestehenden Räumlichkeiten kamen auch einige Fach- und Funktionsräume neu hinzu:

- Ergänzung von Musik- und Übungsräumen
- Informatikräume
- ein Medienraum
- ein Rhythmikraum
- eine Werkstatt für den Unterricht in praktischen Fächern und in „Berufs- und Lebensorientierung" (BLO)
- eigene Räumlichkeiten für den Low-Vision-Bereich

Markante und spannende Architektur – hier vom Blick aus der Säulenhalle des SBZ auf den Nordturm (links oben) bis zum Inneren des Südturms (rechts unten).

- ein Dunkelraum mit Schwarzlichtbox für intensives Sehtraining
- ein Typhlographie-Raum zur Herstellung von taktilen Materialien (Typhlographien)
- ein Raum für die Textübertragung in Blindenschrift (mit Punktschriftdrucker)
- eine größere Schülerbibliothek, die inzwischen vor allem ein breites Angebot an Punktschriftbüchern beherbergt
- ein Konditionsraum mit spezieller Kletterwand

Zum südlichen Ende hin wurde der Eingangsbereich um zwei Klassenzimmer erweitert. Daran schließt sich, durch ein spitzes Glasdach verbunden, der sogenannte „Südturm" an, der mehrere Konferenzräume beherbergt (mit der Möglichkeit, diese zu einem großen Raum zu verbinden) sowie die Räumlichkeiten des MSD im ersten Stock und eine Lehrküche für den Fachdienst „Lebenspraktische Fertigkeiten" im zweiten Stock.

Am 11. Mai 2007 fand die feierliche Einweihung des Neubaus statt. Zu den Ehrengästen zählten Kultusminister Siegfried Schneider, Landrat Heiner Janik und Erster Bürgermeister Rolf Zeitler. Im Anschluss an den Festakt erfolgte die kirchliche Segnung durch Pfarrer Franz Muck von katholischer sowie durch Pfarrerin Karin Kittlaus von evangelischer Seite.

Einweihung der Rundlaufbahn: Schüler und prominente Gäste eröffnen die Rundlaufbahn durch Zerschneiden des Absperrbandes.

Eine Rundlaufbahn für blinde und sehbehinderte Schüler

Seit sich im März 2005 herausstellte, dass die einzige für den Sportunterricht blindengerecht gebaute Laufbahn auf dem Gelände der früheren Bayerischen Landesschule für Blinde nicht mehr erhalten werden konnte, setzte sich das Sehbehinderten- und Blindenzentrum für einen Neubau ein.

Bei Baukosten von 250 000 Euro war dies jedoch kein einfaches Vorhaben. Die Stadt Unterschleißheim, vertreten durch den seinerzeitigen Bürgermeister Rolf Zeitler und den Stadtrat, zeigte sich allerdings sehr entgegenkommend und stellte dem Zentrum das Grundstück hinter dem Unterschleißheimer Hallenbad sowie finanzielle Mittel zur Verfügung. Weitere Sponsoren unterstützten das Projekt, wie die „Andreas und Elfriede Zäch-Stiftung", die sich für behinderte und blinde Kinder einsetzt, sowie die „Aktion Sternstunden" und der „Lions-Club München ‚Alt-Schwabing'".

Auf den ersten Blick sieht die neue Tartanbahn wie eine ganz normale Laufbahn aus. Allerdings wurden einige für sehgeschädigte Schüler wichtige Details eingebaut. So lassen durchgängige Hohlkörper in der Mitte der Bahn jeden Schritt des Läufers lauter klingen. Die Innen- und Außenränder der Bahn sind nach außen gewölbt. Für sehbehinderte Läufer bieten außerdem die zwei dicken gelben Streifen auf dem roten Tartanbelag eine optische Markierung. Nun ist es auch für blinde und hochgradig sehbehinderte Schüler möglich, ohne Begleitperson zu laufen und damit ihren eigenen Laufrhythmus zu finden.

Verdienstvolles Wirken im Sehbehindertenzetrum

Im Rahmen der Einweihungsfeier der Neu- und Erweiterungsbauten 2007 wurde erstmals der neu geschaffene, von der Firma Wiegand gespendete „Pater-Setzer-Preis" verliehen. Firmeninhaber Wilfried Wiegand wollte damit seine langjährige freundschaftliche Verbundenheit mit dem 2004 verstorbenen Pater Friedrich Setzer zum Ausdruck bringen. Das Preisgeld soll Mitarbeitern und auch Schülern für besondere Verdienste zugutekommen.

Bis zum Jahr 2014 wurde der „Pater-Setzer-Preis" an folgende Personen oder Gruppen vergeben:

- Johanna Schlederer (2007)
- Annette Miller und Egon Wanitschek mit der BLO-Klasse (2007)
- Werner Mengele mit dem Küchenteam (2008)
- Lisa Fanderl (2011)
- Claudia Jung (2011)
- Rositta Schaffarczyk (2013)
- Frank Kuroschinski (2014)

Bei der Verleihung des Pater-Setzer-Preises 2007: der Unternehmer und Preisstifter Wilfried Wiegand (links außen), die erste Preisträgerin Johanna Schlederer (zweite von links), Annette Miller (dritte von rechts), Michael Setzer (zweiter von rechts) und Egon Wanitschek mit sieben Schülern der BLO-Klasse. (BLO steht für „Berufs- und Lebensorientierung".) Unten: 2008 war Chefkoch Werner Mengele (links) mit seinem Küchenteam Preisträger, 2013 schließlich die langjährige, äußerst zuverlässige Sekretärin des SBZ, Rositta Schaffarczyk.

Die Einweihung des Pater-Setzer-Platzes in Unterschleißheim fand im Jahr 2009 statt. Diese Straßenbenennung erinnert an die Verdienste des 2004 verstorbenen ehemaligen Direktors des Sehbehinderten- und Blindenzentrums.

Pater Friedrich Setzer wird durch eine Straßenbenennung geehrt

Im Jahr 2009 wurden im SBZ gleich mehrere Jubiläen gefeiert:

- 200. Geburtstag von Louis Braille
- 40 Jahre Sehbehindertenbildung im südbayerischen Raum
- 25 Jahre Sehbehinderten- und Blindenzentrum in Unterschleißheim

Insbesondere aber wurden in diesem Jahr die Verdienste von Pater Friedrich Setzer SJ um das Sehbehinderten- und Blindenzentrum gewürdigt, indem der kleine Platz vor dem Haupteingang des Zentrums nach ihm benannt wurde. Ausgegangen war die Idee zur Namensgebung (und die damit verbundene Adressenänderung) von der Stadt Unterschleißheim. Im Rahmen eines Festaktes würdigte der damalige Erste Bürgermeister Rolf Zeitler in einer sehr persönlichen Ansprache die Leistungen von Pater Setzer zur Entstehung des SBZ. Die Pfarrer Franz Muck und Thomas Lotz zelebrierten die feierliche Segnung des Pater-Setzer-Platzes. Als Attraktion ertönte zum Schluss ein Salut der Gebirgsschützenkompanie Tegernsee.

Gedanken zur „Inklusion"

Im Jahr 2009 hat auch Deutschland die UN-Behindertenrechtskonvention unterzeichnet und damit für alle Bundesländer die Umsetzung der darin enthaltenen Forderungen zur „Teilhabe" behinderter beziehungsweise benachteiligter Menschen am gesellschaftlichen Leben verpflichtend gemacht. Mit dieser Konvention hat ein neuer Begriff in die pädagogische Debatte Eingang gefunden: der Begriff der „Inklusion".

Dieser löste den lange verwendeten Begriff der „Integration" ab und besagt im Grundsatz, dass nicht der Einzelne sich selbst in die Gemeinschaft integrieren (also anpassen) muss, sondern dass vielmehr umgekehrt die Gemeinschaft jedes einzelne Mitglied, unabhängig von Geschlecht, Rasse oder Behinderung, in sich aufnehmen und sich selbst dessen Bedürfnissen anpassen muss.

Aus diesem Abkommen wurde von radikalen Gegnern des „Sonderschulwesens“ sehr schnell abgeleitet, dass nunmehr alle Förderschulen abgeschafft werden und die allgemeinen Schulen sich der Schüler mit Behinderungen annehmen müssten. Hier soll keine Grundsatzdebatte über Möglichkeiten und Grenzen der Inklusion ausgetragen werden: Dazu sei auf einschlägige Artikel und Schriften in der Sonderpädagogik, auch im Bereich der Sehbehinderten- und Blindenpädagogik, verwiesen.

Im Spiegel der öffentlichen Bildungsdebatte um den bestmöglichen Lernort junger Menschen, insbesondere sinnesbehinderter junger Menschen, muss man jedoch feststellen, dass das Kompetenzzentrum mit dem Förderschwerpunkt Sehen so lange seine uneingeschränkte Berechtigung besitzt, solange es andernorts nicht vergleichbare bestmögliche Entwicklungs-, Förder- und Unterstützungsmöglichkeiten in sämtlichen notwendigen Bereichen gibt.

Ein Wahlrecht zwischen allgemeiner Schule mit dem Vorteil der Wohnort- und Familiennähe einerseits und spezialisierter Förderschule mit ihrer Fachkompetenz, Erfahrung, Angebotsbreite sowie technischen und medialen Ausstattung andererseits muss auch weiterhin für Eltern sinnesbehinderter Kinder erhalten bleiben. Die Entscheidung, welche Lernumgebung die bestmögliche ist, muss unvoreingenommen an den jeweils individuellen Gegebenheiten des Kindes ausgerichtet sein.

Eine solche Wahloption scheint auch durch den vielzitierten (und oft sehr einseitig ausgelegten) Artikel 24 der UN-Konvention durchaus nicht ausgeschlossen zu sein; ganz im Gegenteil. In diesem Artikel heißt es: *„Die Vertragsstaaten ermöglichen Menschen mit Behinderungen, lebenspraktische Fertigkeiten und soziale Kompetenzen zu erwerben, um ihre volle und gleichberechtigte Teilhabe an der Bildung und als Mitglieder der Gemeinschaft zu fördern. Zu diesem Zweck ergreifen die Vertragsstaaten geeignete Maßnahmen; unter anderem [...] stellen sie sicher, dass blinden, gehörlosen oder taubblinden Menschen, insbesondere Kindern, Bildung in den Sprachen und Kommunikationsformen und mit den Kommunikationsmitteln, die für den Einzelnen am besten geeignet sind, sowie in einem Umfeld vermittelt wird, das die bestmögliche schulische und soziale Entwicklung gestattet."* [232]

Seit seinem Bestehen hat sich das Sehbehinderten- und Blindenzentrum zu einer anerkannten pädagogischen Institution für sehbehinderte und blinde junge Menschen im südbayerischen Raum entwickelt. Ein wesentliches Ziel der Edith-Stein-Schule ist es, die Schüler in ihrer Persönlichkeit ganzheitlich zu fördern, ihre soziale und berufliche Integration in die Gesellschaft anzubahnen und ihnen dadurch ein Höchstmaß an Teilhabe zu ermöglichen. In diesem Sinne erhebt das SBZ den Anspruch, Bedingungen für die bestmögliche schulische und soziale Entwicklung zu schaffen.

Der Verein Sehbehinderten- und Blindenzentrum e.V. als Träger des SBZ sowie alle Mitarbeiter haben sich seit Jahrzehnten dafür eingesetzt, genau dieses Umfeld zu schaffen, in dem blinde und sehbehinderte junge Menschen bestmögliche Entwicklungschancen geboten bekommen. Diesem Ziel sieht sich der Verein auch in der Zukunft verpflichtet.

Erweiterungen und Neuerungen im SBZ seit 2009

Erweiterungen und Neuerungen im Sehbehinderten- und Blindenzentrum

Die Entwicklungen und Fortschritte seit dem Jahr 2009

Hildegard Mayr übernimmt die Geschäftsführung des SBZ

2009 übernahm Hildegard Mayr als Direktorin die Geschäftsführung des Sehbehinderten- und Blindenzentrums. Seither setzt sie sich mit größtem Engagement und ganzer Kraft für dessen Erhalt und Erweiterung ein. Gerade in Zeiten allseitiger finanzieller Sparmaßnahmen ist es für eine Einrichtung wie das SBZ wichtig, seine hohe Professionalität und Kompetenz in der Bildung und Erziehung von sehbehinderten und blinden jungen Menschen aufrechtzuerhalten und weiter auszubauen.

Wohnen für junge blinde und sehbehinderte Erwachsene

Schon 2008 hatte das Sehbehinderten- und Blindenzentrum Südbayern sein Angebot in der Betreuung von sehgeschädigten Jugendlichen um die Möglichkeit des selbstständigen Wohnens erweitert. Dieses Projekt wurde mitgeplant und finanziell getragen vom Blindenhilfsverein München e.V. In einer kleinen, neu errichteten Wohnanlage in S-Bahn-Nähe wurde eine Wohnung gekauft und schon von Baubeginn an behindertengerecht geplant und ausgestattet. Dieses Wohnangebot steht seit Februar 2009 blinden und hochgradig sehbehinderten Jugendlichen sowie jungen Erwachsenen bis zu einem Alter von 30 Jahren zur Verfügung. Die Wohndauer ist auf die Zeit der Ausbildung beschränkt, das Angebot richtet sich also an Schüler, Lehrlinge oder Studenten.

„Treffpunkt SBZ" – ein kultureller Baustein in Unterschleißheim

Seit Sommer 2010 lädt das Sehbehinderten- und Blindenzentrum mit seiner Veranstaltungsreihe „Treffpunkt SBZ"

Hildegard Mayr ist seit 2009 Direktorin des Sehbehinderten- und Blindenzentrums.

Dr. Volker Hahn, der Schulleiter des Förderzentrums, bei einem Auftritt des Braille-Ensembles im Sehbehinderten- und Blindenzentrum.

regelmäßig einmal im Monat in den Südturm zu Vorträgen, Ausstellungen, Lesungen, Musik und Kunst ein. Das bunt gemischte Publikum weist mittlerweile viele Stammgäste auf, darunter langjährige Wegbegleiter, Wohltäter, Politiker, Ehemalige und viele mehr.

Die Veranstaltungen bereichern das kulturelle Leben Unterschleißheims. Hier sollen nur einige Beispiele genannt werden:

Unter anderem wurden im SBZ folgende Vorträge angeboten:

- Was heißt Glauben heute? (mit Pater Albert Keller SJ)
- Soziale Marktwirtschaft (Otto Wiesheu)
- Edith Stein (Marianne Schuber)
- Begegnung zwischen Christentum und östlichen Religionen (Dr. Walter Flemmer)
- Judenverfolgung im „Dritten Reich" (Wolfgang Christoph)
- Die weiße Rose (Annette Schöningh mit Schülern)
- Philosophieren mit Kindern (Roswitha Wiesheu)
- Bayern und der 1. Weltkrieg (Hermann Rumschöttel)
- Heut Nacht gilt's – die Übergabe Augsburgs (Dr. Marianne Schuber)
- Inklusion (Verena Bentele – ehemalige Schülerin der Landesblindenschule und seit 2014 Behindertenbeauftragte der Bundesregierung)

Diese Ausstellungen wurden durch das SBZ organisiert:

- Kunst im Turm (Schülerarbeiten)
- Edith-Stein-Ausstellung
- Gemälde-Ausstellung (Vivian Ellis)
- Ausstellung über die „Weiße Rose"
- Vernissage (Alfons Neubauer)

Zum musikalischen Angebot des SBZ zählten die folgenden Veranstaltungen:

- jährliches Frühjahrskonzert des SBZ (Schüler und Mitarbeiter)
- Jodeln mit Biwi Rehm
- Konzert des Rhein-Quartetts
- RimSinger
- Weihnachtskonzert mit den Milbertshofener Sängern

Folgende Lesungen wurden mit großem Publikumszuspruch organisiert:

- Braille-Ensemble im zweijährigen Turnus (mit Dr. Voker Hahn, Annette und Aleksander Pavkovic), so zum Beispiel „Humoristisches auf den Punkt gebracht", „Von der Wiege bis zur Bahre – so san's halt, d'Leit" oder „Revue Surprise"
- Weihnachtslesungen, beispielweise „Heilige Nacht" von Ludwig Thoma (mit Otto Lederer) oder „Der Stern" (mit Wolfgang Zimmermann und Dr. Volker Hahn)

Es finden zudem vergnügliche Termine statt, zu denen sich auch politische Prominenz – von der Staatsministerin bis zum früheren Staatsminister – einfindet:

- „Dinner im Dunkeln" mit Starkoch Alfons Schuhbeck (im zweijährigen Turnus)
- Aufführungen der Marionettenbühne Bille

Wenn Promikoch Alfons Schuhbeck beim „Dinner im Dunkeln" aufkocht, rührt auch mal neugierige Prominenz in den Kochtöpfen – zum Beispiel die bayerische Staatsministerin Ilse Aigner und der frühere bayerische Staatsminister Otto Wiesheu, mittendrin Direktorin Hildegard Mayr.

Das Haus St. Josef in Kreuth

Durch Pater Friedrich Setzer SJ, den langjährigen Direktor und ersten Vereinsvorsitzenden, hatte schon länger eine Verbindung nach Kreuth bestanden, insbesondere zum Haus St. Josef. Die Karmelitin Sr. Remigia Hoyer betrieb das Haus als Ferienerholungsheim für die Kinder, die in den Heimen des Ordens betreut wurden. Aber auch andere Besucher, unter anderem die Tagesstätten- und Internatskinder des SBZ, erlebten erholsame und erlebnisreiche Tage im Haus St. Josef.

Im Jahr 2011 ging das Haus dann in den Besitz des „Sehbehinderten- und

2013 gründeten Marianne Schuber und Angelika Mann in Augsburg im „Oberhausener Museumsstüble" eine Beratungsstelle für sehbehinderte und blinde Erwachsene. Mann, die selbst blind ist und Schülerin sowie Erzieherin im SBZ war, leitet die Beratungsstelle ehrenamtlich.

Blindenzentrums e.V." über. Aufgrund der ländlichen Umgebung und zahlreicher Möglichkeiten für Unternehmungen (unter anderem Kutschfahrten im Sommer, Skifahren im Winter) steht somit dem SBZ ein idealer Ort für Freizeitangebote zur Verfügung.

Beratungsstelle für sehbehinderte und blinde Erwachsene in Augsburg

Zu den vielfältigen Aufgaben des Mobilen Dienstes gehört auch ein gewisses Maß an Öffentlichkeitsarbeit, wie etwa Informationsveranstaltungen für Lehrkräfte, Augenärzte und Schulklassen, in denen sehbehinderte beziehungsweise blinde Kinder unterrichtet werden. Diese Veranstaltungen und Beratungen haben aber ihre Grenzen, zum einen ist der MSD nur für Kinder und Jugendliche bis zum Schulabschluss zuständig, zum anderen reicht das Stundenbudget bei Weitem nicht aus, um alle Anfragen zu beantworten. Außerdem können nur in ganz geringem Umfang ehemalige Schüler bei späteren Fragen bezüglich ihrer Sehbehinderung weiterhin betreut werden.

Im April 2013 wurde daher von Marianne Schuber und Angelika Mann, die selbst blind ist und Schülerin im SBZ und später dort Erzieherin war, eine Beratungsstelle für sehbehinderte und blinde Erwachsene im „Oberhausener Museumsstüble" (Zollernstraße 91) ins Leben gerufen und seither von Angelika Mann ehrenamtlich geleitet. Einmal pro Woche wird nun dort für Menschen mit Sehproblemen sowie für deren Angehörige Beratung angeboten – entweder telefonisch oder mit persönlichem Termin. Mit einigen ehemaligen Schülern besteht sogar regelmäßiger Kontakt per E-Mail oder Telefon.

Die Arbeit der engagierten Ehrenamtlichen umfasst aber noch viele weitere Tätigkeiten: So wurden unter anderem mehrere Vorträge zu diversen Themen gehalten, wie zum Beispiel „Tipps bei der Alltagsbewältigung von blinden und sehbehinderten Menschen" oder „iPhone und iPad".

Auch Schulbesuche, insbesondere in Grundschulen, bei denen Hilfsmittel für Blinde und Sehbehinderte vorgestellt, verschiedene Lupen vorgeführt und die Blindenschrift erklärt werden, gehören mit zum Aufgabenfeld der Beraterin.

Kinder mit visuellen Wahrnehmungsstörungen fordern Sehbehindertenpädagogik heraus

Schon seit Langem ist bekannt, dass eine Sehbehinderung nicht nur durch gestörte oder fehlende Funktionen des Auges oder der Sehnerven verursacht

Prof. Josef Zihl vom Department Psychologie der LMU München führte gemeinsam mit dem SBZ ein mehrjähriges Forschungsprojekt zum Zusammenhang von Sehbehinderung, visueller Verarbeitung und der schulischen (Lese-)Leistung durch.

sein kann, sondern auch durch eine gestörte Verarbeitung ankommender Sehreize im Gehirn. Da sich diese Verarbeitungsprozesse aber mit herkömmlichen Methoden nicht messen und pädagogisch nur schwer einordnen lassen, waren betroffene Kinder und Jugendliche mit ihren Problemen oft allein und wurden gegebenenfalls noch als Legastheniker oder Autisten eingestuft.

In den letzten Jahren hat sich nun der Begriff „CVI" (Cerebral Visual Impairment) immer mehr etabliert und zu einer besseren Einordnung visueller Wahrnehmungsstörungen bei Kindern geführt. Trotzdem fehlt nach wie vor eine allgemein gültige diagnostische Definition und ebenso ein diagnostischer Standard zur Erfassung dieses Störungsbildes.

Erfreulicherweise konnte Prof. Josef Zihl vom Department Psychologie der LMU München dafür gewonnen werden, gemeinsam mit dem SBZ ein Forschungsprojekt zu diesem Thema durchzuführen, das über einen Zeitraum von beinahe vier Jahren (Ende 2012 bis Mitte 2016) Zusammenhänge von Sehbehinderung, visueller Verarbeitung und schulischen (Lese-)Leistungen ergründen soll. Die Ergebnisse dieser Untersuchung werden nach ihrer Veröffentlichung sicherlich in die Diagnostik und Unterrichtsarbeit Eingang finden. Mit dieser Kooperation nimmt das SBZ im süddeutschen Raum eine Vorreiterrolle bei der Erforschung visueller Wahrnehmungsstörungen bei Kindern ein und beweist so einmal mehr seine zukunftsgerichtete Innovationskraft.

Zusammenarbeit mit der Fachoberschule (FOS) Unterschleißheim

Als bekannt wurde, dass die Stadt Unterschleißheim eine Fach- und Berufsoberschule errichten wolle, um auch im nördlichen Landkreis München dieses schulische Angebot zu schaffen, regte die damalige erste Vorsitzende des Sehbehinderten- und Blindenzentrum e. V., Elisabeth Setzer, sofort eine Kooperation mit dem SBZ an.

Diese Idee wurde von Direktorin Hildegard Mayr und den Schulleitern Dr. Volker Hahn und Frank Kuroschinski ohne Zögern aufgegriffen und in die Tat umgesetzt.

Die Schulleiter Dr. Volker Hahn (links) und Frank Kuroschinski griffen 2013 die Idee der Kooperation der Edith-Stein-Realschule mit der Fach- und Berufsoberschule in Unterschleißheim auf. Bildmitte: Maria Setzer, seit 2014 Schulleiterin des Förderzentrums.

Bereits mit dem Baubeginn der neuen Fachoberschule und Berufsoberschule (FOS/BOS) in Unterschleißheim im Jahr 2013 wurden auch die Weichen gestellt hinsichtlich einer engen Kooperation der Edith-Stein-Realschule mit der neuen FOS/BOS. In einer von der Realschule ausgearbeiteten Kooperationsvereinbarung legten die Schulleitungen beider Schulen vielfältige inhaltliche Ziele und Maßnahmen fest, um die Beschulung sehbehinderter und blinder Realschüler nach ihrem Wechsel an die Fachoberschule im Rahmen einer inklusiven Beschulung bestmöglich zu fördern.

Die begleitenden Maßnahmen begannen in der Planungs- und Bauphase der FOS/BOS durch die fachliche Beratung bei der Umsetzung sehgeschädigtenspezifischer baulicher Maßnahmen und Ausstattungen.

Inhaltlich und personell ist die Kooperation auf verschiedene Bereiche verteilt. Die sehbehinderten und blinden Schüler der Edith-Stein-Realschule werden seitens der Realschule auf den Übertritt an die FOS/BOS gezielt beraten und vorbereitet. Die Lehrkräfte der FOS/BOS erhalten Informationen über den individuellen Förderbedarf der Schüler und können ausgewählte oder fachspezifische Fortbildungsangebote des SBZ nutzen. Realschule und FOS/BOS tauschen sich in gemeinsamen Fachkonferenzen bezüglich schüler- und inhaltsbezogener Kompetenzen aus.

Dies betrifft auch geeignete Praktikumsplätze für hochgradig sehbehinderte und blinde Schüler. Beide Schulen planen darüber hinaus gemeinsame Projekte und Unterrichtseinheiten, um die inklusive Beschulung zu fördern.

Begleitet wird der Prozess des Übertritts und die weitere Beschulung an der FOS/BOS durch den MSD-Sehen und die Fachdienste des SBZ sowie die koordinierenden Lehrkräfte beider Schulen. Die Kooperation bietet darüber hinaus nun auch sehgeschädigten Fach- und Berufsoberschülern die Möglichkeit, je nach Alter entweder selbstständig in einer kleinen Wohnanlage in Unterschleißheim oder in Wohngruppen im Internat zu wohnen und zusätzlich die Fachdienstangebote des SBZ zu nutzen.

Die Edith-Stein-Realschule erhält das Schulprofil Inklusion

Seit das neue Schlagwort der „Inklusion" die Runde macht, hat es vielfältige Entwicklungen in der Schullandschaft gegeben. Eine davon war, dass nicht nur Kinder mit einer Beeinträchtigung die allgemeine Schule besuchen können, sondern dass sozusagen in umgekehrter Inklusion auch die Förderschulen sich öffnen und Schüler ohne Behinderung aufnehmen.

Diesen Weg hatte die Realschule seit 1988 mit der Öffnung für Legastheniker und normalsehende Schüler schon lang vor dieser schulpolitischen Neuentwicklung beschritten. Als Auszeichnung für diese langjährige „inklusive" Arbeit wurde der Edith-Stein-Realschule im April 2015 in einem feierlichen Akt von Staatssekretär Georg Eisenreich mit einer Urkunde der Titel „Schule mit dem Schulprofil Inklusion" verliehen. *„Die Auszeichnung mit dem Profil Inklusion ist ein Zeichen der Anerkennung und zugleich ein Anreiz für die Weiterentwicklung der Inklusion in Bayern"*, so Eisenreich bei der Feier.

Die 1997 durch Wally Kirchhauser, eine ehemalige Schülerin der Augsburger Blindenanstalt, ins Leben gerufene „Blinden- und Sehbehindertenarbeit" („Blindusa") wurde 2014 vom Sehbehinderten- und Blindenzentrum übernommen. 2015 wurde eine neue Werkstatt der Blindusa gGmbH in Augsburg eingeweiht. Bild: Helmut Fuchs erklärt Schulleiterin Maria Setzer, wie man eine Bürste bindet.

Eine Werkstatt für blinde und hochgradig sehbehinderte Erwachsene in Augsburg

1997 wurde durch Wally Kirchhauser, selbst blind und ehemalige Schülerin der Augsburger Blindenanstalt, ein

Gruppenbild mit Dame: Direktorin Hildegard Mayr, der schwäbische Bezirkstagspräsident Jürgen Reichert, Rolf Zeitler (seit 2104 auch 1. Vereinsvorsitzender), der oberbayerische Bezirkstagspräsident und Präsident des Bayerischen Bezirketags Josef Mederer sowie Guido Balfanz (die Herren von links) bei der Einweihung der „Blindusa"-Werkstatt in Augsburg.

neues Projekt ins Leben gerufen: eine Werkstatt für blinde und hochgradig sehbehinderte Erwachsene, die aus unterschiedlichsten Gründen keine Anstellung auf dem ersten Arbeitsmarkt finden können. Mit der „Blinden- und Sehbehindertenarbeit" (kurz „Blindusa") wollte der „Blindenheim Augsburg e.V." als Träger auf unkonventionelle Art Beschäftigungsmöglichkeiten für Blinde schaffen.

Dabei ging es nicht darum, eine Ausbildung anzubieten, sondern vielmehr die Fähigkeiten und Fertigkeiten der Betroffenen so einzusetzen, dass sie im Betrieb sinnvolle Arbeiten verrichten können. Wesentliche Arbeitsbereiche waren die Bürstenmacherei, das Korbflechten und die Aktenvernichtung.

So vielversprechend das Werk sich auch anließ, konnte es doch dem wirtschaftlichen Druck auf Dauer nicht standhalten. Auch waren neue Räumlichkeiten notwendig, da sicherheitstechnische Auflagen den Betrieb in den alten Räumen nicht mehr zuließen.

Nach langen Verhandlungen mit dem Sehbehinderten- und Blindenzentrum, unter Federführung von Direktorin Hildegard Mayr, wurde schließlich die „Blindusa" im Jahr 2014 vom Verein Sehbehinderten- und Blindenzentrum e. V. übernommen.

Eine neue Werkhalle wurde in Augsburg gesucht und gefunden. Im April 2015 konnte die Werkstatt als Blindusa gGmbH in den neuen Räumlichkeiten in Augsburg mit prominenten Gästen feierlich eröffnet und eingeweiht werden.

Die Blindusa gGmbH will auch weiterhin nicht mit bestehenden Arbeits- und Umschulungseinrichtungen konkurrieren, sondern vernetzen, verknüpfen und eine Zusammenarbeit zwischen großen und kleinen Unternehmen, zwischen spezifischen Blinden- und Sehbehinderteneinrichtungen und dem freien Arbeitsmarkt schaffen, um das Wohl der Betroffenen zu fördern. Jedes Produkt ist ein Unikat und wird mit viel Engagement und Herz gefertigt.

2012 wurde der Edith-Stein-Hort eingeweiht. Im Bild die Pfarrer Thomas Lotz und Franz Muck, der damalige Bürgermeister und heutige Vereinsvorsitzende Rolf Zeitler, Direktorin Hildegard Mayr, Bereichsleiter Markus Muth, Hortleiterin Katrin Simon sowie drei Erzieherinnen und ein Erzieher.

Eröffnung eines integrativen Hortes auf dem Areal des SBZ

Da die Stadt Unterschleißheim ständig dringend nach Plätzen für Hortkinder suchte, lag der Gedanke nahe, der Stadt Räumlichkeiten auf dem Gelände des SBZ anzubieten. Da zuletzt ein kontinuierlicher Rückgang der Internatsschüler zu verzeichnen war, bot es sich an, die frei gewordenen Räumlichkeiten in den Internatshäusern anderweitig sinnvoll zu nutzen.

Diesen Gedanken setzte Direktorin Hildegard Mayr alsbald in die Tat um. So konnte im September 2012 die Einweihung des neuen integrativen Edith-Stein-Hortes feierlich begangen werden. Mittlerweile beherbergt das Sehbehinderten- und Blindenzentrum schon drei integrative Hortgruppen für insgesamt bis zu 75 Kinder im Alter zwischen sechs und zwölf Jahren.

Besucht wird der neue Hort von den Schülern der Grundschule an der Johann-Schmid-Straße, der Michael-Ende-Schule und der Rupert-Egenberger-Schule. Pro Gruppe können maximal drei Integrationsplätze in Anspruch genommen werden. Die Stadt Unterschleißheim ist Kooperationspartner, der „Sehbehinderten- und Blindenzentrum e. V." ist der Träger des integrativen Edith-Stein-Hortes.

Eine Kinderkrippe für die Stadt Unterschleißheim und Mitarbeiter des SBZ

Eine weitere Neuerung ergab sich wiederum aus einer Anfrage der Stadt Unterschleißheim, die ihr Angebot an Krippenplätzen ständig ausweiten muss. Auch hier sagte Direktorin Hildegard Mayr sofort Unterstützung zu, zumal so auch für Kinder eigener Mitarbeiter des SBZ Krippenplätze angeboten werden konnten. Nach umfangreichen Umbaumaßnahmen ist nun seit August 2015 die neue Kinderkrippe gemeinsam mit den SVE-Kindern in den Räumlichkeiten der SVE untergebracht.

Das Sehbehindertenzentrum, Kirchen und Vereine

Das Sehbehindertenzentrum ist mit Kirchen und Vereinen eng verbunden

Das Miteinander – vom Caritasverband bis zu den Gebirgsschützen

Große Verbundenheit mit der katholischen und evangelischen Kirche

Schon in der Augsburger Zeit hat eine enge Verbindung zwischen dem Verein und der Kirche bestanden, insbesondere zur Dompfarrei, zum Domkapitel und zu den Bischöfen. An anderer Stelle wurde bereits berichtet, wie zum Beispiel die Domkapitulare in der Augsburger Blindenanstalt ein und aus gingen.

Diese Verbundenheit mit der Kirche setzte sich auch in Unterschleißheim fort. Pater Friedrich Setzer nahm von Anfang an Kontakt auf zu den örtlichen Pfarreien und es entwickelten sich ein reger Austausch und sogar Freundschaften mit den jeweiligen Pfarrern. So beherbergte das SBZ von 1984 bis 1986 während des Neubaus der St.-Ulrichs-Kirche die Pfarrgemeinde St. Ulrich und war ein wichtiger Bestandteil des Gemeindelebens.

In dieser Zeit wurden die regulären Messen im Pater-Alfred-Delp-Haus gehalten, Festtagsgottesdienste wie Weihnachten und Ostern dagegen in der Aula des Sehbehindertenzentrums gefeiert. Von Anfang an war bei der Fronleichnamsprozession ein Altar im Schulhof des SBZ errichtet.

Bis heute besteht ebenfalls eine enge Zusammenarbeit mit der evangelischen Kirche, die jedes Jahr die Tauffeier für

Von 1984 bis 1986, während des Neubaus der St.-Ulrichs-Kirche, beherbergte das SBZ die Pfarrgemeinde St. Ulrich, die ihre Messen im Pater-Alfred-Delp-Haus oder in der Aula der Schule feierte. Im Bild: Der feierliche Auszug der Pfarrgemeinde mit Kardinal Friedrich Wetter.

Der Lions Club veranstaltet Jahr um Jahr in der Aula der Edith-Stein-Schule einen großen Bücherflohmarkt.

eine Konfirmandengruppe im Sehbehinderten- und Blindenzentrum ausrichtet. Eine enge freundschaftliche und fachliche Zusammenarbeit bestand zur „Blindenhilfsschule" in Pfaffenhausen – von 1952 bis 1971 die einzige ihrer Art in Deutschland – mit den Blindenlehrerinnen Sr. M. Eduardine Rost und Sr. M. Evangelista Höfer (beide später auch Generaloberin) von der St. Josefskongregation in Ursberg.

Sehbehinderten- und Blindenzentrum als Mitglied im Caritasverband

Seit dem Jahr 1992 ist der Verein Sehbehinderten- und Blindenzentrum e.V. Unterschleißheim korporatives Mitglied des Caritasverbands der Erzdiözese München und Freising.

Vor allem bei Verhandlungen mit dem Bezirk ist der Caritasverband ein hilfreicher und geschätzter Verhandlungspartner. Die Zusammenarbeit mit den jeweiligen Caritas-Diözesandirektoren – Prälat Peter Neuhauser, Prälat Hans Lindenberger und vielen anderen – erwies sich stets als äußerst fruchtbar.

Der Verein Blindenheim Augsburg e. V.

Im Jahr 1988 gründeten Otto Riß und Wally Kirchhauser, zwei ehemalige Schüler der Augsburger Blindenanstalt, den Verein Blindenheim Augsburg e. V. Otto Riß war erster Vorsitzender und Pater Friedrich Setzer vom Verein für Sehgeschädigtenerziehung e. V. Unterschleißheim zweiter Vorsitzender. Ziel des Vereins war, ein Blindenheim mit betreutem Wohnen in Augsburg zu errichten. Dies wurde unter Beteiligung zahlreicher Unterstützer 1992 realisiert.

Ein fruchtbares Miteinander: das SBZ in Unterschleißheim und der Lions Club Schleißheim

Das Sehbehinderten- und Blindenzentrum in Unterschleißheim und der Lions Club Schleißheim pflegen ein besonderes Miteinander, das auf das Jahr 1991 zurückgeht. Seinerzeit entstand der Gedanke, in Unterschleißheim und für die Gemeinden Oberschleißheim und Haimhausen einen Club zu gründen, der die Ideale der weltweit größten Serviceorganisation mittragen sollte.

Auf der Suche nach „einsatzfreudigen Menschen" wurde wie selbstverständlich der Direktor des Sehbehindertenzentrums gefunden. Von Anfang an spielte Pater Friedrich Setzer im Club eine wichtige Rolle. Die Lions nahmen sein Angebot, Räume im SBZ für ihre Clubabende zu nutzen, begeistert an und sind seither gern gesehene Gäste im Hause ihres Lions-Freundes. Seine Schwester Elisabeth ist inzwischen sogar Ehrenmitglied des Lions Clubs geworden.

Pater Setzer, der großartige Organisator und überaus freundliche Lions-Freund, hatte mit seinem Angebot natürlich nicht nur einen Hintergedanken. Er band den Lions Club gleichsam an sein Sehbehindertenzentrum.

Natürlich nahm der Lions Club die Dienstleistungen, die von dort angeboten wurden, nicht kostenlos in Anspruch, sondern zeigte besonders großes Engagement für das Zentrum, indem sich die Clubmitglieder bei Anschaffungen und bei finanziellen Engpässen unterstützend einbrachten. Beinahe selbstverständlich kamen so die sozialen Engagements der beiden Institutionen zusammen.

Die Bronzeskulptur am Eingang weist auf ein wichtiges Ziel des SBZ hin: Bildung für Blinde, ähnlich dem Lions-Motto „Sight first". Walter Flemmer, Verfasser dieses Kapitels und Gründungsmitglied der Schleißheimer Lions, ist dem SBZ besonders verbunden. Unten: Marija Binder kümmert sich ehrenamtlich um die Gestaltung der Kapelle und hilft bei der Bewirtung der Lions.

Die Tegernseer Gebirgsschützenkompanie bei der Einweihung des Pater-Setzer-Platzes im Jahr 2009. Ganz links: Hauptmann Florian Baier, neben ihm sein Vater, der Ehrenhauptmann Alfred Baier, sowie Schützenkurat Wolfgang Seubert.

Und schließlich kam die Idee auf, einen großen Flohmarkt zu organisieren, um Geld für Bedürftige einzunehmen. Die Idee nahm alljährlich alle Clubkräfte in Anspruch. Pater Setzer war es gelungen, den Lions Club Schleißheim in seinem Haus zu einer „echten Familie" werden zu lassen.

Auch als die neue Direktorin Hildegard Mayr im Sehbehinderten- und Blindenzentrum die Spitzenposition übernahm, wurde das freundschaftliche Zusammensein fortgesetzt. Und schließlich darf nicht vergessen werden, dass eine der bedeutendsten Aktivitäten der Lions seit vielen Jahren „Sight first" ist, der weltweite Kampf gegen die Blindheit.

Das Miteinander von SBZ und Lions Club Schleißheim ist also eine Erfolgsgeschichte im Dienst von Menschen, die Hilfe benötigen.

Der Blindenhilfsverein Oberbayern

Der Blindenhilfsverein geht auf eine lange Tradition zurück. Er wurde von Anton Schaidler, dem schon mehrfach erwähnten Direktor der Bayerischen Landesschule für Blinde, gegründet und unterstützt. Der Blindenhilfsverein Oberbayern e. V. unter Federführung

Elisabeth Setzer bei der Papstaudienz in der Sala Clementina am 20. April 2002 mit bayerischen Gebirgsschützen aus Anlass des 75. Geburtstags von Kardinal Joseph Ratzinger, des späteren Papstes Benedikt XVI. Bei diesem Anlass erhielt sie von Papst Johannes Paul II (2014 heiliggesprochen) den Segen für das SBZ.

von Josef Hutter stellte unter anderem für das selbstständige Wohnen die gesamte Finanzierung zur Verfügung – vom Erwerb der Wohnungen bis zur kompletten Möblierung – und ermöglichte damit die Realisierung eines Herzensprojekts des SBZ.

Pater Friedrich Setzer – der Kurat der Tegernseer Gebirgsschützenkompanie

Ein langjähriges Miteinander verbindet auch die Gebirgsschützenkompanie Tegernsee mit dem Sehbehinderten- und Blindenzentrum in Unterschleißheim: Dies liegt nicht zuletzt daran, dass Pater Friedrich Setzer SJ der Gebirgsschützenkurat der Tegernseer Schützenkompanie war. Als der am 31. Juli 2004 verstorbene ehemalige Direktor des Sehbehinderten- und Blindenzentrums am 4. August auf dem Ordensfriedhof in Pullach zu Grabe getragen wurde, schossen „seine" Schützen den letzten Salut. Das Salutschießen der Gebirgsschützenkompanie Tegernsee gehört bis heute bei größeren Feierlichkeiten des Sehbehinderten- und Blindenzentrums fast selbstverständlich zum festlichen Rahmenprogramm.

Die Chronik:
1885 bis 2015

Die Chronik: von der Augsburger Blindenanstalt zum Sehbehinderten- und Blindenzentrum

Die Geschichte einer Einrichtung – von 1885 bis heute

Die Vorgeschichte des Vereins für Blindenerziehung von Schwaben und Neuburg und der Augsburger Blindenanstalt beginnt mit der Konstituierung des Blindenerziehungsvereins am 9. März 1881. Den Anstoß zur Gründung der Blindenbildungsanstalt in Augsburg gab 1882 der blinde Blindenlehrer Friedrich Kniewasser. Die Historie des Vereins Sehbehinderten- und Blindenzentrum e.V. Unterschleißheim beginnt aber erst im Jahr 1885.

1885
Gründung des Vereins für Blindenerziehung in Schwaben und Neuburg e.V. Vorsitzender: Dr. Leonhard Hörmann, Domkapitular

ab 1885
K. Regierungsdirektor Dr. Groh (Vorstandschaft) – ihm folgten die Herren Regierungsdirektoren der Kammer des Innern, an der Spitze:
Herr von Fuchs,
Herr von Braun,
Herr Schenk,
Herr von Aretin

1886
10. April: Aufnahme des Vereins in den St.-Johannis-Verein
Vorstandschaft: Dr. Groh, Regierungsdirektor

1889
15. Mai: Eröffnung der Augsburger Blindenanstalt in der Jesuitengasse 14

1891
21 blinde Zöglinge in der Blindenanstalt

1896
Verleihung der Silbermedaille in Nürnberg für beeindruckende Leistungen der Augsburger Zöglinge

1900
34 blinde Kinder und Jugendliche

1914
Schulvorstand:
Hofrat Dr. Ernst Mayr

1914
Zahlreiche ausgebildete Blinde bleiben in der Anstalt

1915
1. Vorsitzender: Baron von Müller

1915
Ab dieser Zeit viele Auftritte des Blindenchors bei Feiern, Gottesdiensten und Beerdigungen

1923
Verlust des Vereinsvermögens durch die Inflation

Direktoren und Schulleiter der Augsburger Blindenanstalt und des SBZ Unterschleißheim – von 1889 bis 2015

Diese Direktoren und Schulleiter waren für die Augsburger Blindenanstalt und das SBZ tätig:

1889 – 1914
Julius Riegg
15. Mai 1889 – Juli 1914
Anstaltsleiter
Gemahlin Babette Riegg
Hausmutter

1914 – 1935
Georg Roth
1897 Hilfslehrer
an der Augsburger Blindenanstalt
bis 1913 Lehrer
September 1914 – Januar 1935
Direktor
Frieda Roth (Witwe)
Januar 1935 – Mai 1935
Anstaltsleiterin/Hausmutter

1935 – 1939
Leopold Brugger
Seit 1910 Lehrer
an der Augsburger Blindenschule
seit 1935 Direktor
Gemahlin Minna Brugger
Hausmutter

1940 – 1968
Anton Setzer
Direktor
Schulleiter: 1940 – 1964
Gemahlin Maria Setzer
Hausmutter

1964 – 1968
Anna Hermann
Schulleiterin

1968 – 1998
Elisabeth Setzer
Schulleiterin
Sehbehindertenschule, Grund- und Hauptschulstufe
in Augsburg/Unterschleißheim

1968 – 1998
Pater Friedrich Michael Setzer SJ
Direktor
in Augsburg/Unterschleißheim

1974 – 1995
Dr. Marianne Schuber
Schulleiterin und Gründerin
der Realschule
in Augsburg/Unterschleißheim

1974 – 1983
Helmut Schuster
Schulleiter und Gründer
der „Münchner Grundschule
für Sehbehinderte"

seit 1995
Frank Kuroschinski
Schulleiter der Realschule

1998 – 2006
Helmut Schuster
Schulleiter des Förderzentrums

1998 – 2005
Elisabeth Setzer
Direktorin

2005 – 2009
Michael Hohlmeier
Direktor

2006 – 2014
Dr. Volker Hahn
(Unterbrechung im Schuljahr 2007/2008)
Schulleiter des Förderzentrums

seit 2009
Hildegard Mayr
Direktorin

seit 2014
Maria Setzer
Schulleiterin des Förderzentrums

1939 – 1945
Schwierige Kriegsjahre auch für Blinde

1944
25./26. Februar: Luftangriff auf Augsburg („Große Bombennacht“) und teilweise Zerstörung der Blindenanstalt

1944
ab Mai: Verlegung der Augsburger Blindenschule nach Ursberg

1945
28. April: kampflose Übergabe Augsburgs

1945
9. Mai: Gründung der Augsburger Aufbaugemeinschaft

1945
Juli: Gründung der Christlichen Wohnungshilfe

1946
Verein ist 49-Prozent-Gesellschafter bei der Schwäbischen Polster- u. Kleinmöbelfabrik GmbH („Blindenindustrie Neusäß“), dort auch Herstellung von Neusäßer Spielpuppen

1947
Wiederaufbau der Blindenanstalt mit Ausbau des Dachgeschosses

1949
Einführung des Blindengeldes

1949
Grundsteinlegung für den ersten Wohnblock mit zehn Wohnungen für Blinde mit Familien in der Hans-Deuter-Straße in Neusäß (Grund und Boden gestiftet von Hans Deuter)

1950
zweiter Wohnblock mit zwölf Wohnungen für Blinde in Neusäß

1952
22. Januar: Brand der Blindenanstalt

1952
Verleihung des Verdienstkreuzes am Bande des Verdienstordens der Bundesrepublik Deutschland an Anton Setzer

1958
12. Dezember: Verpflichtungserklärung des Vereins für Blindenerziehung, in Schwaben eine Sehschwachenschule zu errichten

1960
13. Mai: Umbenennung des Vereins für Blindenerziehung in Verein für Sehgeschädigtenerziehung e. V. Augsburg (ab 2011 „Sehbehinderten- und Blindenzentrum e.V.“ Unterschleißheim), Grundbucheintragung als eigenständiger Verein

1960
Gründung des Vereins Arbeiterfürsorge (bestand bis 1968)

1963
31. Januar: Denkschrift an das Bayerische Kultusministerium zur Lösung der Sehgeschädigtenerziehung

1965
25. Juni: Beschluss des Sonderschulgesetzes

1967
28. Februar: Verhandlungen des Vereins für Sehgeschädigtenerziehung e. V. Augsburg mit dem Bayerischen Kultusministerium wegen der Errichtung einer Sehbehindertenschule mit Heim in Augsburg

1968
Antrag an die Regierung von Schwaben auf Genehmigung einer Sehbehindertenschule

1968
10. September: Genehmigungsbescheid für die „Private Sonderschule für Sehbehinderte" in Augsburg, Jesuitengasse 14, mit der Bedingung, dass die Schule spätestens zum Schuljahresbeginn 1974/75 in Räumen untergebracht ist, welche die Durchführung eines einwandfreien Schul- und Unterrichtsbetriebs gewährleisten.

Beginn der Sehbehindertenschule mit Heim mit zwei Klassen (Die ersten Lehrerinnen waren Marianne Schuber und Elisabeth Setzer.)

1968 bis 1976
Verzweifelte Suche nach einem neuen Standort – unter anderem in Augsburg, am Starnberger See und in München

1971
Das Schul- und Heimgebäude platzt aus allen Nähten. Auslagerung von verschiedenen Abteilungen in andere Gebäude, weit verstreut in Augsburg

1974
September: Gründung einer Realschule für Sehbehinderte, bis heute die einzige in ganz Bayern (Gründung und Leitung: Marianne Schuber)

1974
September: Einrchtung einer Grundschule für Sehbehinderte in München Leitung: Helmut Schuster

1976
23. Juli: Genehmigung des Bebauungsplanes in Unterschleißheim

1979
18. Juli: Erbbaurechtsvertrag und Rahmenvertrag mit den Bezirken Oberbayern, Niederbayern und Schwaben (federführend: Bezirk Oberbayern)

1980
August: erster Spatenstich durch Direktor a. D. Anton Setzer

1980
September: Einzug der „Münchner Grundschule" in die Raiffeisenschule Unterschleißheim

1981
12. Mai: Verleihung des Verdienstkreuzes 1. Klasse des Verdienstordens der Bundesrepublik Deutschland an Direktor a. D. Anton Setzer

1981
30. September: Verleihung der Bezirksmedaille des Bezirkstags Schwaben an Anton Setzer

1981
3. Oktober: Grundsteinlegung und Hebauf des Sehbehindertenzentrums

1983
18. Juli: Die Schulen erhalten die neue Bezeichnung „Edith-Stein-Schule, Private Schule für Sehbehinderte (Grund- und Hauptschule)" sowie „Edith-Stein-Schule, Private Realschule für Sehbehinderte", Träger: Verein für Sehgeschädigtenerziehung e.V. Unterschleißheim.

1983
13. September: Eröffnung des Sehbehindertenzentrums in Unterschleißheim, Unterrichtsbeginn mit 150 Kindern und Jugendlichen, davon 80 im Internat, 50 im Tagesheim und 20 externe Schüler

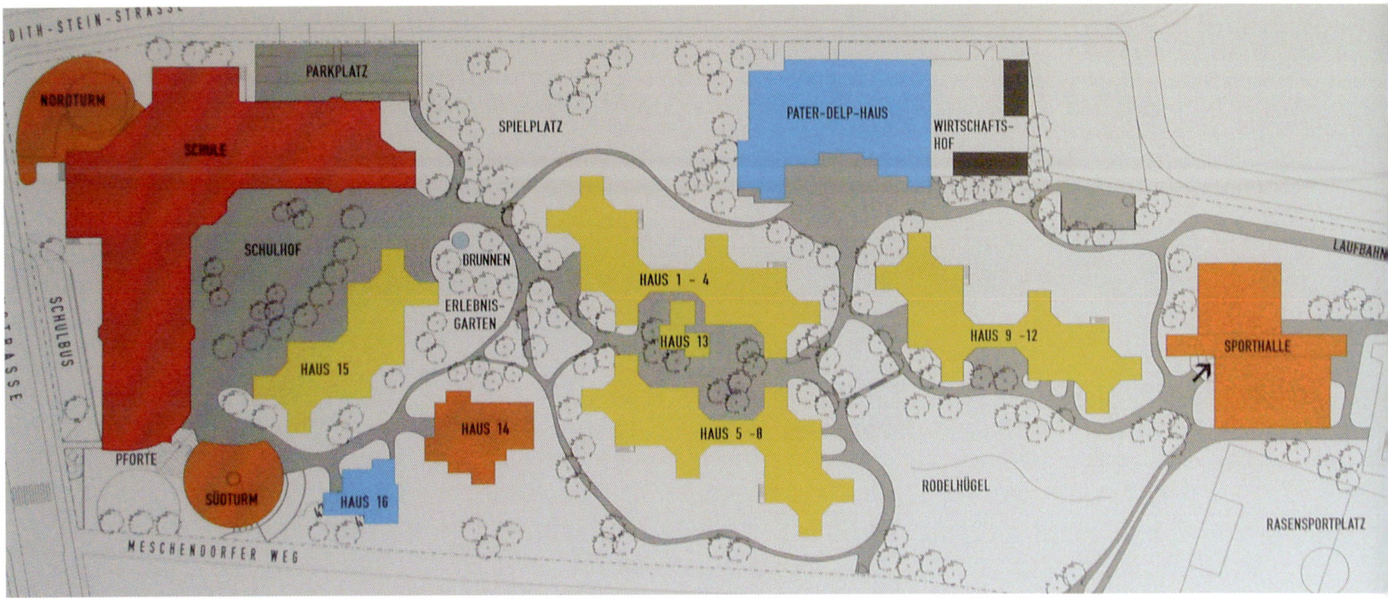

Ein Plan des Sehbehinderten- und Blindenzentrums in Unterschleißheim, mit dessen Erweiterungsbau im Jahr 2004 begonnen wurde.

1984
22. Mai: Einweihungsfeier des Sehbehindertenzentrums in Unterschleißheim

1984
Das SBZ ist für zwei Jahre, während des Baus der neuen Kirche St. Ulrich, das kirchliche Zentrum der Pfarrgemeinde

1984
Eröffnung der Sportanlagen des Sehbehindertenzentrums mit Schwimmbad

1986
Beim „Landeswettbewerb für den Wohnungsbau In Bayern": 1. Preis für das Sehbehindertenzentrum München-Unterschleißheim, Bayern – Architekt: Alexander Pagenstecher, Bauherr: Pater Friedrich Setzer SJ (für den Verein)

1988
31. August: Mitglied bei der Gründung des Vereins Blindenheim Augsburg e.V.

1992
Aufnahme des Vereins für Sehgeschädigtenerziehung e.V. als korporatives Mitglied im Caritasverband der Erzdiözese München und Freising

1992
4. Juni: Grundsteinlegung für das Otto-Riß-Haus in Augsburg, Gänsbühl 11 (Träger: „Blindenheim Augsburg e. V.")

2000
Umwandlung des Sehbehindertenzentrums aufgrund der Aufnahme blinder Schüler der Bayerischen Landesschule für Blinde in München in das Sehbehinderten- und Blindenzentrum Südbayern

2001
Vorübergehender Bezug von Unterrichtsräumen im Container

2001
Verleihung der Goldenen Ehrenmedaille der Stadt Unterschleißheim an Pater Friedrich Setzer SJ

2002
Einweihung der Orgel im Pater-Alfred-Delp-Haus

2012 überreichte Barbara Stamm, Präsidentin des Bayerischen Landtags, die Bayerische Verfassungsmedaille in Silber an die Vereinsvorsitzende Elisabeth Setzer.

2004
Baubeginn des Erweiterungsbaus (acht neue Klassen- und Gruppenräume, zusätzliche Fach- und Fortbildungsräume sowie ein Konditionsraum)

2004
Einweihung eines Erlebnisgartens vor allem für blinde Grundschüler

2004
Verleihung des Bayerischen Staatspreises für Unterricht und Kultus an Pater Friedrich Setzer SJ und Elisabeth Setzer

2006
26. Juli: der Verein für Sehgeschädigtenerziehung e.V. wird Gesellschafter und Mitbegründer der neuen Johann-Wilhelm-Klein-Akademie in Würzburg

2006
Verleihung der Silbernen Ehrenmedaille der Stadt Unterschleißheim an Frank Kuroschinski

2007
Einweihung der Neubauten der Edith-Stein-Schule (Nord- und Südturm)

2007
Verleihung der Goldenen Ehrenmedaille der Stadt Unterschleißheim an Elisabeth Setzer

2007
Erste Verleihung des Pater-Setzer-Preises im Rahmen der Einweihung der Neu- und Erweiterungsbauten

2008
Erweiterung des Angebots des SBZ: Wohnen für junge blinde und sehbehinderte Erwachsene in Unterschleißheim, gefördert durch den Blindenhilfsverein München e.V.

Bei der Einweihung des Erlebnisgartens (von links): MR Erich Weigl, Regierungspräsident Werner-Hans Böhm, Bezirkstagspräsident Franz Jungwirth, Karin Stoiber, Karl-Ludwig Kamprath (Kreissparkasse München-Starnberg), Stadtpfarrer Franz Muck, Bürgermeister Rolf Zeitler mit Gattin.

2009
Einweihung des Pater-Setzer-Platzes

2009
Einführung des „Treffpunkt SBZ“

2010
Neue Beratungsstelle in Augsburg

2011
18. Mai: Namensänderung – der Verein führt seitdem den Namen Sehbehinderten- und Blindenzentrum e. V.

2011
Übernahme des Hauses St. Josef in Kreuth/Tegernsee

2012
Beginn des Forschungsprojekts: „Kinder mit CVI – Cerebral Visual Impairment“ unter der Leitung von Prof. Dr. Josef Zihl, Lehrstuhl für Neuropsychologie am Department der Psychologie der Ludwig-Maximilians-Universität München, durchgeführt in Kooperation mit dem SBZ in Unterschleißheim

2012
Verleihung der Bayerischen Verfassungsmedaille in Silber an Elisabeth Setzer

2012
Einweihung des integrativen „Edith-Stein-Horts“ im Sehbehinderten- und Blindenzentrum

2014
Kooperation mit der Fachoberschule/ Berufsoberschule (FOS/BOS) in Unterschleißheim

2015
MSD-Pilot-Projekt „Intensivwoche mit Förderangeboten für inklusiv beschulte Schüler“

Für ihre Verdienste um die Integration blinder und sehbehinderter Menschen sowie für den Aufbau des Sehbehinderten- und Blindenzentrums in Unterschleißheim erhielten Pater Friedrich Setzer und Elisabeth Setzer von Monika Hohlmeier, Bayerische Staatsministerin für Unterricht und Kultus, am 11. März 2004 den Bayerischen Staatspreis für Unterricht und Kultus verliehen. Die Ehrung eines Geschwisterpaars mit dieser Auszeichnung war bayernweit ein einmaliger Vorgang.

2014
Übernahme der Blindenwerkstätte „Blindusa“ in Augsburg vom „Blindenheim Augsburg e.V.“ und Neukonzeption

2015
Arbeiten zur Verbesserung des Brandschutzes sowie Beginn der energetischen Sanierung der Heime im SBZ

2015
Eröffnung einer Kinderkrippe auf dem Gelände des Sehbehinderten- und Blindenzentrums für Kinder von Mitarbeitern und aus der Stadt Unterschleißheim

Das Leitbild des SBZ

Das Leitbild des Sehbehinderten- und Blindenzentrums Südbayern

Struktur, Leitlinien und der Verein als Dienstgeber

Stärken – Begleiten – Zusammenleben

Der Verein für Sehgeschädigtenerziehung e.V. Unterschleißheim ist der Träger des Sehbehinderten- und Blindenzentrums Südbayern (SBZ) mit Sitz in Unterschleißheim.

I. Struktur

Geschichte
Eine lange Tradition in der Erziehung und Beschulung von sehgeschädigten Menschen bildet die Grundlage für das Sehbehinderten- und Blindenzentrum Südbayern.

1885 wurde der „Verein für Blindenerziehung von Schwaben und Neuburg" gegründet. Bereits 1889 eröffnete er die „Blindenanstalt mit Heim" (und später Lehrwerkstätten) in Augsburg. Diese wurde 1968 in eine „Sehbehindertenschule mit Heim" umgewandelt.

Im September 1983 wurde das Sehbehindertenzentrum Südbayern in Unterschleißheim eröffnet. Die Umwandlung in das Sehbehinderten- und Blindenzentrum erfolgte im Herbst 2000, als die Schülerinnen und Schüler aus der Bayerischen Landesschule für Blinde bei uns aufgenommen wurden. Zur Patronin des Zentrums wurde Edith Stein, eine bedeutende Philosophin, gewählt. In ihrer Person vereinigte sie Judentum und Christentum, Wissenschaft und Religiosität, Intellekt und Hingabe.

Spitzenverband
Seit 1992 ist der Verein korporatives Mitglied des Caritasverbandes der Erzdiözese München und Freising.

Das Leitbild des Deutschen Caritasverbandes dient als Orientierung und Richtschnur.

Rechtliche Grundlage
Ermöglicht wird das Arbeiten des Sehbehinderten- und Blindenzentrums durch staatliche Gesetze und den Rahmenvertrag mit den Bezirken Oberbayern, Niederbayern und Schwaben.

Zweck
Nach der Satzung ist der *„Zweck des Vereins die Förderung von Sehgeschädigten (Blinden und Sehbehinderten) und im Zusammenhang damit anderweitig Behinderter".*

Zur Aufnahme mehrfach beeinträchtigter Kinder und Jugendlicher hat sich der Verein den Bezirken gegenüber verpflichtet.

„Der Verein erfüllt seinen Zweck im Geiste christlicher Caritas".

Aufgaben des Vereins
„Folgende Aufgaben führt der Sehbehinderten- und Blindenzentrum e.V. durch:

1. Unterricht, Erziehung und Förderung in Beruf und Gesellschaft

2. Eingliederungshilfe

3. Forschung in den vorstehend angeführten und ähnlichen Bereichen"

Zur Erfüllung seiner Hauptaufgabe *„Unterricht, Erziehung und Förderung"* errichtete und unterhält der Verein das Sehbehinderten- und Blindenzentrum Südbayern. Dieses gliedert sich in folgende Bereiche:

Edith-Stein-Schulen:

- Staatlich anerkanntes Förderzentrum, Förderschwerpunkt Sehen mit Schulvorbereitender Einrichtung (SVE),
- Mobiler Sonderpädagogischer Hilfe (MSH) und
- Mobilen Sonderpädagogischen Diensten (MSD)
- Staatlich anerkannte Realschule, Förderschwerpunkt Sehen

Heilpädagogische Tagesstätte
Heilpädagogisches Heim
Fachdienste

Interdisziplinäre Frühförderstelle für blinde, sehbehinderte und visuell wahrnehmungsgestörte Kinder

Leistungsprofil
- Der Verein richtet sich in seinem Handeln nach der christlichen Sozialethik. Er achtet in all seinen Tätigkeiten die Würde des Menschen und tritt für dessen Rechte ein.
- Der Verein erbringt soziale und pädagogische Dienstleistungen. Die Leistungen erfolgen unabhängig von der Religion, der Volkszugehörigkeit und der politischen Einstellung des Betroffenen.
- Der Verein arbeitet unternehmerisch. Sein Handeln als soziales Dienstleistungsunternehmen ist bestimmt von seinen Zielen und Aufgaben. Seine Leistungen und Maßnahmen sind ausgerichtet auf Wirksamkeit, Wirtschaftlichkeit und Sparsamkeit.

Der Verein setzt auf Kooperation. So arbeitet er vor allem zusammen mit dem Bay. Staatsministerium für Unterricht und Kultus, den Regierungen und den Bezirken von Oberbayern, Niederbayern und Schwaben, den Landratsämtern, der Stadt Unterschleißheim, Arbeitsämtern, Gesundheitsämtern, Kliniken, Ärzten und Therapeuten, Universitäten, Fachakademien und Schulen, der Johann Wilhelm Klein-Akademie, Verbänden, vor allem dem Bay. Blinden- und Sehbehindertenbund, dem Blindenhilfsverein, dem Verband der Blinden- u. Sehbehindertenpädagogen e.V., dem Caritasverband und den Kirchen beider christlicher Konfessionen.

II. Leitlinien

Unser Symbol
Das Zeichen besteht aus drei Kreisen, die einander berühren, aber nicht überschneiden und von einem großen Kreis umschlossen sind. In jedem der drei kleineren Kreise steht ein Symbol: der Mensch, das Kreuz und darüber das Auge. Eine wesentliche Aussage des Zeichens: Jeder von uns (Mensch) – schaue (Auge) – in Liebe auf seinen

Gleich beim Eingang befindet sich das Emblem des Sehbehinderten- und Blindenzentrums mit den Symbolen Mensch, Kreuz und Auge.

Nächsten, vor allem wenn dieser in Not ist (Kreuz).

Unser Zeichen soll darauf hinweisen, dass jeder Mensch als Person einzigartig ist und eine ihm von Gott gegebene unantastbare Würde besitzt.

Grundsatz

Unsere gesamte Arbeit ist geprägt vom christlichen Menschenbild. Die uns anvertrauten Kinder und Jugendlichen sollen sich zu selbstständigen Persönlichkeiten entwickeln. Wir unterstützen und begleiten sie, damit sie sich später selbst in die Gesellschaft integrieren und ein eigenverantwortliches Leben führen können.

Gemeinschaft, Leistung und Selbstständigkeit sowie Lebensfreude sind die leitenden Ziele unserer Arbeit.

Wertorientierung

Folgende Werte sind für uns von unaufhebbarer Bedeutung:

- Liebe zum Nächsten
- verantwortungsbewusster Gebrauch der Freiheit
- Frieden und Gerechtigkeit

Wir bekennen uns zum Grundgesetz und zur Demokratie.

Die Überzeugungen anderer Religionsgemeinschaften und Glaubensauffassungen achten und respektieren wir. Ebenso erwarten auch wir Respekt für unser christliches Weltbild.

Ziele und Aufgaben des SBZ

- Stärken der Leistungsfähigkeit:
  Im Mittelpunkt unserer pädagogischen Arbeit steht der sehgeschädigte Heranwachsende mit seiner Besonderheit und seinen individuellen Entwicklungsmöglichkeiten, seinen persönlichen Interessen und Bedürfnissen. Wir versuchen, Probleme und Stärken des Einzelnen zu erkennen und entwickeln ein spezielles Förderkonzept. Die in jedem Einzelnen vorhandenen Fähigkeiten wollen wir aktivieren und fördern.
- Begleiten auf dem Weg zur Selbstständigkeit:
  Die Sehbehinderung oder Blindheit und andere Beeinträchtigungen stellen eine besondere Herausforderung nicht nur für die Betroffenen selbst, sondern auch für unsere Mitarbeiter dar. Sehgeschädigte junge Menschen brauchen eine individuelle, kompetente und spezielle Förderung, um ihre ganzheitliche Entwicklung zu unterstützen. Je höher der Grad der Sehschädigung und zusätzlicher Probleme, desto anspruchsvoller ist unsere pädagogische Auf-

Das Sehbehinderten- und Blindenzentrum prägt mit seinen markanten Türmen das Stadtbild von Unterschleißheim.

gabe. Durch einfühlsame, fachgerechte Begleitung wollen wir eine größtmögliche Selbstständigkeit und Selbstverantwortung der jungen Menschen erreichen. Spezielle Ausbildung in der Blinden- und Sehbehindertenpädagogik sowie in anderen sonderpädagogischen Fachrichtungen befähigen zu bedarfsgerechtem Handeln. Wir versuchen die Qualität unserer gemeinsamen pädagogischen Arbeit fortlaufend weiterzuentwickeln und zu optimieren.

- Zusammenleben in Gemeinschaft: Unsere Arbeit in der Einrichtung ist geprägt von vernetztem Handeln, das durch eine enge Kooperation der drei pädagogischen Bereiche Schule (Förderzentrum und Realschule), Heim (Heilpädagogisches Heim und Heilpädagogische Tagesstätte) und Fachdienste erreicht wird. Wir gestalten ein harmonisches Zusammenleben mit Kindern, Jugendlichen und Mitarbeitern, das sich durch gegenseitige Achtung und Wertschätzung auszeichnet. Die Eltern und Sorgeberechtigten sind unsere hauptverantwortlichen Partner. Wir arbeiten vertrauensvoll mit ihnen zusammen und versuchen stets, sie in unsere Arbeit miteinzubeziehen. Im Rahmen unserer Möglichkeiten beraten und unterstützen wir sie in der gemeinsamen Erziehungsarbeit. Darüber hinaus pflegen wir die Zusammenarbeit mit unseren regionalen und überregionalen Kooperationspartnern aus den Bereichen Bildung, Wissenschaft, Kirche, Kultur, Politik und Wirtschaft um für unsere pädagogische Arbeit Unterstützung, Förderung und Impulse zu erhalten.

Schüler des SBZ um die Bronzefigurengruppe vor dem Südturm: Diese Skulptur stellt ein Brailleschrift lesendes Mädchen und einen ihr zuhörenden Jungen dar.

Unser Ziel ist erreicht,

- wenn sich die Heranwachsenden zu selbstständigen, leistungsfähigen und gemeinschaftsfähigen Menschen entwickelt haben und
- wenn sie mit Hoffnung, Selbstvertrauen und Zuversicht ihr Leben auch in schwierigen Situationen meistern können.

III. Verein als Dienstgeber

- Das Leitbild auf die Arbeit am Sehbehinderten- und Blindenzentrum zu übertragen bleibt eine dauernde und verbindliche Aufgabe aller Mitarbeiterinnen und Mitarbeiter sowie der Leitungskräfte. Fachliches Wissen und Können, Einsatzwille, Flexibilität und Loyalität bilden die Grundlagen für eine professionelle Arbeit.
- Der Verein trägt als Dienstgeber soziale Verantwortung für seine Mitarbeiterinnen und Mitarbeiter. Er unterstützt diese in ihrer Weiterbildung.
- Dienstnehmer und Dienstgeber verpflichten sich, im Zentrum zu einer vertrauensvollen Atmosphäre beizutragen. Diese zeichnet sich durch Respekt vor der Persönlichkeit des Einzelnen und durch partnerschaftliche Zusammenarbeit aus.

Schluss:

Träger, Leitungsverantwortliche, Mitarbeiterinnen und Mitarbeiter setzen die Ziele und Grundsätze dieses Leitbildes in ihren jeweiligen Arbeitsfeldern um.

Elisabeth Setzer
Unterschleißheim, 21. April 2008

Dank

Das SBZ wird vom Engagement vieler Menschen getragen

Auf dem langen Weg von der Blindenanstalt in Augsburg zum Sehbehinderten- und Blindenzentrum in Unterschleißheim gebührt vielen Wegbegleitern großer Dank: vielen beeindruckenden Blinden aus der Augsburger Blindenanstalt, ehemaligen Schülern, Eltern, Elternbeiräten, Mitarbeitern, Freunden, Spendern und Förderern. Leider kann nicht jeder Einzelne hier Erwähnung finden. Stellvertretend für viele können hier nur einige wenige genannt werden.

Um den besonderen Bedürfnissen des SBZ gerecht zu werden, wurden alle Anstrengungen unternommen, um einen schönen und zweckmäßigen Bau in Unterschleißheim zu errichten. Zu dieser Verwirklichung trugen bei:
Alexander Pagenstecher, Architekt
Reinhard Moosmang, Architekt
Hartmut Huber, Bauleiter

und vom Bezirk Oberbayern:
Herr Dr. Schermutzki
Dipl.-Ing. Albert Fries, Bauverwaltung
Herr Dipl.-Ing. Ingo Zelgin

Aber nicht nur die „äußere Hülle“ war wichtig. Zu einem erfolg- und segensreichen Beginn im Schul- und Heimbereich trugen vor allem bei:
Pater Friedrich M. Setzer
Elisabeth Setzer
Dr. Marianne Schuber
Helmut Schuster
Eberhard Pfeng
Margot Rawein
Oskar Randak
Margarete Fein
Bettina Lüpke

Allen Mitarbeitern ist zu danken für ihre fachkundige, wertvolle Arbeit

Der Verein bedankt sich vor allem bei langjährigen Mitarbeitern, die zum Großteil 30 und mehr Jahre das Sehbehinderten- und Blindenzentrum mit ihrer überaus engagierten und zuverlässigen Arbeit geprägt haben:
Monika Andre
Reinhard Apelt
Tania Bartusch
Marija Binder
Stefan Braun
Erika Brieger-Marquardt
Annemarie Eckardt
Maria Gerber
Elisabeth Hauf
Christine Jäger
Claudia Jung
Christa König
Ingeborg Kraft
Anni und Hermann Küblbeck
Hubert Meister
Werner Mengele
Rosemarie Reinhard

Irmgard und Otto Riß
Kurt Rumbucher
Rositta Schaffarczyk
Karin Schmidbauer
Norbert Schwarz
Heidemarie Steinhäußer
Walter Stohl
Josef Wagner
Gisela Weber
Anneliese Wenzel
Irmgard Wohlmuth
Marianne Zrenner

Dank an Bezirke, Ministerien, Regierungen, Stadt- und Landkreis: Ohne ihre Unterstützung hätte sich das Sehbehinderten- und Blindenzentrum nicht zu dem Kompetenzzentrum in seiner heutigen Gestalt entwickeln können.

Besonderer Dank gilt den folgenden Bezirkstagspräsidenten:
Albert Kaifer (Schwaben)
Josef Fischer (Schwaben)
Dr. Georg Simnacher (Schwaben)
Jürgen Reichert (Schwaben)
Georg Klimm (Oberbayern)
Hermann Schuster (Oberbayern)
Franz Jungwirth (Oberbayern)
Josef Mederer (Oberbayern)
Manfred Hölzlein (Niederbayern)

Als Bezirkstagsreferenten haben den Verein unter anderem unterstützt:
Johanna Schildbach-Halser
Rolf Marquardt

Zum Aufbau des Sehbehinderten- und Blindenzentrums haben seitens des Kultusministeriums besonders beigetragen:
MR Friedrich Köppl
MR Alfons Brandl
MR Dr. Elmar Schaar
MR Erhard Karl
MR Stefan Graf
MR Erich Weigl

Stark unterstützt haben uns die Regierungspräsidenten von Oberbayern:
Raimund Eberle
Werner-Hans Böhm
Christoph Hillenbrand

von der Schulabteilung:
Hildegunde Reinhard (Schwaben)
Johanna Rist (Schwaben)
Gertrud Fischer (Oberbayern)
Johanna Schlederer (Oberbayern)
Bert Mehler (Oberbayern)
Gisbert Brunner (Oberbayern)
Klaus Legler (Oberbayern)
Dr. Renate Köhler-Krauß (Oberbayern)
Barbara Schall-Pätzholz (Oberbayern)

von der Heimabteilung:
Irmengard Schwab
Stefanie Otto

Das Sehbehinderten- und Blindenzentrum fühlt sich in Unterschleißheim beheimatet. Dafür gebührt der Stadt Unterschleißheim, allen Bürgern, Stadträten und vor allem den Bürgermeistern großer Dank.
Bürgermeister Hans Bayer
Josef Diehl
Fritz Schessl
Altbürgermeister Rolf Zeitler
Erster Bürgermeister Christoph Böck

Dank an die Vereinsmitglieder

Der „Sehbehinderten- und Blindenzentrum e.V." hat sich bei der Erfüllung seiner Aufgaben zum Ziel gesetzt, die Würde des Menschen, vor allem des sehbehinderten und blinden, zu achten.

Dieter Reinauer
Seit 1985 Mitglied im Verein.
Mit seinem großen betriebswirtschaftlichen Wissen berät er den Verein seit vielen Jahren erfolgreich. Seine fundier-

Die Mitglieder des Vereins Sehbehinderten- und Blindenzentrum e.V. Unterschleißheim (von links) Pfarrer Franz Muck, Dr. Friedrich Schalkhaußer, Wally Kirchhauser, Rolf Zeitler, Michael Setzer, Elisabeth Setzer, Anton Hafner, Dr. Marianne Schuber, Johanna Schlederer, Hildegard Mayr, Dieter Reinauer. Auf dem Foto fehlen die Vereinsmitglieder Josef Mederer und Helmut Parzefall.

ten, wohlüberlegten Ratschläge helfen weiter und geben dem Verein stets Sicherheit.

Wally Kirchhauser
Seit 1991 Mitglied im Verein.
Die freundschaftliche Verbundenheit mit dem Verein reicht bis in das Jahr 1941 zurück, als sie in der Blindenschule Augsburg eingeschult wurde. Wally Kirchhauser ist die Mitbegründerin des „Blindenheim Augsburg e.V." Als selbst Betroffene öffnet sie immer wieder die Augen der Sehenden für Bedürfnisse und Nöte der Blinden und gibt wertvolle Ratschläge für die Lösung von blindenspezifischen Problemen.

Johanna Schlederer
Seit 1992 Mitglied im Verein.
Sie ist seit 1997 zwei Tage in der Woche mit sehr großem Engagement ehrenamtlich in unserer Einrichtung tätig, um sehbehinderte Kinder und Jugendliche vor allem in der deutschen Sprache zu fördern. Als ehemalige Schulamtsdirektorin ist sie eine hervorragende Ratgeberin in pädagogischen, aber auch in schulrechtlichen Fragen.

Dr. Helmut Parzefall
Seit 1997 Mitglied im Verein.
Als Jurist ist er besonders in baurechtlichen Fragen sehr bewandert. Der Verein durfte sein Fachwissen bereits einige Male in Anspruch nehmen.

Pfarrer Franz Muck
Seit 2004 Mitglied im Verein.
Er betreut das Sehbehinderten- und Blindenzentrum, seit er nach Unterschleißheim kam, sehr segensreich. Die für das SBZ eigens gestalteten Gottesdienste begeistern Kinder, Jugendliche und Erwachsene. Er steht den Schülern wie dem Verein vor allem in schwierigen Situationen stets fürsorglich zur Seite.

Josef Mederer
Der Bezirkstagspräsident von Oberbayern ist zugleich der Präsident des bayerischen Bezirketags und seit 2014 Mitglied im Verein.
Alle Mitglieder freuten sich sehr, dass sich der vielbeschäftigte Bezirkstagspräsident Josef Mederer bereit erklärt hat, dem Verein beizutreten.

Besonderer Dank den Vorstandsmitgliedern

Dr. Friedrich Schalkhaußer
Seit 1968 im Verein und seit 1969 Vorstandsmitglied.
Bei Verhandlungen und Vertragsabschlüssen setzte Dr. Schalkhaußer sein hervorragendes juristisches Wissen ein. Wie ein Fels in der Brandung unterstützt er den Verein seit fast 50 Jahren (als Schriftführer und stellvertretender Vorsitzender) treu, selbstlos und mit äußerst großem Fachkönnen. Als enger Freund von Pater Friedrich Setzer stand er auch ihm als hervorragender Ratgeber zur Seite. Seine sehr großen Verdienste im Ehrenamt können nicht genug gewürdigt werden.

Dr. Marianne Schuber
Seit 1970 Vereinsmitglied, seit 1995 im Vorstand.
1968 haben Marianne Schuber und Elisabeth Setzer mit dem Aufbau der Sehbehindertenschule begonnen. 1974 gründete sie unsere Realschule, die einzige Realschule für Sehbehinderte in ganz Bayern, die sie bis 1995 leitete. Ihr fundiertes, umfassendes, vor allem auch pädagogisches Wissen und ihr tiefes Verständnis für die Belange Sehgeschädigter machten sie für den Verein zur besten Ratgeberin. Sie hat sich in vielfältiger Weise außerordentliche Verdienste um das Sehbehinderten- und Blindenzentrum erworben.

Anton Hafner
Seit 1983 Mitglied im Verein, seit 1995 im Vorstand.
Seine fachliche Beratung, insbesondere in finanziellen Angelegenheiten, ist für den Verein von großer Bedeutung. Der Vorstand des Vereins schätzt seinen Rat, seine Weitsicht, sein fundiertes Wissen und seinen jahrzehntelangen Einsatz für das SBZ und auch die Blinden sehr.

Rolf Zeitler (Altbürgermeister der Stadt Unterschleißheim)
Seit 2010 Mitglied im Verein.
Rolf Zeitler wurde im Jahr 2014 einstimmig zum neuen 1. Vorsitzenden gewählt und hat dankenswerterweise dieses Ehrenamt angenommen. Seit 30 Jahren ist er dem SBZ verbunden. Dank seiner vielfältigen Unterstützungen als Erster Bürgermeister der Stadt Unterschleißheim konnte unsere Einrichtung den ständig wachsenden Anforderungen gerecht werden und sich zum Wohl unserer sehbehinderten und blinden Kinder und Jugendlichen weiterentwikkeln. Seine Hilfe war vor allem notwendig, als im Herbst 2000 die Umwandlung des Sehbehindertenzentrums in das Sehbehinderten- und Blindenzentrum erfolgte und ein Erweiterungsbau notwendig wurde.

Herzlicher Dank den jetzigen Direktoren

Michael Setzer
Seit 2001 Mitglied im Verein.
Ab 1988 unterstützte er als EDV-Fachmann vor allem die Direktion unserer Einrichtung. Als stellvertretender Direktor stand er auch Elisabeth Setzer, der Direktorin und Ersten Vorsitzenden, in schwierigen Zeiten stets treu, loyal und mit sehr großem Einfühlungsvermögen zur Seite. Für seine unverzichtbaren Dienste, die er ohne Aufhebens verrichtet, sei ihm herzlichst gedankt.

Hildegard Mayr
Seit 2009 Mitglied im Verein,
Direktorin des Sehbehinderten- und Blindenzentrums.
Mit überragender Einsatzbereitschaft und Geschick kämpft sie um bestmögliche Bedingungen für das Wohl der Kinder und Jugendlichen sowie der Mitarbeiter des gesamten Sehbehinderten- und Blindenzentrums. Sie sucht ständig nach Möglichkeiten und Lösungen zur Weiterentwicklung der Einrichtung. Ihr weit gestreutes Aufgabengebiet meistert sie zielstrebig und mit viel Charme. Ihrem wertvollen Wirken gebührt höchste Anerkennung.

Inniger Dank an die Ehrenvorsitzende

Elisabeth Setzer
Seit 1964 Mitglied im Verein.
Bereits 1956 vertrat sie den Verein beim Blindenlehrer-Kongress in Berlin. In den Schuljahren 1959/60 und 1960/61 erteilte sie ehrenamtlich den sogenannten „Sehschwachenunterricht" an der Blindenanstalt Augsburg, an der sie von 1964 bis 1968 als Blindenoberlehrerin tätig war.
Im Jahr 1968 hat sie zusammen mit Marianne Schuber den Aufbau der Sehbehindertenschule begonnen, in der sie bis 1998 als Schulleiterin tätig war. 1972 wurde sie vom Verein als stellvertretende Direktorin gewählt. Diese Position hatte sie bis 1998 ehrenamtlich inne.

Von September 1998 bis November 2005 übernahm sie das Amt der Direktorin im SBZ. 2005 wurde sie zur 1. Vorsitzenden des Vereins gewählt und hatte dieses Amt bis 2014 inne. Nach 50 Jahren bewunderungswürdiger ehrenamtlicher Tätigkeit im Verein wurde sie 2014 zur Ehrenvorsitzenden ernannt.

Gedenken an verstorbene Vereinsmitglieder

Josef Fischer
**02.09.1906, †08.01.1976*
Bezirkstagspräsident,
Von 1945 bis 1976 Mitglied im Verein.
Er erwarb sich besondere Verdienste, weil er in seiner Eigenschaft als Bezirkstagspräsident von Schwaben und als Vorsitzender der Arbeitsgemeinschaft der Bayerischen Bezirkstagspräsidenten nicht nur für Schule und Heim des Vereins in der Jesuitengasse immer wieder eingetreten ist, sondern vor allem auch, weil er die darauffolgende Entwicklung zur Sehbehindertenschule fundamental gefördert und ermöglicht hat.

Ernst Gürtler
**21.07.1911, †05.12.1993*
Regierungsoberinspektor,
von 1959 bis 1960 war Ernst Gürtler Kassier und als solcher zugleich Vorstandsmitglied.
Als Vereinsmitglied leistete er hervorragende Arbeit bei den Rechnungsabschlüssen.

Hans Hafner
**18.11.1909, †03.10.2005*
Bankier,
seit 1965 Mitglied im Verein und von 1969 bis 1995 1. Vorsitzender, ab 1995 Ehrenvorsitzender.
In 26 Jahren erfolgreichen Wirkens war er vor allem auch am Aufbau der Sehbehindertenschule mit Heim in

Augsburg und dann beim Umzug nach Unterschleißheim maßgeblich beteiligt. Seiner korrekten, geradlinigen Persönlichkeit zollten alle sehr großen Respekt.

Pfarrer Otto Hahn
**31.04.1931, †22.02.2001*
Stadtpfarrer in Augsburg und Dekan, von 1977 bis 2001 Mitglied im Verein.
Besondere Verdienste hat er sich als Religionslehrer in der Sehbehindertenschule in Augsburg und später in Unterschleißheim erworben. Einmal in der Woche fuhr er von Augsburg nach Unterschleißheim, um katholische Religionslehre zu unterrichten und die Beichte zu hören. Bewundernswert war seine Beliebtheit als Beichtvater bei sehr vielen Schülern. Als Ratgeber in geistlichen Fragen unterstützte er den Verein, insbesondere Pater Setzer und die Schulleitungen, mit denen er freundschaftlich verbunden war.

Albert Kaifer
**25.03.1893, †23.01.1962*
Bürgermeister von Neusäß, Landrat, Mitglied des ersten Bayerischen Landtags und Bezirkstagspräsident, von 1945 bis 1962 Mitglied im Verein.
Von 1960 bis 1962 war Albert Kaifer stellvertretender Vorsitzender. Er hat als Mitglied der Verfassungsgebenden Landesversammlung an der Verfassung des Freistaates Bayern mitgearbeitet. Der Name Kaifer kann aus der Geschichte der Blindenanstalt, aber auch aus der Geschichte des deutschen Wohlfahrtswesens nicht weggedacht werden, da die Blindenhilfe im Bundessozialhilfegesetz ihren Vorläufer im Bayerischen Gesetz über die Gewährung von Blindengeld vom 28. September 1949 hat. Albert Kaifer war als Berichterstatter im Ausschuss für den Staatshaushalt für das Zustandekommen des Gesetzes wesentlich tätig. Als Bürgermeister unterstützte er, dass 22 Wohnungen für Blinde in Neusäß gebaut werden konnten.

Fabian Kastl
**27.08.1911, †18.12.1993*
Landrat von Friedberg, von 1963 bis 1993 Mitglied im Verein.
Über 30 Jahre lang unterstützte er den Verein in seiner stets freundlichen und bescheidenen Art und mit sehr großem Fachwissen in verwaltungstechnischen Angelegenheiten.

Ferdinand Kleindinst
**20.10.1881, †08.09.1962*
Rechtsrat und Bundestagsabgeordneter
Er hat als Mitglied des Parlamentarischen Rates an dem Grundgesetz der Bundesrepublik Deutschland mitgearbeitet. Sehr wichtig war ihm die Würde des Menschen, vor allem die des blinden Menschen, zu achten. In diesem Sinne arbeitete er auch beim Verein mit.

Alois Klughammer
**16.04.1913, †26.07.1973*
Landtagsabgeordneter, von 1945 bis 1963 Mitglied im Verein.
Er trat in der schwierigen Zeit nach dem Zweiten Weltkrieg für die Interessen der Blinden ein und unterstütze in diesem Sinn immer die Arbeit des Vereins.

Dr. Harry Kolmar
Rechtsanwalt
Ab 1960 war Harry Kolmar als Justiziar des Vereins tätig. Er kümmerte sich um die rechtliche Stellung des Vereins. Ursprünglich war unser Verein ein Zweigverein des St.-Johannis-Vereins. Nachdem der St.-Johannis-Verein aufgelöst wurde, musste die rechtliche Stellung unseres Vereins geklärt werden. Die Beschulung sehbehinderter Kinder war ihm ein großes Anliegen. Nach Verhandlungen mit dem Kultusministerium, die Harry Kolmar führte, wurde unser Verein eigenständig und als solcher in das Vereinsregister eingetragen. Dr. Kolmar war auch Mitglied des 1960 neu gegründeten Vereins für Arbeitsfürsorge und gehörte als Schriftführer dem Vorstand an.

Xaver Lehrmann
**27.03.1887, †17.06.1968*
Regierungsamtmann,
von 1945 bis 1968 Mitglied des Vereins.
Von 1945 bis 1960 gehörte er als Kassier zum Vereinsvorstand. Von 1945 bis 1956 fertigte er die Rechnungsabschlüsse an, die vom vereidigten Wirtschafts- und Steuerprüfer geprüft wurden. 1960 schied er als Kassier und somit aus der Vorstandschaft aus. Er arbeitete als Vereinsrevisor weiter. Hervorzuheben ist seine sehr korrekte, bescheidene Art.

Prälat Andreas Rampp
**28.11.1888, †17.03.1969*
Domdekan
In der schweren Nachkriegszeit, von 1945 bis 1969, also bis zur Umwandlung der Blindenanstalt in eine Sehbehindertenschule in Augsburg, war er erster Vorsitzender des Vereins. Werktags kam Prälat Andreas Rampp täglich um 7 Uhr in die Blindenanstalt, um die heilige Messe zu feiern und danach Probleme mit dem Direktor zu besprechen.

Besonders hervorzuheben sind seine selbstlosen Leistungen in den Aufbaujahren nach dem Krieg. Mit scharf ausgeprägtem Sachverstand und edler menschlicher Gesinnung unterstützte er die Blindenanstalt, bemühte sich tatkräftig um die Rehabilitation der Blinden und betreute diese seelsorglich. Unerschrockenheit, Geradlinigkeit und Klarheit zeichnen diesen tapferen, bescheidenen Priester aus.

Dr. Otto Ruff
**1892, †1974*
Obermedizinalrat,
seit 1960 Mitglied im Verein und zugleich 2. Vorsitzender des Vereins für Arbeitsfürsorge.
Er beriet Lehrkräfte und betreute als Augenarzt ehrenamtlich die sehbehinderten Kinder und Jugendlichen einmal wöchentlich.

Dr. Franz Schlederer
**08.03.1928, †12.01.2013*
44 Jahre war Dr. Franz Schlederer Mitglied des Vereins. Die Weite seines Denkens, die Klarheit seiner Sprache und sein tiefes Wissen um pädagogische Theologie, Psychologie und Philosophie waren immer bewundernswert. Er stand dem Verein auch in manch schwierigen Situationen stets treu zur Seite. Es gibt nur wenige Menschen, die das Entstehen der Sehbehindertenschule in Augsburg und später in Unterschleißheim so mitgetragen haben wie er. Nach seiner Pensionierung stand er noch 20 Jahre ehrenamtlich einmal wöchentlich dem SBZ in pädagogischen und psychologischen Fragen zur Seite und war als diskreter, sensibler Mobbing-Berater geschätzt. All diese Unterstützung hat er

mit sehr großem Einfühlungsvermögen und ohne viel Aufhebens geleistet. Dr. Franz Schlederer hat sich nicht nur sehr große Verdienste durch sein jahrelanges Ehrenamt erworben, er war vor allem ein Freund des Sehbehinderten- und Blindenzentrums, insbesondere von Pater Friedrich Michael Setzer.

Hermann Scholz
**05.07.1922, †29.05.1983*
Kreisoberinspektor,
er gehörte dem Verein seit 1960 an und war ab 1965 im Vorstand und Kassier des Vereins.
Herr Scholz hat sich ungewöhnliche Verdienste um den Verein erworben. Noch zu Zeiten der Blindenanstalt hatte er für die Finanzen des Vereins maßgeblich zu sorgen, die kameralistische Buchhaltung für den Verein in mustergültiger Weise geführt und später die Buchhaltung des Vereins jährlich sorgfältig überprüft. Durch seine ausgezeichneten Kenntnisse und Erfahrungen im öffentlichen Verwaltungsdienst war er dem Verein eine wichtige Hilfe. Bei allen Vorstandssitzungen war er aktiv und engagiert beteiligt und stand dem Verein jederzeit zur Verfügung. Seine Freundlichkeit, sein Humor, seine Hilfsbereitschaft bezeugten eine seltene Güte.

Heinz Schoof
**20.07.1918*
Steuerberater
Als Steuerbevollmächtigter hat er den Verein von 1960 bis 1965 tatkräftig unterstützt und beraten.

Hans Schuster
**22.11.1881 – †13.05.1957*
Rechnungsrat
Erwähnt sei auch Hans Schuster, der vor allem im Jahr 1956 den Verein sehr unterstützte.

Hartwig Sturm
**12.07.1903 – †15.06.1983*
Oberregierungsrat und Architekt,
von 1963 bis 1983 Mitglied im Verein.
Er hat sich erhebliche Verdienste erworben, vor allem durch seine jahrelange ständige Beratung als Architekt. Für die verschiedenen ins Auge gefassten Standorte lieferte er jeweils die Vorentwürfe, zuletzt für die Rottmannshöhe. Die Planung des Sehbehindertenzentrums in Unterschleißheim hat er von Anfang an mitgetragen. Am Vereinsgeschehen war er außerordentlich interessiert.

An dieser Stelle sei auch nochmals in großer Dankbarkeit erinnert an

Direktor Anton Setzer
**29.03.1900, †07.05.1987*

Direktor Pater Friedrich M. Setzer SJ
**17.05.1926, †31.07.2004*

Der Deutschen Provinz der Jesuiten (SJ) sind wir besonders dankbar dafür, dass sie Pater Friedrich Michael Setzer SJ für den Aufbau und die Arbeit am SBZ in Augsburg und Unterschleißheim von 1968 bis 2004 freigestellt hat.

Schlussgedanken

Das SBZ ist nach einer großen Frau benannt – Edith Stein

Es ist üblich, Bildungseinrichtungen nach berühmten Persönlichkeiten zu benennen, etwa nach Albrecht Dürer, Jakob Fugger oder Albert Einstein...

Das SBZ hat den Namen einer großen Frau gewählt: Edith Stein

Wie wir alle wissen, zählt Edith Stein zu den bedeutendsten Frauen des 20. Jahrhunderts.

Bei ihrem Eintritt in den Karmelorden hatte sie sich den Namen „Benedicta a cruce"– die vom Kreuz Gesegnete – gewünscht.

Wenn wir ihre Lebensstationen betrachten, dann wird deutlich, dass ihr Leben unter dem Kreuz stand und dass sie dies als Segen betrachtete.

Die Habilitation an einer deutschen Universität wurde der klugen Philosophin wohl wegen ihrer jüdischen Herkunft verweigert. Die Nationalsozialisten nahmen ihr dann noch Familie, Beruf und Vaterland und schickten sie zuletzt als „lebensunwert" in die Gaskammern von Auschwitz.

Unseren Schülern ist das „Kreuz" auch nicht fremd. Oft tragen sie schwer unter dem Kreuz ihrer Sehbehinderung. Das war so in der Augsburger Blindenanstalt und ist nicht anders im SBZ in Unterschleißheim.

In der Augsburger Blindenanstalt lebten Menschen von innerer Größe, welche sich die Kraft für das Kreuz ihres „Nicht-sehen-Könnens" aus der Nachfolge Christi holten.

Es war an früherer Stelle schon die Rede von der kleinen fünfjährigen naseweisen Blinden, die zu Anstaltsleiter Riegg sagte: *„Herr Lehrer, i' glaub', Sie schbinnen."* (233) Sie, die aus ärmlichsten Verhältnissen stammte, verbrachte ihr ganzes Leben in der Augsburger Blindenanstalt und reifte dort zu solch einer Größe heran, dass bei ihrer Beerdigung im Jahr 1953 Direktor Anton Setzer sagen konnte:

„In ihrer Menschenseele ist doch das Höchste und Schönste aufgeblüht, was wir uns denken können: ihre Liebe zum Mitmenschen. Sie war immer eine Freudebringerin, eine Trösterin, obwohl ihr die dunkelsten Tiefen des Leides und der Armut nicht verschlossen waren. Sie musste diese kosten und hat sich tapfer hindurchgerungen und hat vorbildlich das Kreuz getragen, das ihr auferlegt wurde. Eine solche Hingabe zum Mitmenschen hat ihren Quell nicht in der Natur, sondern in der Übernatur, im

geistigen Leben, in Verbindung zum Urquell unseres Seins, zum Herrn über Leben und Tod.

Sie kannte diese Kraftquelle und man konnte sie tagsüber und auch nachts in der Kapelle knien finden, wie sie betete für alle, die ihr lieb waren […]" (234)

Sie kennen unser Zeichen, das Pater Setzer entworfen hat. Drei kleinere Kreise werden von einem großen Kreuz umschlossen. Mensch, Kreuz und Auge stehen in den kleinen Kreisen.

Der Kreis mit dem Menschen weist sowohl auf die jungen Sehbehinderten und Blinden mit ihren Sehproblemen hin als auch auf die Männer und Frauen, die es als ihre Aufgabe betrachten, diesen bei der Entfaltung ihrer Persönlichkeit hilfreich zur Seite zu stehen.

Der Kreis mit dem Auge soll an die Sehbehinderung erinnern. Darüber hinaus will das Auge auf gegenseitige rücksichtsvolle Begegnung aufmerksam machen.

Der dritte kleine Kreis mit dem Kreuz weist darauf hin, dass unsere Schüler ihr „Kreuz" mit ihren Augen haben. Diesem dritten Kreis wohnt aber eine noch tiefere Symbolik inne:

Das Kreuz steht für das Christentum. Für Pater Friedrich Setzer war es ein Hauptanliegen, dass das Sehbehinderten- und Blindenzentrum stets auf dem Boden des Christentums stehen möge. Im Kreis mit dem Kreuz soll dies zum Ausdruck kommen.

Gottes Sohn erlitt den schrecklichen Tod am Kreuz. Gott ist allen Menschen nahe, die ein Kreuz zu tragen haben.

Edith Stein ist die Schutzheilige und Namenspatronin der Schulen des Sehbehinderten- und Blindenzentrums in Unterschleißheim.

Dass unsere jungen Sehbehinderten und Blinden „das Kreuz mit ihren Augen" annehmen und sich von Gott immer und überall getragen wissen – dazu will dieses Zeichen, das ihnen auf Schritt und Tritt im Sehbehinderten- und Blindenzentrum begegnet, ermutigen.

Zitate

1 Christoph von Schmid: Erinnerungen aus meinem Leben. Augsburg 1853–1857, S. 372

2 ebenda

3 ebenda

4 Augsburger Stadtlexikon. Augsburg 1998, S. 932; Archiv der Augsburger Blindenanstalt: „Geschichte des Augsburger Blindenwesens“ (ohne Verfasserangabe, ohne Jahreszahlangabe)

5 Johann Wilhelm Klein: Lehrbuch zum Unterricht der Blinden. Wien 1819, S.1

6 ebenda, S. 424

7 ebenda, S. 402 f.

8 ebenda, S. 1

9 ebenda, S. 402

10 ebenda, Einleitung

11 Denis Diderot: Lettre sur les aveugles. London 1749, Einleitung

12 Heinrich Gottlob Zerrenner: Volksaufklärung. Magdeburg 1786, S. 16

13 zit. nach Kurt Kluxen: Geschichte Englands. Stuttgart 1976, S. 500

14 Gottlob Nathanael Fischer: Ueber politische Aufklärung. Berlin 1789, S. 3 f.

15 Gotthelf Samuel Steinbart: Vorschläge zu einer allgemeinen Schulverbesserung. Züllichau 1789, S. 109 f.

16 Johann Wilhelm Klein: Lehrbuch..., S. 3

17 ebenda

18 Encyklopädisches Handbuch des Blindenwesens. II. Halbband. Wien 1900, S. 410 f.

19 Josef Mayr: Wien im Zeitalter Napoleons. Wien 1940, S. 84

20 ebenda, S. 94 f.

21 ebenda, S. 84

22 ebenda, S. 94 f.

23 Anna Hermann: Johann Wilhelm Klein. Augsburg 1939, 2. Bild

24 Josef Mayr: Wien im Zeitalter Napoleons. Wien 1940, S. 102

25 Franz Müller: Die Großherzogliche Badische Erziehungs= und Bildungsanstalt für junge Blinde. Freiburg 1839, S. 70 f.

26 Franz Adolf Sachse: Leben des blinden Franz Adolf Sachse. Leipzig 1801. Theil II, S. 54

27 Marianne Schuber: Begründung des deutschen Blindenbildungswesens. Frankfurt am Main 1986, S. 209 f.

28 Johann Wilhelm Klein: Lehrbuch..., S. 29 f.

29 Marianne Schuber: Begründung des..., S. 12

30 Anton Schaidler: Geschichte der Bayer. Landesblindenanstalt in München, S. 24 (ohne Verfasserangabe, ohne Jahreszahlangabe)

31 ebenda, S. 27

32 ebenda, S. 28

33 ebenda, S. 34

34 ebenda, S. 36

35 ebenda, S. 36 f.

36 ebenda, S. 40

37 ebenda, S. 47

38 ebenda, S. 48

39 ebenda

40 ebenda

41 ebenda

42 ebenda

43 ebenda, S. 49

44 ebenda

45 Sophie Spindler: Bericht über die 125-Jahrfeier der Landesblindenanstalt München 1826–1951, S. 1

46 Anton Schaidler: Geschichte der Bayer. Landesblindenanstalt München, S. 65

47 Anton Schaidler: Die Blindenfrage im Königreich Bayern. München 1905, S. 120

48 ebenda, S. 71

49 ebenda, S. 72

50 ebenda, S. 73

51 ebenda, S. 77

52 ebenda, S. 124

53 Encyklopädisches Handbuch des Blindenwesens. Teil 2, S. 685; Herbert Demmel: Durch Nacht zum Licht. München 1995, S. 14 f.

54 Herbert Demmel: Durch Nacht zum Licht. München 1995, S. 17

55 M. Schuber: Begründung des...

56 Herbert Demmel: Durch Nacht zum Licht. München 1995, S. 18

57 Festschrift zur 125-Jahrfeier der Blindenanstalt Nürnberg 20.7.1979; Anton Schaidler: Die Blindenfrage im Königreich Bayern, S. 132 f.

58 ebenda, S. 131
59 ebenda, S. 131
60 ebenda, S. 131
61 ebenda, S. 132
62 Augsburger Abendzeitung, 30. Juli 1885
63 Aufzeichnungen zur Gründungsgeschichte der Augsburger Blindenanstalt: Privatbesitz E. Setzer
64 Encyklopädisches Handbuch des Blindenwesens. Teil 2, S. 418
65 Aufzeichnungen zur Vereinsgründung und Aufnahme in den St.-Johannis-Verein: Privatbesitz E. Setzer
66 ebenda
67 ebenda
68 ebenda
69 Encyklopädisches Handbuch des Blindenwesens. Teil 2, S. 418
70 Gerd Tröger: Dominikus Ringeisen und sein Werk. Ursberg 1984
71 ebenda, S. 59
72 ebenda, S. 70
73 ebenda
74 Dieses Schreiben Dominikus Ringeisens befindet sich im Privatbesitz von E. Setzer.
75 ebenda
76 ebenda
77 ebenda
78 ebenda
79 Aufzeichnungen zur Eröffnung der Augsburger Blindenanstalt: Privatbesitz E. Setzer
80 ebenda
81 ebenda
82 Festschrift zur 50= Jahrfeier der Blindenschule mit Heim in Augsburg, S. 9
83 Neue Augsburger Zeitung, Nr. 134, 12. Juni 1900
84 Neue Augsburger Nachrichten, 3. März 1899
85 Bericht: Wie Julius und Babette Riegg zu den Blinden kamen: Privatbesitz E. Setzer
86 Wally Kirchhauser: Geschichte der Blindenanstalt Augsburg
87 Aufzeichnungen zur Weiterentwicklung der Augsburger Blindenanstalt: Privatbesitz E. Setzer
88 Augsburger Abendzeitung, Nr. 197, 19. Juli 1891
89 Aufzeichnungen zur Weiterentwicklung der Augsburger Blindenanstalt: Privatbesitz E. Setzer
90 Neue Augsburger Zeitung, Nr. 157, 9. Juli 1907
91 Neue Augsburger Zeitung, Nr. 162, 15. Juli 1905
92 Festschrift zur 50=Jahrfeier der Blindenschule mit Heim in Augsburg, S. 6
93 Neue Augsburger Zeitung, Nr. 160, 13. Juli 1900
94 Neue Augsburger Zeitung, 13. Juli 1901
95 Neue Augsburger Zeitung, Nr. 150, 1. Juli 1908
96 Neue Augsburger Zeitung, Nr. 134, 12. Juni 1900
97 Aufzeichnungen zur Weiterentwicklung der Augsburger Blindenanstalt: Privatbesitz E. Setzer
98 ebenda
99 ebenda
100 ebenda
101 25. Jahresbericht der Blinden-Erziehungs- u. Unterrichtsanstalt in Augsburg für das Schuljahr 1914/1915, S. 6
102 ebenda
103 Neue Augsburger Zeitung, Nr. 173, 25. August 1914
104 Aufzeichnungen: Die Augsburger Blindenanstalt im Ersten Weltkrieg: Privatbesitz E. Setzer
105 Geschichte der Stadt Augsburg. Stuttgart 1984, S. 578
106 25. Jahresbericht..., S. 11
107 ebenda
108 ebenda
109 ebenda
110 ebenda
111 Neue Augsburger Zeitung, Nr. 276, 26. November 1914
112 Neue Augsburger Zeitung, Nr. 110, 14. Mai 1915
113 Neue Augsburger Zeitung, Nr. 301, 28. Dezember 1915
114 Aufzeichnungen zur Vernichtung des Anstaltsvermögens: Privatbesitz E. Setzer
115 Neue Augsburger Zeitung, Nr. 173, 25. August 1914
116 Wally Kirchhauser: Geschichte der Blindenanstalt Augsburg, S. 9
117 Aufzeichnungen von Anna Hermann: Privatbesitz E. Setzer

118 Wally Kirchhauser: Geschichte der Blindenanstalt Augsburg, S. 9
119 Festschrift zur 50= Jahrfeier der Blindenschule mit Heim in Augsburg, S. 7
120 Wally Kirchhauser: Geschichte der Blindenanstalt Augsburg, S. 12
121 Herbert Demmel: Durch Nacht zum Licht. München 1995, S. 108
122 ebenda, S. 108 f.
123 ebenda, S. 139
124 ebenda
125 Aufzeichnungen zur Anstaltsgeschichte unter der Leitung von L. Brugger: Privatbesitz E. Setzer
126 ebenda
127 ebenda
128 ebenda
129 ebenda
130 Adolf Hitler: Mein Kampf. München 1935, S. 326 f.
131 Festschrift zur 50=Jahrfeier..., S. 8
132 ebenda
133 ebenda, S. 15
134 Aufzeichnungen zu Anna Hermann: Privatbesitz E. Setzer
135 ebenda
136 ebenda
137 Aufzeichnungen: Privatbesitz E. Setzer
138 Neue Augsburger Zeitung, Nr. 12, 12. Januar 1935
139 Wally Kirchhauser. Geschichte der Blindenanstalt Augsburg, S. 15
140 Neue Augsburger Zeitung, Nr. 133, 16. Mai 1939
141 ebenda
142 Festschrift zur 50= Jahrfeier, S. 7
143 ebenda
144 ebenda, S. 8
145 Neue Augsburger Zeitung, Nr. 303, 29. Dezember 1939
146 ebenda
147 Die zahlreichen Aufzeichnungen von Anton Setzer: Privatbesitz E. Setzer
148 Schreiben des Schulrats Ederer: Privatbesitz E. Setzer
149 Aufzeichnungen: Privatbesitz E. Setzer
150 Schreiben des Provinzials Stöckle: Privatbesitz E. Setzer
151 Bericht über den Aufbau der „Blinden HJ“: Privatbesitz E. Setzer
152 ebenda
153 ebenda
154 ebenda
155 Aufzeichnungen von Anton Setzer über Anton Schaidler: Privatbesitz E. Setzer
156 ebenda
157 ebenda
158 ebenda
159 ebenda
160 ebenda
161 ebenda
162 Aufzeichnungen von Anton Setzer über seinen Werdegang: Privatbesitz E. Setzer
163 ebenda
164 ebenda
165 ebenda
166 Aufzeichnungen über den „Arbeitsbetrieb“: Privatbesitz E. Setzer
167 ebenda
168 Aufzeichnungen über die Tätigkeit von Anton Setzer als „Kurier“: Privatbesitz E. Setzer
169 Aufzeichnungen von Anton Setzer: Privatbesitz E. Setzer
170 ebenda
171 Wally Kirchhauser: Geschichte der Blindenanstalt Augsburg, S. 23 f.
172 Schreiben von Leni Mayer: Privatbesitz E. Setzer
173 Aufzeichnungen von Anton Setzer: Privatbesitz E. Setzer
174 ebenda
175 Aufzeichnungen: Privatbesitz E. Setzer
176 Aufzeichnungen von Anton Setzer: Privatbesitz E. Setzer
177 zit. nach Heinrich Uhlig: Die Übergabe Augsburgs. Augsburg 1970, S. 2
178 Die Rettung Augsburgs: Aufzeichnungen von E. Setzer und Domkapitular, Dr. J. Hörmann: Privatbesitz E. Setzer
179 Aufzeichnungen von Anton Setzer: Privatbesitz E. Setzer
180 ebenda
181 ebenda
182 ebenda
183 ebenda
184 zit. nach Heinrich Uhlig: Die Übergabe Augsburgs, S. 14
185 Aufzeichnungen von Anton Setzer: Privatbesitz E. Setzer

186 ebenda
187 850 Jahre St. Pankratius Augsburg–Lechhausen 1493–1993, S. 24
188 Aufzeichnungen von Anton Setzer: Privatbesitz E. Setzer
189 Brief von Hubert Setzer an Marianne Schuber: Privatbesitz M. Schuber
190 Aufzeichnungen von Anton Setzer: Privatbesitz E. Setzer
191 ebenda
192 ebenda
193 Brief von Hubert Setzer an Marianne Schuber: Privatbesitz M. Schuber
194 Dankschreiben des Regierungspräsidenten Voland an Anton Setzer: Privatbesitz E. Setzer
195 Laudatio des Kulturministers Prof. Hans Maier anlässlich der Verleihung des Verdienstkreuzes 1. Klasse an Anton Setzer am 13. Juli 1981: Privatbesitz E. Setzer
196 Thieme, Hans: Geschichte der Stadt Augsburg. Stuttgart 1984, darin: Der Weg zum Augsburg von heute. Politik und Sozialentwicklung nach 1945, S. 637 f.
197 ebenda
198 Aufzeichnungen von Anton Setzer: Privatbesitz E. Setzer
199 ebenda
200 Aufzeichnungen von Anton Setzer: Privatbesitz E. Setzer; Erinnerungen von E. Setzer
201 Aufzeichnungen von Anton Setzer: Privatbesitz E. Setzer
202 ebenda
203 ebenda
204 ebenda
205 ebenda
206 ebenda
207 ebenda
208 Encyklopädisches Handbuch des Blindenwesens. Teil 2, S. 685
209 Aufzeichnungen von Anton Setzer: Privatbesitz E. Setzer
210 ebenda
211 Herbert Demmel: Durch Nacht zum Licht, S. 317
212 Aufzeichnungen von Anton Setzer: Privatbesitz E. Setzer
213 ebenda
214 ebenda
215 ebenda
216 ebenda
217 ebenda
218 Sonderschulgesetzgebung im Bayerischen Volksschulgesetz vom 17. November 1966, Ergänzungsvorschriften 1967
219 ebenda
220 ebenda
221 Aufzeichnungen von E. Setzer: Privatbesitz
222 ebenda
223 ebenda
224 Aufzeichnungen von Pater Friedrich Setzer und E. Setzer: Privatbesitz
225 ebenda
226 ebenda
227 ebenda
228 ebenda
229 ebenda
230 Laudatio des Kulturministers Prof. Hans Maier anlässlich der Verleihung des Verdienstkreuzes 1. Klasse an Anton Setzer am 13. Juli 1981: Privatbesitz E. Setzer
231 ebenda
232 Beauftragte der Bundesregierung für die Belange behinderter Menschen (Hrsg.): Die UN-Behindertenrechtskonvention. Übereinkommen über die Rechte von Menschen mit Behinderung, Stand: Oktober 2014, S. 36 f. Online abrufbar unter: https://www.behindertenbeauftragter.de/SharedDocs/Publikationen/DE/Broschuere_UNKonvention_KK.pdf?__blob=publicationFile (letzter Abruf: 06.11.2015)
233 Festschrift zur 50= Jahrfeier der Blindenschule mit Heim in Augsburg, S. 9
234 Aufzeichnungen von Anton Setzer: Privatbesitz E. Setzer

Literatur

Festschriften:

25. Jahresbericht der Blinden-Erziehungs u. Unterrichtsanstalt in Augsburg für das Schuljahr 1914/1915

Festschrift zur 50= Jahrfeier der Blindenschule mit Heim in Augsburg 1939

Festschrift zur 75= Jahrfeier der Blindenschule mit Heim in Augsburg 1964

Festschrift: Anton Setzer 80 Jahre. Ein Leben für die Blinden. Augsburg 1980

Festschrift: 100 Jahre Sehgeschädigtenerziehung. Augsburg 1889 – Unterschleißheim 1989

Festschrift zur Einweihung des Sehbehindertenzentrums Südbayern. München 1984

Festschrift 125 Jahre Blindenschule/25 Jahre Sehbehinderten- und Blindenzentrum Unterschleißheim. Einweihung des Pater-Setzer-Platzes. Unterschleißheim 2009

Festschrift zur 125-Jahrfeier der Landesblindenanstalt München. München 1951

Festschrift zur 125-Jahrfeier der Blindenanstalt Nürnberg 1979

Zeitschrift „Die Lupe" hrsg. vom „Verein für Sehgeschädigtenerziehung e.V. Augsburg" Jahrgänge 1978 – 1987

Ab 1988 wurde „Die Lupe" ersetzt durch die alljährlich erscheinenden Jahresberichte des „Sehbehinderten- und Blindenzentrums Südbayern"

Nachschlagewerke:

Augsburger Stadtlexikon. Augsburg 1998

Geschichte der Stadt Augsburg. Stuttgart 1984

Gelberg, Karl-Ulrich: Kriegsende und Neuanfang in Augsburg 1945. München 1996

Encyklopädisches Handbuch des Blindenwesens. Wien und Leipzig 1900

Encyklopädie der gesamten musikalischen Wissenschaften oder Universallexikon der Tonkünstler. Stuttgart 1837

Geschichte des k.k. Blinden=Erziehungs=Institutes in Wien 1804-1904 von Alexander Mell. Wien 1904

Geschichte des Blindenwesens von Reinhold Kretschmer. Ratibor 1925

Geschichte der Bay. Landesblindenanstalt in München von Anton Schaidler. Ohne Jahresangabe

Die Blindenfrage im Königreich Bayern von Anton Schaidler. München 1905

Geschichte der Blindenanstalten Deutschlands von Franz Jurczek. Berlin 1957

Dominikus Ringeisen und sein Werk. Ursberg 1984

Aus der Reihe „Europäische Hochschulschriften":

M. Schuber: Begründung des deutschen Blindenbildungswesens. Frankfurt am Main 1986 (Diss.)

Drei wichtige Werke von Johann Wilhelm Klein:

Ueber Armuth, Abstellung des Bettelns und Versorgung der Armen. Nördlingen 1792

Lehrbuch zum Unterrichte der Blinden, um ihnen ihren Zustand zu erleichtern, sie nützlich zu beschäftigen und sie zur bürgerlichen Brauchbarkeit zu bilden. Wien 1819

Geschichte des Blindenunterrichtes und der den Blinden gewidmeten Anstalten in Deutschland, sammt Nachrichten von Blinden=Anstalten in andern Ländern. Wien 1837

Privatarchive

E. Setzer und M. Schuber

Bildnachweis

Privatbesitz Familie Setzer:
S. 2, 16, 19, 25, 27, 28, 29 u, 30 u, 31 u, 37, 40, 42, 45, 50, 51, 52 o/ul, 53, 54, 55, 57, 58, 59, 61, 62, 63, 65, 71, 73, 74, 75, 79, 80, 82, 83, 84, 85, 87, 88, 89, 92 o, 93, 94, 95, 96, 97, 98, 99, 103, 104, 105, 107, 108, 110, 111, 112, 113, 117 l, 118, 119, 127, 128, 129, 130, 131, 133, 134, 135, 137, 138, 139, 140, 141, 143, 144, 145, 147, 148, 151, 152, 153, 154, 155, 157, 158, 159, 160, 161, 166, 167, 168, 169, 170, 171, 173, 174, 176, 177, 178 l, 179, 180, 181, 182, 183, 184, 185, 186, 190, 191, 195, 196, 197, 199, 203, 205, 206, 207 u, 209, 215, 216 u, 221, 223, 226, 229, 230, 231, 233

Privatbesitz Dr. Marianne Schuber:
S. 11 l, 14, 15 r, 18, 24, 38, 52 ur, 67, 68, 69, 70, 72, 76, 77

Bayerischer Bezirketag:
S. 5 r

Bayerischer Landtag:
S. 4 l

Bayerisches Staatsministerium:
S. 4 r, 5 l

Festschrift zur 125-Jahrfeier der Blindenanstalt Nürnberg 20.7.1979:
S. 32, 33

Walter Flemmer:
S. 207 o

Sammlung Häußler:
S. 43, 115, 117 r, 121, 123, 125

Karin Hobmeier:
S. 200, 201, 202

Martin Kluger:
S. 15 l, 101, 163

Elisabeth Kraus-Schäfer:
S. 178 r

Immanuel Matthies: Deutsche Blindenanstalten in Wort und Bild, Halle a.d. Saale 1913:
S. 13, 30 o, 49, 64, 92 u

Privat:
S. 6 r, 7

Anton Schaidler: Die Blindenfrage im Königreich Bayern, München 1906:
S. 31 o, 35 o, 91

Anton Schaidler: Geschichte der Bayer. Landesblindenanstalt München:
S. 26, 29 o

Hans Schöbel:
S. 187, 188, 192, 216 o, 217

Hartmut Schönfeld:
S. 175, 189, 208, 222

Franz Schreiber: Augsburg. Die Bombennacht im Februar 1944, Wartberg-Verlag, 2004:
S. 109

Stadt Augsburg:
S. 6 l

Gerd Tröger: Dominikus Ringeisen, Selbstverlag der St.-Josefskongregation Ursberg, 1984:
S. 44, 47

Josef Wagner:
S. 198

Wikipedia:
S. 11 r (anonym), 12 (Faustine Parmantié), 17 (anonym), 22 (Fridays, talk|contribs), 23 (Wilhelm Rehlen)

WürzburgWiki:
S. 35 u (anonym)

Trotz sorgfältiger Recherche sind Fehler bei der Ermittlung der Urheber von Bildmaterial nicht ausgeschlossen. Soweit Nachdruckrechte an Abbildungen berührt und nicht abgegolten wurden, bittet der context verlag den rechtmäßigen Urheber, sie geltend zu machen.

Impressum

Sie können es
Von der Blindenanstalt in Augsburg zum Sehbehinderten- und Blindenzentrum in Unterschleißheim (1885–2015)
Elisabeth Setzer, Marianne Schuber

ISBN 978-3-939645-88-7
1. Auflage, November 2015

Co-Autoren
Maria Setzer

Volker Hahn (Beitrag über Anton Setzers „Augsburger Rechenlehrmittel", ab S. 150)

Frank Kuroschinski (Beitrag über die Zusammenarbeit mit der Fachoberschule Unterschleißheim, ab S. 199)

Walter Flemmer (Beitrag über die Zusammenarbeit mit dem Lions Club Schleißheim, ab S. 207)

Michael Setzer (Bildredaktion)

Herausgeber
context verlag Augsburg

Grafische Gestaltung
concret Werbeagentur Augsburg

Umschlaggestaltung
Roland Bihon

Druck
Senser Druck GmbH Augsburg

klimaneutral
natureOffice.com | DE-559-989470
gedruckt

Bibliografische Information der Deutschen Bibliothek: Die Deutsche Bibliothek verzeichnet diese Publikation in der Deutschen Nationalbibliografie, detaillierte bibliografische Daten sind im Internet über http://dnb.ddb.de abrufbar.

ISBN 978-3-939645-88-7

www.context-mv.de

Hinweis zur Verwendung des generischen Maskulinums in diesem Buch: Das verwendete generische Maskulinum schließt gleichermaßen weibliche und männliche Personen ein. Wenn also beispielsweise von Schülern oder Bewohnern die Rede ist, sind damit auch die Schülerinnen oder Bewohnerinnen gemeint, es sei denn das Geschlecht wird explizit hervorgehoben.